慈善信托治理机制法律研究

Research on
the Governance Mechanism of
Charitable Trust

余嘉勉◎著

法律出版社
LAW PRESS·CHINA

序

慈善信托起源于英国，早在1601年，英国就颁布了专门的《1601年慈善用益法》对慈善信托予以法律规制。嗣后，慈善信托在英美国家逐渐盛行并成为英美国家慈善事业重要的组织形式和载体。目前，慈善信托在各国公益事业的发展中扮演着非常重要的角色，发挥非常积极的作用。

慈善信托在我国起步较晚，在2001年颁布实施的《信托法》中并未规定慈善信托，仅仅是规定了公益信托，但由于配套制度的缺失，公益信托在我国发展较为缓慢。在公益信托发展不顺的情况下，立法者在2016年9月颁布实施的《慈善法》中又专章规定了慈善信托，明确慈善信托属于公益信托。据统计，截至2019年12月31日，全国共完成备案的慈善信托数量为267单，整体体现出发展迅速、资金规模偏小、备案登记不统一不规范、法律性质及地位不清、受托人绝大多数为信托公司等特点。

慈善信托是在我国《慈善法》中明确予以确认的，根据我国《慈善法》的规定以及慈善信托作为组织的普遍共识和定位，慈善信托作为组织似乎更顺理成章。然而，慈善信托是组织还是产品，学术界存在不少争议。余嘉勉博士的《慈善信托治理机制法律研究》一书，基于对慈善信托的起源和发展的历史梳理以及法律定位的分析，通过对我国《慈善法》有关法律规定的解读，以及慈善信托作为组织的功能优势和慈善本源的体认，认为慈善信托作为组织更具有功能合理性和法律正当性。

《慈善信托治理机制法律研究》一书是以经济法基础理论结合组织社会学理论为基础，对慈善信托的治理进行的重要理论探索。现实中我国慈善信托主要是通过信托公司来运营的，因此其在法理上应当受制于《信托法》的规制；同时其又是在作为社会法体系的《慈善法》中予以确认和规制的。由此，慈善信托作为组织受到《慈善法》和《信托法》的双重调整和规制。作为商法的《信托法》与作为社会法的《慈善法》，无论是法律部门的性质，还是法律所追求的价值目标以及法律运行中的法律思维，都大相径庭，这种法律部门的双重调整实际上是与慈善信托在我国实践运行中非常突出的“双重属性”特质相对接和契合的。科学构建我国慈善信托的治理机制，必须立基于慈善信托的“双重属性”，既要考虑慈善信托中的慈善属性，又要兼顾慈善信托中的信托属性。这种公益性和营利性的对立与统一，为慈善信托的治理机制带来张力，也为慈善信托治理机制引发不同于传统慈善组织治理机制和信托公司之一般公司治理机制的新挑战。

《慈善信托治理机制法律研究》一书的研究视角和学术观点都具有一定的创新性。该书首次提出了慈善信托“双重属性”的概念，从双重属性的视角对慈善信托进行研究分析，对慈善信托既要追求慈善核心的公益性，又要追求信托管理财产的营利性和效率性这一看似天然矛盾的“双重属性”进行解构，立足慈善信托的公益性和信托的营利性，展开从理论到实务的系统性深入研究。同时，该书基于慈善信托的法律性质之争，通过梳理慈善信托的起源和制度变迁，结合我国慈善信托相关法律规范及我国慈善信托的特征，认为慈善信托属于一种利用信托形式的特殊的慈善组织形式；并借助于组织社会学的技术环境和制度环境理论，从“合法性”和“效率性”两个维度展开，基于社会承认逻辑和声誉机制的适应压力，在行业自律机制的协同作用下，实现慈善信托治理机制的优化。

治理机制，是国家介入社会的治理技术的折射。慈善信托的治理机制，关系国家介入社会自治的切口。研究慈善信托的双重属性及其法律治理机制，对我国慈善信托的发展甚至整个慈善事业的发展都具有较为重要的理论意义和实践指导作用。进一步而言，慈善信托法律治理机制的科学构设，对于转型社会中的国家治理技术转型的制度意涵也意义重大。

余嘉勉是我指导的博士，踏入学术研究道路起步较晚，有较大进步空间。该书有些内容还存在一定的不足，我期待他在经济法和慈善法领域继续努力、深入研究，取得更多的突破性学术成果。

是为序。

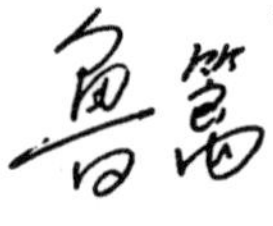*

2020 年 10 月 10 日

---

* 西南财经大学法学院院长，教授。

目录

第一章 绪论

一、研究背景和问题提出

(一)研究背景

从2001年《信托法》颁布实施起,我国信托业经过10余年的快速发展,业已取得较大的成就,但是在公益或慈善领域中相关信托制度的推进却仍不尽如人意。虽然我国2001年《信托法》中专章规定了公益信托,正式确立了我国的公益信托制度,但是由于《信托法》的商法定位以及公益信托审批登记、监管、税收优惠等配套制度的不完善,公益信托在我国的发展受到各种制约,长期处于停滞不前的状态。主要表现在:(1)公益事业管理机构缺位,职责和程序亦缺乏明确规定。根据我国《信托法》第62条的规定[1],我国公益信托实行的是行政机关审批制度,公益信托的设立需要公益事业管理机构的事先审批,但具体内容和程序却缺乏有效的可执行性。“有关公益事业管理机构”在法律制度层面缺乏明确的规定,“有关公益事业管理机构”的界定和职权职责的确定缺乏相关配套政策和解释,给公益信托的设立申请设置了很大的程序障碍,因为目前我国各领域的公益事业是由相关领域内的行政主管部门负责管理。在我国目前的国情下,公益事业涉及“民政、教育、文化、科技、医疗、卫生、环保”等多个部门,各个部门的审批权限和职权职责在法律制度上未能明确界定和划分,或推诿怠政,或不作为、争权越权等,严重打击了公益信托委托人的积极性并增加了委托人的成本。(2)公益信托中涉及捐赠资金的相关管理规定存在局限和不足,依据2009年修订后实施的《信托公司集合资金信托计划管理办法》中第2条的内容来看,公益信托的捐赠资金也

---

[1] 《信托法》第62条规定为:“公益信托的设立和确定其受托人,应当经有关公益事业的管理机构(以下简称公益事业管理机构)批准。未经公益事业管理机构的批准,不得以公益信托的名义进行活动。公益事业管理机构对于公益信托活动应当给予支持。”

应当按照其相关规定管理运行,但是其中关于委托人数量和委托资金起点的限制性规定对公益信托的发展有一定程度上的制约。(3)公益信托的监察人制度不完善,监察人的选择标准、权利义务责任的划分、议事规则以及救济机制等相关规定比较笼统,缺失必要的执行制度。(4)公益信托财产登记制度缺失。我国整体的信托登记制度不完善,关于公益信托的登记制度及其实施细则亦是相应缺失。(5)公益信托配套税收优惠政策不完善。我国公益事业税收优惠政策在法律制度层面缺乏明确的规定,更未能和财税法律制度体系实现无缝衔接。因此,公益信托这一领域也缺乏专门的税收优惠规定和实施细则。

2016 年 9 月 1 日,立法历程长达 10 年的《慈善法》正式颁布实施,其中专设一章对慈善信托进行了系统性的制度规范。《慈善法》关于慈善信托的规定最明显的进步是一改"有关公益事业管理机构"的模糊说法,明确了我国民政部门作为行政主管机关,取消审批制而实行备案制。然而,旨在政策宣示和导向控制的《慈善法》对慈善信托的规定较为粗略,嗣后颁布的《慈善信托管理办法》也未能有更进一步的完善和细化,不能完全解决慈善信托发展实践中所面临的具体的、复杂的问题。时至今日,我国慈善信托总体上仍处于"摸着石头过河"的探索阶段,在发展过程中面临着立法者和理论界意想不到的困难和挑战。

(二)问题提出

为了更好地促进我国慈善信托和信托行业发展,学术界和实践界修改和完善 2001 年《信托法》的呼声日渐高涨。由于慈善信托本身受到《慈善法》和《信托法》的双重调整,《信托法》的法律部门定位是商法,与《慈善法》的社会法定位不一致。在我国传统法律制度体系下,慈善信托在一定意义上可以说既是一种独特类型的信托制度,也是一种具有特殊性的慈善组织制度,具有公益性和营利性的双重属性。慈善信托具有双重属性的特质,揭示了慈善信托既具有慈善组织的非营利性和公益性,也具有信托的营利性和追求资产效率的天然性。双重属性首先表明慈善信托的核心功能是慈善目的,其次表明慈善信托以"信托"为工具和手段,在外在表征上具有"信托"的特征。根据慈善信托同时具有公益性和营利性这一双重属性,慈善信托在管理运行过程中势必因此产生冲突和不平衡,进而引申出本书的核心问题——慈善信托治理机制的理论困境:双重属性及其挑战。

慈善信托是一种特殊的慈善组织形式,其双重属性体现在:作为慈善组织,则明显应当具备公益性和"非营利性",公益性是其最基本的本质特征;作为信托公司,则明显应当具备"营利性",追求利润最大化——因为信托被认为是合理利用财产,最大限度发挥财产的使用价值的一种最有效方式。换言之,慈善信托中的慈善属性追求公益性与非营利性,信托属性追求营利性和最大化效率。慈善信托作为慈善活动的一种,不同于慈善组织和慈善捐赠,也不仅仅是对慈善财产的管理。因为,如果只是单方面强调它的非营利性或者公益性,亦即仅限于财产管理功能,必然会弱化慈善信托中"信托"的部分功能;如果只是单方面强调它的增值性和营利性,也可能会弱化它的慈善性和公益性。慈善组织是以公益性或慈善性为首要目标和发展宗旨的,慈善性或公益性是其首要属性。慈善组织的内部组织结构、运行模式等都体现着公益性或慈善性的表征,有些还具有官僚化或保守化的特征,与市场经济机制基本相脱节,不会重视甚至完全忽视市场经济中的竞争与效率机制。信托公司是市场经济中的竞争性、营利性的企业组织,充分参与市场竞争,其组织结构和运行模式都体现着竞争性与效率性。除了承担最基本的企业社会责任以外,以股东利润最大化为宗旨的信托公司更多关注的是营利性,而非公益性或慈善性。因此,慈善组织和信托公司的宗旨、组织机构、运行机理等都完全不相同,运行机制也迥然有别,对市场机制的接受与适应也完全不同,相应地,其各自的治理机制也体现出较大的差异性。这些都直接影响慈善信托的治理机制,再加上慈善信托本身兼具"慈善"和"信托"双重属性,其治理机制的建构与完善也就更显得困境重重。概言之,在慈善信托双重属性下,如何在以慈善目的为核心宗旨的前提下,兼顾信托管理的营利性和效率性,以此对其治理机制进行理论构设和制度完善,对慈善信托权益平衡进行机制建构与制度实现。

二、研究意义与文献综述

(一)研究意义

慈善信托属于公益信托但又不等同于公益信托,仅属于公益信托的一种类型,二者有较大的区别。我国《信托法》规定的公益信托并未顾及慈善信托的特殊性,但是我国慈善信托却是主要通过信托公司来运营的。因此,我国慈善信托受制于《信托法》的规制,但同时又是在作为社会法体系的《慈善法》中予以确认和规制的,由此,慈善信托在我国就要受到《慈善法》和《信托法》的双重调整和规制。由于在《信托法》中并未对慈善信托予以明确确认和规定,实践中又主要是通过信托公司来管理和运营,因此,从实践来看,慈善信托更多地体现为仅仅是信托公司运营的一个产品种类而已。但是,由于慈善信托是在我国《慈善法》中明确予以确认的,根据我国《慈善法》的规定以及英美国家对慈善信托作为组织的普遍共识和定位,慈善信托作为组织似乎顺理成章,因此,慈善信托是组织还是产品,需要在理论上进行更多的辨析和证成。

慈善信托同时具备"慈善"属性和"信托"属性,同时受到《慈善法》和《信托法》等不同法律规范的调整。本书主要是对慈善信托既要追求慈善核心的公益性，又要追求信托管理财产的营利性和效率性这一看似天然矛盾的“双重属性”进行解构，立足慈善信托的公益性和信托的营利性，着重研究慈善信托权益的平衡及治理机制。构建什么样的治理机制，是国家介入社会的治理技术的折射。慈善信托的治理机制，关系国家介入社会自治的切口。研究慈善信托的双重属性及其法律治理机制，对我国慈善信托的发展甚至整个慈善事业的发展都具有较为重要的理论意义和实践指导作用。

（二）文献综述

如果以慈善信托法律治理机制为研究对象，那么在梳理和总结相关文献时，我们应当合理界定慈善信托的法律性质，立足于慈善信托具有的“慈善”和“信托”之双重属性——既与慈善法、慈善组织相关联，也与信托法、信托业相关联。

1. 关于慈善信托的基本制度

目前国内关于信托或信托法的研究，应该说基础文献非常翔实。大部分信托法研究专著，都或多或少地涉及公益信托；部分专著和较多的学术论文专门对“公益信托”进行理论与实践方面的研究。具体到“慈善信托”这一研究领域，囿于《慈善法》颁布实施的时间不长，相对于信托法和公益信托这两者而言，目前关于慈善信托的研究则稍显不足，尤其是专门性、学术性的研究更少——毕竟 2016 年 9 月 1 日我国才正式有慈善信托的立法规定，很多理论探讨和实践经验都尚未显现出来，因而缺乏一定程度的实践案例和数据支持。

（1）关于信托财产法律性质及其独立性方面。信托财产的法律性质及其独立性是信托法律制度的基石，因此，慈善信托的信托财产的法律性质和界定，直接影响慈善信托的治理和监管，以及对慈善信托受益人权益的保护。何宝玉在《信托法原理研究》（第 2 版）中对信托法原理进行了深刻的剖析并辅以案例说明，比较分析了英美法系和大陆法系两大法系信托法的基本理念、主要区别及其形成原因，其中，将信托财产及其独立性作为重要的内容予以阐述。[1] 张淳在《中国信托法特色论》一书中独辟蹊径，对我国信托财产所有权的特色进行了详细分析和总结，结合我国信托登记效力的特色，凸显了我国信托法的“特色研究”，丰富了我国信托法的基础理论研究。[2] 周小明在《信托制度：法理与实务》一书中通过分析英美法系信托财产的独立性，对信托的界定、信托功能等进行了深刻的阐释。[3] 赵廉慧在《信托法解释论》一书中以我国《信托

[1] 何宝玉：《信托法原理研究》（第 2 版），中国法制出版社 2015 年版。

[2] 张淳：《中国信托法特色论》，法律出版社 2013 年版。

[3] 周小明：《信托制度：法理与实务》，中国法制出版社 2012 年版。

法》文本为立足点,对信托法的基本制度和基础理论尤其是我国信托财产的法律性质和登记等细节进行了梳理和论证,认为不应当过分强调信托制度的“非兼容性”。[1] 霍玉芬在《信托法要论》一书中详细考察了英美法系国家信托发展史及信托立法,大陆法系国家信托发展史及信托立法,比较研究了我国信托财产的法律性质以及发展方向。[2] 于海涌在《英美信托财产双重所有权在中国的本土化》一书中分析了我国信托法移植中的缺憾,通过总结英美信托法的历史演进和现代发展,考察了信托法移植的路径:所有权路径、契约路径和独立主体路径。其中所有权路径包括双重所有权、受托人所有权、受益人所有权和委托人所有权。通过比较分析“普通法所有权”在我国单一所有权制度下的本土化设计和“衡平法所有权”在我国物权债权二元体系下的本土化设计,认为双重所有权在我国可以顺利实现本土化。[3] 唐义虎在其专著《信托财产权利研究》中分析了信托财产权利的立法构造和基本内容,论述了信托财产的独立性和权利变动,并对信托财产上的权利分离进行了理论探讨。[4] 董慧凝在《信托财产法律问题研究》一书中对信托财产的立法模式、信托财产的范围与独立性、信托财产的公示与安全、信托财产的管理等内容进行了理论分析与阐述。[5] 徐刚在《信托登记制度研究》一书中对信托登记制度的界定、体系定位、我国信托登记制度的现状进行了概述与分析,深入研究并阐述了信托登记制度的理论基础与价值功能、登记的客体与内容、登记的法律效力等问题,并对我国信托登记制度的构建方向进行了理论展望。[6] 宋刚在其著作《信托财产独立性及其担保功能》中概述了信托制度及信托本质,对信托财产的独立性及其法律构建进行了研究分析,阐述了信托财产与责任客体的财产关系,进一步提出信托财产独立性在担保法中的作用。[7] 胡旭鹏在《信托财产独立性与交易安全平衡论——以信托外部法律关系为视角》一书中具体论述了信托财产的独立性及其对大陆法系的影响,阐述了信托财产独立性与交易安全平衡机制构建之成因、构建之法理基础、制度设计等内容,并且以委托人、受托人、受益人三者与第三人之间的利益冲突与平衡的 3 个外部法律关系为主线分层展开并阐释,进而讨论了我国信托财产独立性与交易安全平衡机制的缺陷与相对应的完善建议。[8]

---

[1] 赵廉慧:《信托法解释论》,中国法制出版社 2015 年版。

[2] 霍玉芬:《信托法要论》,中国政法大学出版社 2003 年版。

[3] 于海涌:《英美信托财产双重所有权在中国的本土化》,中国政法大学出版社 2011 年版。

[4] 唐义虎:《信托财产权利研究》,中国政法大学出版社 2005 年版。

[5] 董慧凝:《信托财产法律问题研究》,法律出版社 2011 年版。

[6] 徐刚:《信托登记制度研究》,法律出版社 2018 年版。

[7] 宋刚:《信托财产独立性及其担保功能》,北京师范大学出版社 2012 年版。

[8] 胡旭鹏:《信托财产独立性与交易安全平衡论——以信托外部法律关系为视角》,法律出版社 2015 年版。

(2)关于信托当事人权利义务配置和权益保护方面。信托当事人之间的权利义务配置构建了信托法律关系的基础框架。徐卫在《信托受益人利益保障机制研究》一书中以信托受益人利益保障为切入点,分析了信托受益人利益保障的基础理论,阐述了信托受益人利益保障与信托财产、义务约束、信托监督、法律救济等方面的关系。[1] 张军建在《信托法纵横谈——写在我国信托法修改之前》一书中立足于我国信托法的基础理论,对我国信托法修改过程中需要考虑的几个重要问题、委托人法律地位演进、受托人义务、民事信托与商事信托的区分、破产管理人研究、信托受益权性质、信托受益凭证流转、信托法各论等问题进行了深刻的理论阐述,具有很强的研究价值与学习价值。[2] 余卫明在《信托受托人研究》一书中立足于信托法律关系中的核心——信托受托人,对信托受托人的资格与种类、法律地位确立、权利与义务的内容配置、受托人的法律责任与职责等内容进行了多视角的研究与阐述。[3] 彭插三在《信托受托人法律地位比较研究——商业信托的发展及其在大陆法系的应用》一书中对信托受托人的法律地位、权利保障和制度构建进行了比较分析和研究。[4] 周明基于合约视角探讨了我国信托市场运行机制问题,通过对"信托合约"性质与执行机制的分析,论述了中国信托合约的特殊性质和执行机制以及效率增进问题。[5] 蔡秉坤在《商事信托受益人权利保护的法律研究》一书中以信托财产为中心功能演进,多层次视角观察与归纳商事信托受益人的权利,并对商事信托受益人的权利行使与冲突平衡、法律救济的充分性与可行性等方面进行分析,进而阐述商事信托受益人权利保护的法律构造。[6] 钟向春在《我国营业信托受托人谨慎义务研究》一书中对我国营业信托的基本现状、实践经验及法律特性进行了分析总结,进而多维度地对受托人"谨慎义务"的基本含义、本质、法律规制、特别规范、谨慎义务的适用范围、法律后果等方面进行阐释,并进一步提出了相应的立法完善建议。[7] 张敏在《信托受托人的谨慎投资义务研究》一书中论述了信托受托人的谨慎投资义务在英美法中的演绎、在大陆法中的解析、相应的法律责任、在我国的导入与现状、缺陷、完善设想等内容,对谨慎义务进行了全面阐述。[8]

---

[1] 徐卫:《信托受益人利益保障机制研究》,上海交通大学出版社 2011 年版。

[2] 张军建:《信托法纵横谈——写在我国信托法修改之前》,中国财政经济出版社 2016 年版。

[3] 余卫明:《信托受托人研究》,法律出版社 2007 年版。

[4] 彭插三:《信托受托人法律地位比较研究——商业信托的发展及其在大陆法系的应用》,北京大学出版社 2008 年版。

[5] 周明:《中国信托市场运行机制——基于合约视角的分析》,中国经济出版社 2007 年版。

[6] 蔡秉坤:《商事信托受益人权利保护的法律研究》,中国社会科学出版社 2015 年版。

[7] 钟向春:《我国营业信托受托人谨慎义务研究》,中国政法大学出版社 2015 年版。

[8] 张敏:《信托受托人的谨慎投资义务研究》,中国法制出版社 2011 年版。

(3)关于信托法律监管方面。席月民在《中国信托业法研究》一书中立足于中国信托业的发展实践,从“信托经营权”切入,系统研究了信托业监管改革中的基本法律问题,包括我国信托业监管的法律困境、信托业监管改革的国际视野、监管改革的立法定位与设计等内容,比较分析了中外信托业监管的不同与借鉴移植,重点阐明了信托业监管的基本原理。该书的研究内容针对性、系统性、前瞻性都很强,对信托行业监管与市场风险防控具有重大的应用价值。[1] 李勇在《信托业监管法律问题研究》一书中对我国早期信托业的发展与监管进行了深入的理论研究,并对信托业监管提出了诸多建议。[2] 王新权在《中国信托业走向探索》一书中对我国信托业的发展、本质结构、信托业市场发展方向选择等内容作出了具体分析。[3] 王志诚在《信托法》(增订第7版)一书中从解释论与立法论的视角详细阐述了信托制度的发展史,信托的意义、功能与种类,信托成立,信托财产,信托受益人、受托人、监察人,信托的监督,信托关系的消灭等信托法制之基本原理与内容,并专章论述了公益信托。该专著参酌了日本、英国及美国信托法的最新发展和立法动向,辅以代表性的实务见解,兼具理论与实务价值。[4] 谢哲胜在《信托法》(第5版)一书中着重阐释了信托的忠实关系、信托财产、信托关系和信托的监督,在各论中分别论述了不同种类的信托,如公益信托、特殊目的信托、保险信托、节省信托等,并在附论中对信托与脱产疑虑、信托与税捐规划、信托应用于履约保证等问题进行了解读。[5] 我国台湾地区“金融研究院”在《信托法规与税制》一书中通过分析信托法、信托业法和信托税制三个方面,对信托等相关立法和基本原理进行了梳理和阐释,侧重于税法规范对信托的监管。[6]

(4)慈善信托作为慈善组织的一种形式,除了有关慈善信托和公益信托的专门性著作和论述之外,对于慈善组织和非营利组织的研究,也具有重要的指导和参考价值。郑功成在《〈中华人民共和国慈善法〉解读与应用》一书中对我国2016年颁布的《慈善法》进行了逐条解读,并加以理论分析和实践见解,为我们理解和应用《慈善法》提供了重要参考依据。[7] 赵磊在《公益信托法律制度研究》一书中通过对公益信托的基础理论,社会发展,公益信托的设立、运行与监督等方面进行了深入研究和阐述,并对我国

[1] 席月民:《中国信托业法研究》,中国社会科学出版社2016年版。

[2] 李勇:《信托业监管法律问题研究》,中国财政经济出版社2008年版。

[3] 王新权:《中国信托业走向探索》,辽宁人民出版社2001年版。

[4] 王志诚:《信托法》(增订第7版),台北,五南图书出版股份有限公司2018年版。

[5] 谢哲胜:《信托法》(第5版),台北,元照出版有限公司2016年版。

[6] 中国台湾地区“金融研究院”:《信托法规与税制》,台北,元东包装印刷有限公司2018年版。

[7] 郑功成:《〈中华人民共和国慈善法〉解读与应用》,人民出版社2016年版。

公益信托法律制度的建构提出路径选择建议。[1] 解锟则专门研究了英国慈善信托法律制度，对英国慈善信托的产生与制度变迁、慈善信托的公益性和近似原则、慈善信托的监管与司法救济等内容作出了全面的阐述和比较研究。[2] 夏雨在《比较法视野下的慈善信托》一书中对慈善信托进行了两大法系不同背景下的制度梳理和分析，作出了详细且全面的比较法研究，使我们对慈善信托能够进行更深一步的学习和分析。[3] 赵廉慧在《慈善信托税收政策的基本理论问题》一文中对税收优惠的正当性、慈善信托设立审批与税收优惠之间的联动关系、混合型慈善目的的税收优惠等进行了分析并提出立法建议。[4] 魏艳在《慈善信托政府监管权配置研究》一文中认为，我国现行的银行保险监督机构对慈善信托的业务监管存在一定的偏差，属于政府监管权的错配。对于慈善信托的政府监管应当明确慈善信托在法律上的独立的主体地位，在配置监管部门的监管权时我们相应的制度设计应当立足于慈善信托的慈善性和非营利性特征。[5] 周贤日在《慈善信托：英美法例与中国探索》一文中对英美发达国家的慈善信托的财产募集、投资、监管等方面进行了比较研究，尤其侧重于阐述慈善信托的法律监管，提出了建构我国慈善信托规则的完善建议。[6] 李文华在《完善我国慈善信托制度若干问题的思考》一文中对慈善信托税收优惠、信托监察人制度、慈善信托终止和清算等问题进行了分析并提出了完善建议，对本书研究慈善信托监察人制度有较大的启发意义。[7] 我国台湾地区学者潘秀菊在《公益信托的运用与发展》一书中详细解读了公益信托是什么、何种特质与优点、相关的免税规定、成立方式、财产管理、公益目的的实现、主管机关与监督、公益信托的消灭与继续等内容，对我国台湾地区的公益信托（慈善信托）作出了全面的阐述，为本书研究我国慈善信托提供了极好的范式。[8]

金锦萍在《中国非营利组织法前沿问题》专著中，对社会组织合法性、社会组织行政处罚制度、非营利组织财产权利的法律保障、公益信托制度、非营利组织税收优惠、社会企业等诸多前沿问题进行了阐述和研究，具有很强的前瞻性和创新性。[9] 李健在《我国慈善组织信息公开研究》一书中，对我国慈善组织信息公开发展历程、现状和挑战进行分

---

〔1〕 赵磊：《公益信托法律制度研究》，法律出版社 2008 年版。

〔2〕 解锟：《英国慈善信托制度研究》，法律出版社 2011 年版。

〔3〕 夏雨：《比较法视野下的慈善信托》，中国社会科学出版社 2017 年版。

〔4〕 赵廉慧：《慈善信托税收政策的基本理论问题》，载《税务研究》2016 年第 8 期。

〔5〕 魏艳：《慈善信托政府监管权配置研究》，载《国家行政学院学报》2018 年第 12 期。

〔6〕 周贤日：《慈善信托：英美法例与中国探索》，载《华南师范大学学报（社会科学版）》2017 年第 3 期。

〔7〕 李文华：《完善我国慈善信托制度若干问题的思考》，载《法学杂志》2017 年第 7 期。

〔8〕 潘秀菊：《公益信托的运用与发展》，台北，台湾“金融研训院”2016 年版。

〔9〕 金锦萍：《中国非营利组织法前沿问题》，社会科学文献出版社 2014 年版。

析,通过实证分析慈善组织信息公开的基本情况和认知,比较并借鉴国外慈善组织信息公开的实践经验,如英国慈善委员会的独立性监管和美国公众监管的"吹哨人制度"等,进而构建我国慈善组织的信息公开机制。该书的研究主题"信息公开机制"对于研究分析我国慈善信托合法性机制具有重要意义,是构建慈善信托法律治理机制的一个重要方面。[1] 鲁篱在《行业协会经济自治权研究》一书中对行业协会的合理性和合法性、行业协会自治的理论基础、自治权内容、自治权实现以及自治的限度进行了充分、深刻的阐述,具有很强的理论创造性。[2] 石国亮在《慈善组织公信力研究》一书中,通过抽样调查和深度访谈等实证调查研究的方式,多角度分析了慈善组织公信力的现状和影响因素,并通过影响慈善组织公信力的多元回归分析和结构方程模型分析、建构慈善组织公信力评价指标体系,以在合作治理中重塑慈善组织公信力。[3] 郑功成等在《当代中国慈善事业》一书中,对慈善事业的本质进行了界定和解读,认为慈善是一种民营社会性救助行为和一种混合型社会分配方式。[4] 王名和贾西津则认为,"NGO"(Non-Governmental Organization)或者"NPO"(Non-Profit Organization)具有一定的自治性、志愿性、公益性或互益性,需要客观而动态地观察和理解,更接近于一般所说的"慈善组织"[5]。邓国胜则认为,中国传统的慈善明显具有两个特征:一个特征是传统慈善的作用半径较短,或者说发挥作用的范围较窄,往往体现的是救助乡邻;另一个特征是传统慈善体现得更多是一对一的或者少数对少数的个体行为。[6] 薛宁兰、邓丽在《中国慈善法研究与立法建议稿》中对我国慈善立法的基本问题进行了研究分析,并对慈善组织治理结构进行了比较研究。[7] 吕鑫在《当代中国慈善法制研究:困境与反思》一书中对慈善法的历史与价值的困境、慈善法与分配正义、慈善法的基本原则、政府与慈善的关系、慈善的监督等多方面进行了理论分析和阐释。[8] 程博认为,非营利组织信息披露是解决其社会公信力的重要措施之一,直接制约着非营利组织的治理水平。[9]

2. 关于慈善信托的法律性质

目前,关于慈善信托的法律性质问题存有较大争论。一部分学者暂时回避慈善信

---

[1] 李健:《我国慈善组织信息公开研究》,中国社会出版社 2017 年版。

[2] 鲁篱:《行业协会经济自治权研究》,法律出版社 2003 年版。

[3] 石国亮:《慈善组织公信力研究》,人民日报出版社 2015 年版。

[4] 郑功成等:《当代中国慈善事业》,人民出版社 2010 年版。

[5] 王名、贾西津:《中国 NGO 的发展分析》,载《管理世界》2002 年第 8 期。

[6] 邓国胜:《慈善组织培育与发展的政策思考》,载《社会科学研究》2006 年第 5 期。

[7] 薛宁兰、邓丽:《中国慈善法研究与立法建议稿》,中国社会科学出版社 2014 年版。

[8] 吕鑫:《当代中国慈善法制研究:困境与反思》,中国社会科学出版社 2018 年版。

[9] 程博:《非营利组织信息披露及其治理机制研究》,经济科学出版社 2018 年版。

托到底是组织还是信托产品(非组织)这一问题,另一部分学者则明确认为慈善信托具有独立的主体地位,是一种慈善组织。[1]

3. 关于治理理论和慈善信托治理机制

近现代以来,经济学家和政治学家们不断给"治理"赋予新的内涵。他们认为,治理并不等同于政府统治,治理的主体也并不一定是政府,治理活动也无须依赖于国家的强制力。周雪光教授曾对此有过如下论述:"组织的发展演变是一个自然的过程,是在和周围的环境不断相互作用下不断变化、不断适应周围环境的自然产物,而不是人为设计的结果。"[2]美国学者迪特里希·鲁施迈耶(Dietrich Rueschemeyer)认为,必须从组织和环境的关系上认识这些现象。鲁施迈耶教授进一步提出,首先,我们必须从组织环境的视域去研究和分析组织的各种行为,去总结和解释组织的各种现象。其次,从组织环境的角度,我们既要考虑"技术环境",还要考虑"制度环境"。所谓"制度环境",即"一个组织所处的法律制度、文化期待、社会规范、观念制度等人们所广为接受的社会事实"[3]。

林恩(L. Lynn)认为,治理是一种协调不同行动者趋向共同目标的一系列理念、结构和方式的集合体,包括社会制度、法律、规则、政府行政和司法裁判等一系列内容。[4]罗茨(R. A. W. Rhodes)认为,治理是独立于政府之外的组织之间相互依赖、相互影响,通过一系列互动达成一致行为规则的管理活动,意味着"统治的涵义发生改变,表明一种新的统治过程,一种新的方法来统治社会"。[5] 罗茨从开支与成本效益、公司治理、公共服务的市场竞争、善治、社会控制体系以及自主组织网络治理等六个方面充分分析并阐释了治理的内涵。[6] 斯托克(Gerry Stoker)教授则总结了关于治理研究的一些

---

[1] 详见本书第二章"我国慈善信托法律性质分析"。

[2] 周雪光:《组织社会学十讲》,社会科学文献出版社 2003 年版,第 70 页。

[3] 同上书,第 72 页。

[4] L. Lynn, C. Hcinrich & C. Hill, *Improving Governance: A New Logic for Eempirical Research*, Washington DC, Georgetown University Press, 2001, p. 7.

[5] R. A. W. Rhodes, *The New Governance: Governing without Government*, Political Studies, 1996 (6), p. 652 – 653.

[6] 罗茨教授阐述治理的六个方面:(1)有关政府管理活动的治理,是为了削减政府公共开支、实现最优的成本效益以及提供更多更优的公共服务。(2)公司治理主要表现在引导、控制、监督公司运行的组织体制。(3)创新公共管理的治理,是指政府在公共服务领域引入市场竞争激励机制和私人部门的管理,以改善政府职能。(4)作为善治的治理,强调高效、法治、负责的公共服务体系。(5)社会控制体系的治理,是指政府与民间、公共部门与私人部门等多元主体之间的合作与互动。(6)自主组织网络的治理,是指建立在信任与互利基础之上的社会网络协调机制。See R. A. W. Rhodes, *The New Governance: Governing without Government*, Political Studies, 1996(6), p. 653.

共识,这些共识包括五个方面。[1] 俞可平教授认为,社会管理和社会自治是社会治理的两种基本形式,应当合理区分政府社会管理和社会自我管理,并认为社会治理高于社会管理,并可以涵盖社会管理。[2] 唐铁汉教授则认为,应当强化政府社会管理职能,并从改革与发展稳定、改革分配格局、完善社会保障、培育公民社会、完善社会矛盾解决机制等五个方面提出具体建议。[3] 何增科教授则认为,社会创新是解决社会问题富有成效的、对社会治理具有重要意义的创造性活动。雷宇在《声誉机制的信任基础研究》一书中认为,声誉机制是一个多学科交叉研究的问题,对声誉机制的信任基础理论、基础检验、重建与制约进行了深入研究。[4] 符加林在《声誉效应、联盟关系与机会主义行为治理》一书中对声誉效应及其作用机理、机会主义行为治理等领域进行了研究和阐述。[5] 王方在《中国慈善组织的法律规制困境与治理转型——法律的限度与声誉的张力》一书中通过对我国慈善组织法律控制的实效分析,评价我国慈善组织治理的现行模式及其缺陷,论述声誉机制的运行机理和效用以及声誉机制嵌入我国慈善组织规制的完善路径。[6] 刘春湘在《非营利组织治理结构研究》一书中通过对非营利组织董事会治理、监事会监督、政府监管、相关者监督等方面的论述,对非营利组织的治理进行了深入分析和研究。[7]

4. 国外关于慈善信托的研究

英美法系国家关于慈善信托的著作和论文等文献资料丰富,这主要是因为,慈善

---

[1] 斯托克教授总结的治理理论的五个共识:(1)治理意味着一系列来自政府但又不限于政府的公共部门、私人部门和其他社会行动者。(2)治理意味着在为社会和经济问题寻求解决方案的过程中,存在界限和责任方面的模糊性。私人部门和其他团体逐渐分享政府的权力与职能,导致政府界限与责任的模糊与不明确。(3)治理明确肯定了在涉及集体行为的各个社会公共部门之间存在权力依赖。想要获得一致行动能力的组织之间必须交换资源,围绕共同的目标谈判。交换的结果既取决于各个参与者的资源,也取决于游戏规则以及交换环境。(4)治理表明参与者最终形成一个自主的网络。这一自主网络在特定的领域与政府合作,拥有相应的权力,分担着政府的管理责任。(5)治理表明在公共事务管理过程中,除了政府权力运作之外还存在其他的管理方法和技术,政府有责任使用这些新的方法和技术来更好地对公共事务进行控制和引导。换言之,治理的实质在于它所偏重的统治机制并不依靠政府的权威或制裁。See Gerry Stoker, *Governance as Theory: Five Propositions*, Social Science Journal, Vol. 50, No. 155, 1998, p. 17 – 28.

[2] 俞可平:《加强社会管理推进社会自治》,载《中国司法》2011 年第 10 期。

[3] 唐铁汉:《建立与完善中国特色社会管理体制》,载《中国行政管理》2010 年第 10 期。

[4] 雷宇:《声誉机制的信任基础研究》,经济科学出版社 2018 年版。

[5] 符加林:《声誉效应、联盟关系与机会主义行为治理》,经济科学出版社 2014 年版。

[6] 王方:《中国慈善组织的法律规制困境与治理转型——法律的限度与声誉的张力》,西南财经大学出版社 2018 年版。

[7] 刘春湘:《非营利组织治理结构研究》,中南大学出版社 2007 年版。

信托起源于英美法系,有着数百年的发展历史和实践经验。一方面,英美法系国家信托业本身就十分发达昌盛,是完全不逊于银行业和证券业的金融行业之一,这给信托法相关研究提供了充足的实践基础和宽广背景;另一方面,英美法系国家的慈善事业和公益事业亦是经历数百年发展,相关理论研究和实践经验也是日积月累,不断丰富完善。英国著名的信托法学者弗雷德里克·威廉·梅特兰(Frederic William Maitland)在《国家、信托与法人》一书中,对信托与法人、信托与国家之间的关系作出了判断和阐释。[1] 英国学者西蒙·加德纳(Simon Gardner)的《信托法导论》一书对信托的基本内涵、基本原理、信托类型等都进行了深刻且易懂的解读。[2] 格雷厄姆·弗戈(Graham Virgo)的《衡平法与信托的原理》通过对衡平法的介绍、信托的简介、衡平法的特点等进行论述,进而分别对明示信托、目的信托和默示信托进行解读,着重阐释了信托的管理与受信义务。[3] 美国学者贝希·布查尔特·艾德勒(Betsy Buchalter Adler)等在《通行规则:美国慈善法指南》一书中专门论证了"慈善"的含义。[4] Kerry O' Halloran根据慈善信托在英国的起源和实际发展,则直接认为"慈善信托是英国慈善组织中最早出现的组织形式"[5]。日本学者菅宇正在观察英美日3国的慈善立法后认为,慈善信托和慈善基金这一类组织是非营利的、非政府的,有自己的财产和董事会及办事机构,在全球文明发展中起着重要作用。[6]

5. 相关文献的整体评述

如果抛开纯粹的信托法和慈善法、信托机构和慈善组织等上位概念的研究文献,仅仅就慈善信托这一具体研究对象而言,通过文献梳理可以发现,我国目前关于慈善信托(包括公益信托)的研究虽然处于起步阶段,但是已经取得长足的进步。尽管我国《慈善法》颁布实施的时间不长,但是关于慈善信托的研究已经较多,在慈善信托的理论渊源、慈善信托的登记与设立、当事人权利义务关系、慈善信托的税收优惠、慈善信托的监管等方面都有不少优秀的论著。

不过,关于慈善信托的相关理论研究仍存在以下问题:(1)研究信托法律制度的比较多,我国大部分文献都集中研究信托的基本制度,对国内外信托法律制度进行比较、分析和研究。对信托基本制度的相关研究中,仅仅是根据内容需要对公益信托有少量

---

[1] [英]F. W. 梅特兰:《国家、信托与法人》,樊安译,北京大学出版社2008年版。

[2] [英]西蒙·加德纳:《信托法导论》,付然译,法律出版社2018年版。

[3] [英]格雷厄姆·弗戈:《衡平法与信托的原理》,葛伟军、李攀等译,法律出版社2017年版。

[4] [美]贝希·布查尔特·艾德勒等:《通行规则:美国慈善法指南》,金锦萍等译,中国社会出版社2007年版。

[5] Kerry O' Halloran, *Charity Law and Social Inclusion: An International Study*, Routledge, 2007.

[6] [日]菅宇正:《英美日三国慈善立法观察》,载《公益日报》2016年2月23日。

涉及,并未对公益信托尤其是慈善信托足够重视。(2)研究非营利组织和慈善组织的较多,专门针对慈善信托的研究较少。《慈善法》颁布以前,由于《信托法》中规定的公益信托缺乏必要的可操作性和实践性,因而几乎没有发展,我国学者对公益信托的研究也较少。而且,在少量专门研究公益信托的文献中,学者大多是依据《信托法》的规定研究公益信托,几乎没有专门研究慈善信托的文献,即使有,也存在将慈善信托和公益信托未加区分、混为一谈的情况——主要是因为《慈善法》颁布以前我国公益信托与慈善信托的概念混用。(3)研究慈善信托文献较少,原因在于,慈善信托制度准确地说是从 2016 年 9 月 1 日才正式从法律制度层面确立,时间很短,理论研究和实践都尚未广泛普及。〔1〕(4)在目前少量的慈善信托研究文献中,缺乏从双重属性视角深入研判的。目前的著述基本都是涉及慈善信托基本制度的比较和分析研究,如慈善信托的起源、慈善信托的设立、慈善信托委托人权利义务、慈善信托受托人权利义务、慈善信托受益人权利义务、慈善信托监察人等基础理论的研究,尚缺乏对慈善信托的组织性、治理机制等相关领域的理论阐释和深度研究。如解锟的《英国慈善信托制度研究》〔2〕、夏雨的《比较法视野下的慈善信托》〔3〕、赵磊的《公益信托法律制度研究》〔4〕等著作是目前为数不多的研究慈善信托(包括公益信托)的专门著作,都从不同方面、不同层面对公益信托和慈善信托进行了解读、阐述和比较研究。而在这些关于慈善信托的专门性著作中,尚未发现关于慈善信托治理机制的研究,或者说缺乏明确的对慈善信托治理机制的系统性研究。在诸多学者中,郑功成教授是比较早注意到慈善信托具有双重属性的学者,他认为,"慈善信托作为一种行善的方式,以慈善为目的,以信托为手段;同时具有慈善行为和慈善组织的双重含义"〔5〕。不过,需要强调的一点是,郑功成教授此处提出的双重属性仅限于初步提出的一种概念表述,而未有更进一步的理论阐述和比较分析,与本书所提出的慈善信托双重属性在内涵和外延方面亦不完全一致。(5)国外有关慈善信托的文献丰富,但是由于两大法系在所有权制度方面与我国不同,因而关于慈善信托的论述存在如何与我国对接的问题。

---

〔1〕 从 2016 年 9 月 1 日《慈善法》颁布起到 2020 年 1 月 31 日查阅时止,通过"中国知网"查询"慈善信托"为主题的文献,排除报纸新闻报道、硕士论文等,博士论文和专业学术期刊仅有 26 篇与慈善信托相关的学术专业性文献,其中,南大核心期刊仅有 3 篇。

〔2〕 解锟:《英国慈善信托制度研究》,法律出版社 2011 年版。

〔3〕 夏雨:《比较法视野下的慈善信托》,中国社会科学出版社 2017 年版。

〔4〕 赵磊:《公益信托法律制度研究》,法律出版社 2008 年版。

〔5〕 郑功成:《〈中华人民共和国慈善法〉解读与应用》,人民出版社 2016 年版,第 139 页。

三、研究方法与创新

（一）研究方法

笔者认为，慈善信托的法律治理机制尤其是双重属性下的权益平衡问题研究是慈善信托最为核心的理论问题。在研究这一问题时，本书拟采用规范分析研究法、比较分析研究法和交叉学科分析研究法进行分析研究。

1. 规范分析研究法

本书在研究慈善信托的法律治理机制问题时，首先研究分析慈善信托制度产生时的具体背景和规范制度的变迁。因此，本书研究分析了慈善信托的产生渊源、发展脉络，以及大陆法系国家和地区借鉴、发展的状况，比较完整地梳理和总结了英美法系慈善信托相关的制度规范和制度变迁，结合大陆法系的日本、韩国的相关法律制度规范的借鉴与制度改进，对慈善信托的法律制度规范进行整体的分析和研究。

2. 比较分析研究法

在梳理和总结两大法系下慈善信托相关的法律制度规范及其制度变迁的基础之上，通过规范比较和功能比较的比较分析研究法，分析并总结英美法系和大陆法系两大法系中慈善信托法律制度的不同所在和相互借鉴之处，充分比较研究两大法系在慈善信托的法律性质与法律治理机制等关键问题上的不同法律生态禀赋与实现路径。

3. 交叉学科分析研究法

"治理机制"是机制问题，机制问题属于组织社会学的重要内容。本书在立足经济法学基础理论的基础上，通过组织社会学的理论视角进行交叉学科分析研究：一方面，本书的治理机制理论主要立足于组织社会学中关于"合法性机制"和"效率机制"理论，通过探讨"法的效率价值"，分析慈善信托运行中的交易成本，研究慈善信托在实践中对技术环境和制度环境的主动适应与被动实施；另一方面，分析研究慈善信托在双重属性背景下，其法律治理机制如何平衡"合法性机制"和"效率机制"，进而通过"社会承认逻辑理论"和"声誉激励理论"来实现自身治理机制的构造与完善。

（二）创新之处

由于我国《慈善法》确立慈善信托制度的时间不长，无论是实践还是理论研究都比较少。现有的与本书主题相关的专著和论文，总体侧重于基础制度研究。基于本书前述研究思路和研究方法，结合慈善信托较为特殊的研究背景，本书具有以下几个方面的创新性：

1. 本书的研究视角具有一定的创新性

本书首次提出了慈善信托“双重属性”的概念，从双重属性的视角对慈善信托进行研究分析，对慈善信托既要追求慈善核心的公益性，又要追求信托管理财产的营利性和效率性这一看似天然矛盾的“双重属性”进行解构，立足于慈善信托的公益性和信托的营利性，着重研究慈善信托权益的平衡及治理机制的完善，展开从理论到实务的系统性深入研究，尤其是在慈善信托投资监管与引导方面，如行政管控模式与税收激励引导模式的比较以及税收激励引导模式的具体安排方面，有一定的创新性。

2. 本书的学术观点具有一定的创新性

首先，慈善信托在本质上是一种慈善组织形式。基于慈善信托的法律性质之争，通过梳理英美法系国家慈善信托的起源和制度变迁，结合我国慈善信托相关法律规范及我国慈善信托的特征，笔者认为，慈善信托属于一种利用信托形式的特殊的慈善组织形式。其次，慈善信托的双重属性为其治理机制带来新的挑战。慈善信托一方面恪守绝对的公益性，另一方面又要满足信托的营利性和效率最大化要求。笔者认为，应借助于组织社会学的技术环境和制度环境理论，从“合法性”和“效率性”两个维度展开，基于社会承认逻辑和声誉机制的适应压力，在行业自律机制的协同作用下，实现慈善信托治理机制的优化。

3. 本书的研究方法具有一定的创新性

笔者本着回归理论本源的研究思路，以比较分析的方法窥视慈善信托的起源与发展。通过考察、研究慈善信托的产生渊源、发展脉络，以及大陆法系国家借鉴和发展的状况，经由规范比较和功能比较的路径，分析英美法系和大陆法系两大法系中慈善信托的不同所在和相互借鉴，以此作为本书研究的基础。同时，创新性地引入组织社会学的研究方法，通过深入研究组织社会学中“合法性机制”“效率机制”“技术环境”“制度环境”“交易成本”“社会承认逻辑”“声誉激励机制”等理论，并以此指导、分析慈善信托的权益如何平衡的问题，从“合法性”和“效率性”两个维度展开，进而构建和完善其法律治理机制。

第二章 我国慈善信托法律性质分析

一、我国慈善信托的发展现状分析

随着社会经济的国际化和全球化发展，在现代社会财富传承与使用多元化背景下，慈善信托制度以其独特的制度优势，兼具财产管理和慈善实施双重特性，越发得到各国重视。从2016年9月1日我国《慈善法》颁布实施到12月31日，我国慈善信托发展迅速，在3个多月内即备案慈善信托22单。从2016年9月1日起至2019年12月31日止，全国共完成备案的慈善信托数量为267单，财产总规模为291,961.4万元。[1] 本书分别以"每年度备案数量""慈善信托财产规模""慈善信托存续期限""不同受托人"4个指标对已备案的慈善信托进行统计分析（见表2－1～表2－4、图2－1～图2－4）。

表2－1　2016～2019年慈善信托备案数量

备案年份	数量/单
2016	22
2017	45
2018	87
2019	113

[1] 本章中数字和图表的相关数据来源于"慈善中国"官网，载慈善中国网2019年12月31日，http://cishan.chinanpo.gov.cn/biz/ma/csmh/e/csmheindex.html。

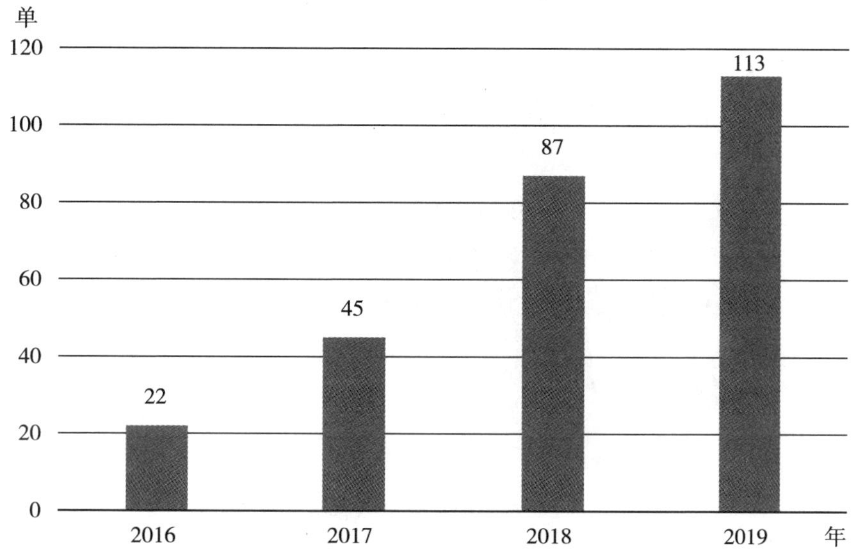

图 2-1　2016～2019 年慈善信托备案数量

通过表 2-1 和图 2-1 的数据，不难发现，在《慈善法》颁布之后，我国慈善信托每年设立备案的数量逐年增多，发展迅速。2017 年度的备案数量为 45 单，是 2016 年度备案 22 单的 2 倍有余。当然，这和《慈善法》在 2016 年 9 月 1 日才颁布实施有关，而备案也需要一定的程序和时间。2018 年的备案数量为 87 单，又同比 2017 年度增长 93.33%，非常接近 2016 年备案数量的 4 倍。到了 2019 年度，慈善信托备案数量激增到 113 单，同比 2018 年度增长 29.89%，是 2016 年度的 5 倍多。这表明慈善信托这一慈善形式在我国得到了社会大众的认可，初期阶段发展态势良好。

以慈善信托的信托财产的规模为指标来统计，如表 2-2 和图 2-2 所示，我们可以发现，在已经备案的全部 267 单慈善信托中，信托财产小于 100 万元的慈善信托为 140 单，占比 52.43%；信托财产在 100 万元至 1000 万元之间的慈善信托为 94 单，占比 35.21%；信托财产在 1000 万元至 5000 万元之间的慈善信托为 23 单，占比 8.61%；信托财产在 5000 万元以上的慈善信托仅有 10 单，占比 3.75%。

表 2-2　慈善信托财产规模等级数量

资金等级/万元	数量/单
<100	140
[100,1000)	94
[1000,5000)	23
≥5000	10

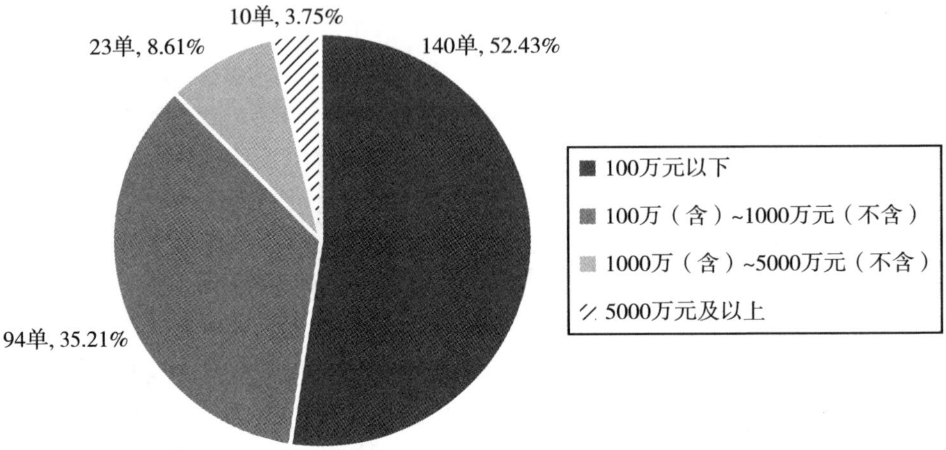

图2-2　慈善信托财产规模等级比例

以慈善信托存续期限为指标来统计分析全部已备案的慈善信托,我们分别以"小于5年""5(含)~10年(不含)""10年及以上""永续""无固定期限"等为指标来分析,慈善信托存续期间的分布较为均衡:存续期限小于5年的慈善信托为84单,占比31.46%;存续期限在5(含)~10年(不含)的为36单,占比13.48%;存续期限为10年及以上的为52单,占比19.48%;存续期限为永续的为59单,占比22.10%;存续期限为无固定期限的为31单,占比11.61%;还有5单慈善信托在"慈善中国"官网虽然有备案,但是存续期限却未能备案清晰,属于"不明"的状态,占比1.87%。(见表2-3、图2-3)同时,我们也可以发现其中存在一些问题,各个慈善信托备案的存续期限的表述不完全统一,存在一定差异性。本书统计后发现,各地区备案的慈善信托的存续期限至少存在以下几种表述方式:(1)以年为单位的;(2)以月为单位的;(3)永续;(4)永久存续;(5)无固定期限;(6)永续无固定期限;(7)本合同生效之日起至某时间止;(8)不短于多少个月;(9)某年某月某日起至某年某月某日止;(10)长期。以上这些关于慈善信托存续期限的表述五花八门,也存在较为突出的矛盾,比如,10年以上和永续期间的区别问题,有些备案的存续期限为无固定期限或者长期,这和永续期间也存在一些交叉和重叠问题——无固定期限是不是就是永续,长期是不是就是永续,还有个别慈善信托备案的期限为"不短于12个月",那该信托的存续期间到底是多久,这在归类统计的时候,似乎可以放在无固定期限范围内,也可以放在永续期限范围内,也可以说是存续期间不明。换言之,各个慈善信托的受托人以及各地区民政部门在办理慈善信托备案的时候,对于慈善信托的存续期限的具体表述并不统一。其原因在于现行法律法规并无明确规定,配套立法也缺乏统一的操作规范,《慈善法》和《慈善信托管理办法》并未就慈善信托存续期限的表述这一细小的问题作出规定,亟待民政部发布相应的操作规范,以统一和规范相关备案信息。

表 2-3　慈善信托存续期限和数量

存续期限/年	数量/单
<5	84
[5,10)	36
≥10	52
永续	59
无固定期限	31
不明	5

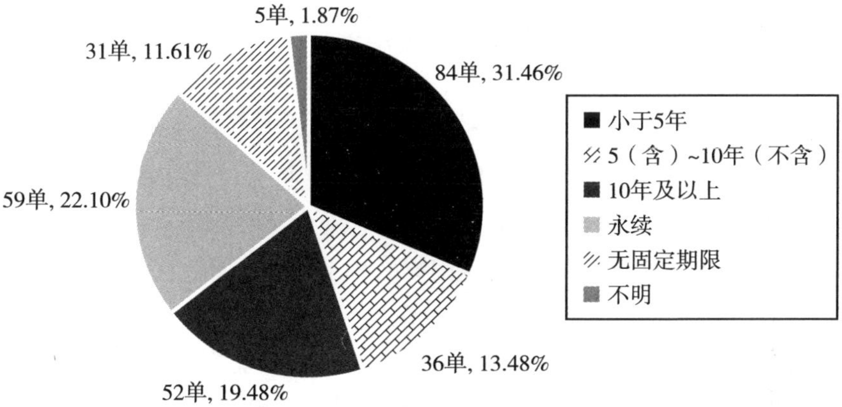

图 2-3　慈善信托存续期限比例

以慈善信托的受托人是慈善组织还是信托公司或者是二者共同作为受托人为指标进行统计分析,我们发现,全部已备案的 267 单慈善信托中,以信托公司作为受托人的为 225 单,占比 84.27%;以慈善组织作为受托人的仅有 11 单,占比 4.12%;以慈善组织和信托公司作为共同受托人的为 31 单,占比 11.61%。(见表 2-4、图 2-4)换言之,信托公司作为慈善信托受托人占据了绝大多数,如果算上慈善组织和信托公司二者共同作为受托人的部分,占比近乎 96%;单纯以慈善组织为慈善信托受托人的慈善信托仅有 11 单,处于绝对的数量劣势。这在一定程度上也说明,我国慈善信托的受托人基本上都是以专业化、营利化的公司制的信托公司作为信托受托人,深刻嵌合了慈善信托中的"信托"二字,更是体现出慈善信托的双重属性,而非仅仅是公益性或慈善性。这给我国慈善信托的治理机制带来了较大的挑战。

表 2-4 不同受托人的慈善信托数量

受托人	数量/单
慈善组织	11
信托公司	225
慈善组织+信托公司	31

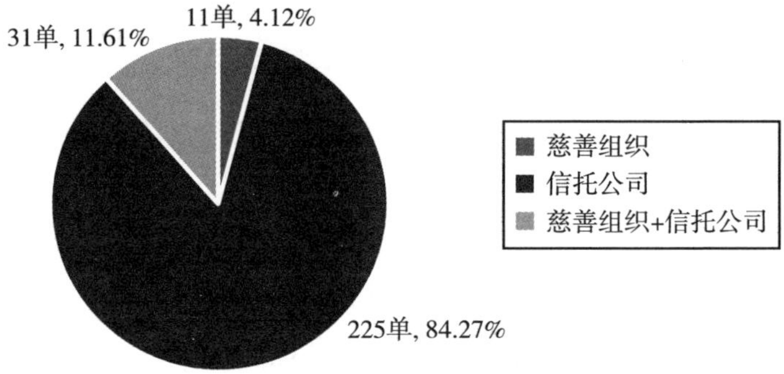

图 2-4 不同受托人的慈善信托数量比例

综上所述,经过对 2016~2019 年备案的慈善信托进行统计分析,可以根据我国慈善信托的发展现状推导出一些结论并发现其中存在的部分问题:(1)我国慈善信托发展迅速,但是发展极不均衡,与欧美发达国家的差距也十分明显;(2)我国慈善信托的受托人以营利性的信托公司为主,慈善组织作为受托人的情形极少;(3)我国已备案登记的慈善信托在信托财产规模方面都不太大,未能形成规模效应;(4)各级民政部门对慈善信托的实际管理规范并不统一,我国慈善信托的存续期限表述不统一,备案制度需要完善细节。因而,我们有必要从慈善信托的历史起源和特质方面开始进行理论分析,研判出能更好契合慈善信托良性发展的法律治理机制,借以推动我国慈善事业的发展壮大。

二、慈善信托的界定

法律概念是理解和认知法律制度的关键钥匙,法律概念及其相互间的关系使我们能够理解法律内容并依此进行不同层面的法律交流。慈善信托的法律概念应当是"所释放出的有效内容是由立法者或司法者所确定的富于法律性特征的意义确认"[1]。

[1] 姜涛:《法律概念、法律规范与法学学说——法律实施面向的关系建构》,载《人大法律评论》2016 年第 1 期。

鉴于慈善信托产生的特殊背景和历史渊源，对慈善信托下一个普遍接受的、通用的准确定义比较难，大部分学者都是从慈善信托的慈善目的角度出发对慈善信托进行界定。如“慈善信托是一种由衡平法规则确定的，为了不特定多数的社会大众而具有实质社会利益的信托”〔1〕。英国《2000年受托人法》中第39条对慈善信托的含义进行了规定——慈善信托是为了慈善目的而持有财产的信托。通过梳理英美法系和大陆法系信托法制度中关于慈善信托的界定和认定规则，我们可以发现，无论是成文法规定还是衡平法院自由裁量，慈善目的都是确认慈善信托的关键因素。

慈善信托由“慈善”和“信托”组成，要理解慈善信托本身的含义，就必须先分别理解“慈善”和“信托”本身的含义。在一定意义上可以说，慈善信托既属于信托的一个种类，又是慈善机构的组织形式之一。

（一）信托的渊源与界定

在英美法系国家和地区，慈善信托的发展史在一定程度上可以说是信托的发展史，二者相生相伴。我们研究分析慈善信托的概念并予以界定，首先应当梳理信托的起源和发展，从中探寻慈善信托的内涵和外延。

1. 信托的起源学说概述

论及信托制度的起源，学术界一般有两种学说，可以“分为大陆法说和英美法说”〔2〕。更进一步细分的话，还可以区分为罗马法起源说、日耳曼共同起源说和英国固有法说三种。以斯宾思和斯托雷为代表的学者的早期学说认为，信托制度和罗马法中的“委托遗赠”有着一定的相似性，可以“窥探信托的脉络”〔3〕。所谓“委托遗赠”，也称为“遗赠信托”或者“信托遗赠”，其用来规避当时的《沃克尼亚法》(Lex Voconia)，即该法禁止罗马公民通过遗嘱的方式将财产赠与某些特定人群，如不具有罗马公民资格的外国人、战俘或异教徒等。罗马公民在生活实践中为了规避法律规定而创设了“委托遗赠”，在此制度设计中，被继承人作为委托人，继承人作为受托人，前者要求后者在作为委托人的被继承人死亡后继承相应的遗产并将该遗产按照事先的约定转移给或者给付委托人预先指定的特定第三人(受益人)。由此可见，委托遗赠和信托的运行机制极为相似。但是，对委托遗赠应仅是具有专属于遗嘱法或者继承法性质的法理解释，受托人处于保管地位，并不实际占有和管理财产，作为被继承人的委托人的遗产在实质上却是由事先指定的第三人实际受益继承。鉴于此，“委托遗赠实质上只是一

---

〔1〕 G. G. Bogert, *Hand Book of the Law of Trust*, 5th ed., West Pub. Co., 1973, p. 199.

〔2〕 王志诚：《信托法》(增订第7版)，台北，五南图书出版股份有限公司2018年版，第1页。

〔3〕 同上。

种书立遗嘱的技术，尚难据此断定罗马法业已确立信托制度”[1]。此外，美国著名法学家和大法官奥利弗·温德尔·霍姆斯(Oliver Wendell Holmes)认为，信托制度起源于古日耳曼法中的“Salmanm”(受托人)这一法律概念，时至今日，仍有不少大陆法系学者支持此种学说。所谓“Salmanm”制度，是指从佛朗哥时代到中世纪时期，由于法律禁止遗嘱行为而只认可法定继承，被继承人为了将其财产转移给法定继承范围以外的特定第三人，以法定继承人范围内的人作为受托人，依照法定继承取得遗产所有权，同时指示受托人在法定继承遗产后及时转移给指定的第三人(受益人)。由此可见，此时的“Salmanm”制度与信托制度中的受托人的地位极其相似。美国信托法学者乔治·博格特(George Borgert)也认为，英国信托与早期古日耳曼法同源，原因在于诺曼人在1066年入侵英格兰，而英格兰信托制度也恰好出现在1066年之后不久，如此巧合的历史背景，不得不让人联想英格兰信托制度与古日耳曼法中的受托人制度有着“说不清、理还乱”的演变关系。不过值得注意的是，“Salmanm”制度的起源是“死因赠与”，实质是一种附条件的所有权转移制度，在这种制度结构中，受托人不负有实体法上的义务，受益人也没有被赋予实体法上的所有权，这些和信托制度的基本原理和内涵都不相符，并不是真正意义上的信托制度。

依照目前得到学界广泛认同的通说，信托制度应始于英国，是从中世纪英国法中的用益权制度演化发展而来的。在世界法律体系中，不动产和动产之间界限分明，存在一道巨大的鸿沟。14世纪的英国，这道鸿沟比其他国家更深更宽。一部分原因在于英国法律制度中存在严格的长嗣继承权制度，另一部分原因是教会主张自己对死亡自然人的动产具有专属管理权的努力获得成功，这种专属管理权是无论他在死亡之时是否立有最后遗嘱。此时英国法体系中关于动产的最后遗嘱制度是一种必须有执行人的遗嘱制度，如果没有遗嘱或者没有遗嘱执行人，主教将会指定一名“遗产管理人”。这个遗嘱制度也不再是那种古老的“死后赠与”(Donatio Post Obitum)，但是在教会法规作用下，它呈现出一种真正遗嘱所具有的特征。随着时间的推进，英国遗嘱执行人制度与罗马发展的继承人制度演变得类似。在之后晚些阶段，当严格意义上的信托制度得到发展时，这两种同源的法律制度开始互相影响。然而，14世纪英国的土地法律制度非常发达，如“非限定继承地产权、限定继承地产权、终生保有地产权、剩余地产权、回复地产权等”[2]。但是，根据当时的法律规定，英国人不能通过遗嘱制度将自己拥有的土地留给自己的后人，于是他们便不自觉地走到了信托制度的源头。在当时的

[1] [日]砂田卓士、新井正男编：《英美法讲义》，日本青林书院新社1976年版，第277页。转引自王志诚：《信托法》(增订第7版)，台北，五南图书股份有限公司2018年版，第1页。

[2] [英]F. W. 梅特兰：《国家、信托与法人》，樊安译，北京大学出版社2008年版，第106页。

英国,如果想要通过立遗嘱的方式将自己所有的土地留给后人继承或捐赠给宗教以解脱灵魂,必须借助于受托人来实现,通过受托人来实现土地的转移和管理以及收益的分配,这种不得已而为之的方式在一定意义上就是信托制度的根源。用益权制度经过漫长曲折的发展,逐渐得到英国衡平法院的认可和保护,进而演变为我们现代意义上的信托法律制度。

2. 信托的渊源:宗教与衡平法

论及信托的起源,早期的许多学者们认为信托制度起源于罗马法中的“遗产信托”制度。后来,随着学者们对罗马法和英国法的比较研究更加深入和清晰,信托法律制度的制度变迁和演变也逐渐清晰明确起来,信托制度的起源和基础是用益权制度的观点逐渐成为学界流行的通说。英国法体系中因为僵化的土地继承制度而演化出来的用益权制度在后来随着衡平法的发展和完善,逐渐成为信托制度尤其是慈善信托制度的理论渊源和制度基础。

用益权制度最早用于土地方面,所谓用益,是指当事人事先约定一方为了指定的另外一方的利益而对土地进行占有、管理和使用,取得土地收益并转移收益给另外一方,以保障和实现另外一方对土地的权益。用益权制度的本质是为了突破英国当时僵化的土地继承制度,通过第三方受托人的方式将土地转移给后人或者宗教团体,或者以约定的方式通过受托人转移收益让原本没有土地所有权的人受益。用益制度最早也曾出现在罗马法中,罗马在扩张发展过程中,其依据土地的权属发展而来的多元财产归属形式,演化出所有权的多种形式:(1)土地的私人所有权;(2)对公地的占有权;(3)行省土地所有权。[1] 到了中世纪时期的所有权发展演化出一种新的所有权理论——“分割所有权”。所谓分割所有权,一方面是指所有权可以是多重的、多元的或分裂的;另一方面也可以是指在所有权中其事实权利与法律权利相分离,可以分割,如后来英美法系信托制度中的“双重所有权”。罗马帝国衰亡后,由于封地的普遍化以及土地名义财产归属权利与实际使用权利之间的竞争发展,开始形成多种对物的用益形式。中世纪的巴尔都斯继承了巴托鲁斯式的所有权概念,并更加准确地提出所有权三分法:直接所有权、用益所有权和准所有权。罗马法中关于“分割所有权”和“用益所有权”的法律制度的发展和应用,深刻影响了中世纪的英国法律文化。在英国中世纪用

---

〔1〕 罗马帝国时期,拥有广阔的大面积的行省土地。这些土地是罗马城邦在常年征战中作为战利品获得的,被征服的其他城邦被纳入罗马帝国的版图中,成为其行省。行省土地名义上属于罗马皇帝或者元老院所有,但仍保留给原土地所有人耕种使用。后者仍然能够对土地进行继承和转让在土地上的使用权利,与此相对,罗马皇帝或者元老院对行省土地的权利仅仅体现在名义上的所有权和租金的收取之上。因此,罗马法学家将行省土地的实际使用人对行省土地的权利称为“行省土地所有权”。

益制度产生的初期阶段，仅存在普通法上的所有权，用益制度是建立在单一所有权的基础上。中世纪保守封建的英格兰实行的土地制度，并不区分领主所有权和佃农所有权，而是视两者都具有完全的所有权：领主享有领主权，佃农享有地产所有权，其中领主享有的领主权被视为一种无形财产权。〔1〕 这一时期用益制度对动产和不动产采取了分而治之的策略，此时的普通法对动产的用益权用债权的方式予以保障，对不动产的用益及其受益人不予以保护，而且王室还采取严厉的措施禁止土地收益和所有权分离。〔2〕 但是随着一系列重大事件和社会因素的叠加，土地用益制度在中世纪得到了比较广泛的应用。这些变量主要有：(1)宗教对法律的影响。法律并不禁止人们占有财产，但是宗教教义与占有财富格格不入，因为通向天国的门是狭小的，占有财富的肥胖身躯无法通过。在现实生活中便出现了这样一种具体的安排：A 转移土地给 B，使其为教会的利益而持有该地产。这种用益安排在早期的宗教法庭获得了认可和执行。〔3〕 (2)长子继承制度。英格兰在《1540 年遗嘱法案》以前，土地不能通过遗嘱的方式加以处分，而是必须适用法定的长子继承制度。〔4〕 如果被继承人不希望长子单独继承或者希望长子以外的人能够继承土地上的权利，唯一能够实现其愿望的就是土地的用益制度。(3)十字军东征。在十字军东征之际，参加东征的一些封建领主担心自己客死他乡，给自己的家庭带来不可预测的风险。于是他们在出发之前对其既得利益作出安排，将财产(主要是土地)托付给信任的亲朋好友，指示其为自己的配偶和子女的利益而管理财产。〔5〕 到 14 世纪末期，土地用益制度已经成为一种社会习俗，并逐渐形成一系列的法律制度。但是，用益制度在发展过程中，一些人利用土地用益制度进行逃避债务和逃避税收。因此，在 1279 年，为了规制利用用益制度来逃避税收的不当行为，英国国王爱德华一世颁布了信托制度史上著名的《死手法》，该法案规定将土地赠与永久存续的组织必须获得皇家许可，主要目的是禁止人们向教会捐赠土地以逃避土地税。到了 1391 年，适用范围进一步扩大，规定为法人设定的用益制度同样受到《死手法》的限制。〔6〕 为了防止受托人的欺诈行为，保护受益人的权益，衡平法官逐渐介入受托人欺诈的案件，但是英国中世纪的衡平法律规则不完善，衡平法官们在具体

---

〔1〕 Theodore F. T. Plucknett, *A Concise History of the Common Law*, 5th ed., Citic Publishing House, 2003, p. 543.

〔2〕 Ibid., p. 576.

〔3〕 Jesse Du Keminier & Stanley M. Johnson, *Wills Trust and Estates*, Citic Publishing House, 2003, p. 554.

〔4〕 Ibid., p. 553.

〔5〕 于海涌：《英美信托财产双重所有权在中国的本土化》，中国政法大学出版社 2011 年版，第 21～22 页。

〔6〕 Theodore F. T. Plucknett, *A Concise History of the Common Law*, 5th ed., Citic Publishing House, 2003, p. 578.

个案中给予受益人的救济方法也不统一。1484 年的英国国会法案赋予受益人转让土地利益的权利。1485 年的立法使受益人可以获得追索财产的令状,据此受益人可以对抗取得土地权利的任何人。[1] 这种法律制度的设计形成了受托人和受益人同时享有对土地的转让权利的局面。1504 年英国国会的一项法案规定受益人享有用益土地上的全部权利并视为法律所有人。[2] 可以说,到了 15 世纪晚期,用益制度的法律结构逐渐趋于稳定,土地上的双重所有权制度雏形也基本形成。1536 年英国通过了《用益法案》,该法案规定同一物上不得同时存在两个所有权。但是该法案同时规定了一般场合受益人被视为所有权人。根据此项规定,受益人可以获得诉讼主体资格,其权益亦可得到法律保障。《用益法案》颁布之后,普通法院便开始管辖和执行用益相关的案件,但是"双重用益"、"动产用益"和"积极用益"这三种用益财产关系不适用《用益法案》。人们逐渐将不受《用益法案》管辖的用益类型称为"信托"。在此背景下,信托被不断广泛应用,信托法律制度也因此得到了不断创新和发展。

信托财产关系的重要特征是财产控制权与收益权的分割,但是,并非英美信托立法主动创造并采用"双重所有权"模式,"双重所有权"的根源在于英国特有的历史传统和法律文化。英美法系国家的司法体制是二元体系,即衡平法与普通法并存,"双重所有权"正是这种二元司法体制的特殊产物。英美法系国家和地区的信托法一般都是判例法与成文法的混合体,且衡平法在信托法发展中起了决定性作用,信托的基本原则和各类信托事务的基本准则都是通过衡平法律规范确立起来的。

3. 信托的概念界定

信托起源于英国的用益制度,兴起于衡平法院,是英美衡平法体系中一项独特的法律制度,被视为"英美法学宝库中最灵活的一项制度"[3],广泛地用于商业和慈善领域。英美法系国家和大陆法系国家对信托的定义和界定各有不同,在信托的发源地英国,学术界对信托的定义和解读也不尽相同,根据笔者的梳理和比较,有学者认为信托是一种信任关系,有学者认为信托是一种忠诚关系,也有学者认为信托是一种衡平法上的义务。《不列颠百科全书》中认为信托是一方为了另外一方的利益而拥有并管理相应财产的一种法律关系,[4] 这和《牛津法律大辞典》中的信托定义相类似,不过《牛

---

〔1〕 Theodore F. T. Plucknett, *A Concise History of the Common Law*, 5th ed., Citic Publishing House, 2003, p. 579.

〔2〕 Ibid., p. 580.

〔3〕 [德]海因·克茨、邓建中:《信托——典型的英美法系制度》,载《比较法研究》2009 年第 4 期。

〔4〕 "信托是指一种法律关系;在此项法律关系中,一人拥有财产所有权,并负有受托人义务,为另一人的利益而运用此项财产。"参见《不列颠百科全书》(中英文对照),上海社科院法学研究所编译,第 14 版第 22 卷的 trust 词目。

津法律大辞典》中的信托定义更进一步强调了法定所有权和受益所有权之间的分离关系。[1] 在信托制度最为发达的另外一个英美法系国家美国的学术界，学者们普遍接受的关于信托的定义是“信托是当事人之间的一种信任关系，一方享有财产所有权，并负有衡平法上的为另一人之利益而管理或处分该项财产的义务”[2]。大陆法系国家和地区的信托法律制度一般都对信托作出了较为明确的定义规定，如日本《信托法》，其中第1条就是对信托的定义规定。[3] 韩国《信托法》也有类似的定义规定。

可以看出，在英国法律制度体系和传统文化背景下的信托制度的一个重要特征就是信托财产的“分割所有权”，也就是我们在研究信托法律制度时通常提及的“双重所有权”。在这种制度结构中，信托财产上的权利可以分割为两个：一个权利是“法律上的所有权”，翻译自英文 Legal Title，法律上的所有权属于受托人法定享有；另一个权利是“衡平法上的所有权”，翻译自英文 Equity Title，衡平法上的所有权属于受益人享有。“双重所有权”的产生有其特殊的历史背景和法律文化渊源，一方面，在英国信托法律制度的萌芽时期，受托人在法律上的所有权是受到普通法院的认可和保护的，但是受益人的权益并不能得到普通法院的认可和保护；经过很长一段时期，衡平法院才逐渐确立和完善受益人权益的保障制度。另一方面，英美法系的财产权理论相对大陆法系的“一元所有权”理论而言，具有更大的弹性和更丰富的内涵。信托财产具有法定的绝对的独立性，和受托人一起处于信托法律关系的绝对核心地位。信托财产关系是信托法律关系的核心，也是理解信托概念和内涵的基础。

（二）慈善的渊源与界定

“慈善”作为一个法律概念，在英美法系一般用“Charity”表达，一般认为其来源于拉丁语“caritas”，原意为“关照”，在基督教神学的发展下，演变为上帝赐予教徒的恩惠，强调对个体的帮助和救济。后来随着慈善事业的发展，慈善的含义一般认为是指帮助穷人和有需要的人，“对他人的爱”[4]。

---

〔1〕“信托是持有并管理财产的一种协议。据此财产或法定权力的所有者（委托人）将财产和权力交给另一个人或者几个人（受托人），后者据此代表或为另一方（受益人）或为其他人、或为某一特定的或为几个目的而持有财产和行使权力。信托概念的本质在于法定所有权与受益所有权之间的分离。”参见[英]戴维·M. 沃克：《牛津法律大辞典》，李双元等译，法律出版社2003年版，第899页。

〔2〕该定义为美国信托法权威学者鲍吉特的学术观点。

〔3〕日本《信托法》第1条规定：“本法所称信托，系指将财产权转移或者为其他人处分，使他人以一定之目的而管理或处分其财产。”

〔4〕[美]贝希·布查尔特·艾德勒等：《通行规则：美国慈善法指南》，金锦萍等译，中国社会出版社2007年版，第1页。

事实上，通过梳理和分析英国的信托法律制度规范的变迁，可以发现，在《2006 年慈善法》颁布之前，英国有关慈善或者信托的成文法法律制度中一直都没有对“慈善”在法律上进行明确的定义和界定，普通法院和衡平法院在司法审判中也似乎有意对这个问题“视而不见”，原因可能在于：一方面是现代社会发展变化较快，慈善活动变化多样、层出不穷，通过立法的形式规定慈善的定义会滞后于社会的发展变化；另一方面是僵化的法律定义在司法实践中可能会限制法院的自由裁量。

被视为现代慈善信托法律制度起点的英国《1601 年慈善用益法》并没有对“慈善”、“慈善目的”和“慈善信托”等相关法律概念进行概括描述，仅仅在序言中以列举的方式表明了“慈善”的信托目的，并写明“对是否属于慈善可以由法院在审判实践中予以认定……在裁判中对于‘慈善’的认定可以参照该法序言的相关内容来解释慈善”〔1〕。英国《1601 年慈善用益法》序言内容中所列举的慈善目的成为英国法院认定慈善信托的法律依据。〔2〕《1601 年慈善用益法》颁布实施之后，在很长一段时期内，英国都没有对慈善信托作出专门规定，这主要是因为政府部门和学术界默契地达成一致意见——慈善或者慈善信托应当符合特定历史时期、特定社会环境的实际发展，如果政府以立法形式对“慈善”进行界定或者描述，不但无法适应社会经济实际发展变化的需要，相反在很大程度上还可能会限制法院的判决。因为，“一个简单的定义根本不可能包罗万象，因为一个人寻求实惠于同胞的方式的数量和多样性是没有限制的”〔3〕。后来英国《1853 年慈善信托法》《1960 年慈善法》《1993 年慈善法》都同样没有对相关法律概念进行明确的界定。〔4〕

进入 21 世纪后，英国政府和议会逐渐认识到原有的慈善法已无法应对民间慈善活动和组织快速发展的态势。2002 年英国布莱尔政府的内阁策略小组制定并公布了一份研究报告——《私人行动、公共利益：对于慈善组织以及更广泛的非营利部门的评论》，这份报告的主要内容是对包括慈善信托在内的非营利组织的法律制度、监管机制

---

〔1〕 P. V. Baker & P. St. langan, *Snell's Principles of Equity*, Cambridge University Press, 1969, p. 126.

〔2〕 这些目的包括：救济年迈、残疾和贫困的人；对病患、伤兵和水手的照顾；兴办免费学校、资助学术机构及大学学者；维护教堂、桥梁、港口、堤坝、海防线和公路；资助孤儿的教育和生活；救济、维持感化院中人的生活；对贫困少女婚姻的协助；支持和援助年轻的工匠、残疾人；用来救济、补偿罪犯和俘虏以及帮助、减轻收入在 15 英镑以下的贫困居民的负担；对有关贫民纳税的协助。

〔3〕 何宝玉：《信托法原理与判例》，中国法制出版社 2013 年版，第 67 页。

〔4〕 《1960 年慈善法》第 38 条第 4 款提到了 1601 年法律及其序言中涉及的“慈善”一词的任何含义、范围和说明，应该被解释为根据英格兰和威尔士的法律而具有法律术语含义的一个词汇。《1993 年慈善法》第 96 条间接涉及“慈善”，认为慈善表示任何组织为了慈善的目的而设立，且在高等法院的管辖范围之内。

进行改革与完善的建议与方案。这份报告前瞻性地提出了“未来发展目标”[1],从而奠定了英国《2006年慈善法》的框架和基础。英国《2006年慈善法》是英国法律史上第一次以成文法法律条文的明确形式来界定“慈善”的概念和含义。慈善被描述为“一个组织或者信托从事的为公共利益服务的具备慈善目的的公益性事业”。英国《2006年慈善法》在对“慈善”进行立法界定并赋予明确法律定义的基础上,还同时以列举的方式规定了12种明确的慈善目的[2]并配置兜底条款。

美国慈善事业比较发达,从本杰明·富兰克林(Benjamin Franklin)开始产生了一大批世界知名的基金会。美国的慈善法律制度在一定程度上承袭了英国的慈善法律制度,深受英国《1601年慈善用益法》的影响。不过与英国存在一定差异的是,美国有关慈善的规定分散于联邦和各州的各种不同的法律法规中,如宪法、税法、信托法等,并没有专门的关于慈善的独立法律制度。美国法律协会在1935年出版了美国《信托法重述》,供各州立法进行参考。后美国在1959年《信托法重述(修订二)》中第348条尝试用一种抽象的方式界定慈善信托,对慈善信托下了一个定义。[3] 不过值得注意的是,1959年《信托法重述(修订二)》并未明确界定和列举“慈善目的”。美国直到2001年《信托法重述(修订三)》才对慈善目的进行了明确界定,即“扶贫救困、文化教育、卫生健康、政府和社会公共目的、宗教,以及其他有利于社会利益实现的目的”。

综上所述,“‘慈善’一词在法律用法上具有范围的广阔性与内容的多样性,一般来说,概括与列举并用的方式可以较好诠释‘慈善’的内涵和外延”[4]。笔者认为,“慈善”一词的内涵不应该被限制和固定,慈善信托的内涵和外延应当基于社会经济的实际发展而处于持续发展变化之中,慈善目的与时俱进,是其始终不断地促进社会公共利益发展、维持长久活力的根本原因。

---

〔1〕“未来发展目标”包括:实现慈善法与慈善资格的现代化,以明确规则并更加强调公共利益的发扬;改进可供利用的法律形式,进而使非营利组织更加有效、更加富有企业精神;完善问责制度和信息公开制度,建立公共信任与信息;确保独立、公平与适当地监管。See Home Office, *Charities and Not-for-Profit: A Modern Legal Framework*, The Stationery Office, 2003, p. 29.

〔2〕慈善目的包括:救济贫困;促进教育发展;促进宗教事业发展;促进人民健康状况的改善和医疗卫生事业的发展;促进业余运动的发展;促进人权的进步、冲突的解决或者和解,推进宗教、种族的和谐、平等与多样性;促进环境保护与改善;扶持照顾需要帮助的年轻人、老年人、病人、残疾人、穷人或者其他弱势群体;促进动物福利的发展;促进皇家武装部队效率的提高,或促进巡察、消防、急救服务效率的提高等。

〔3〕该定义为:慈善信托是一种有关财产的信任关系,产生于一种设立信托的意思表示,它使一人持有财产并负有承担衡平法上的义务,必须为慈善目的而处理该财产。

〔4〕何宝玉:《英国信托法原理与判例》,法律出版社2001年版,第297页。

（三）相关概念比较分析

慈善信托作为普及的慈善运作方式，在慈善事业的发展中扮演着极为重要的角色。以信托制度为核心，欧美发达国家和地区在实践中发展出多种信托形式，用于不同形式和领域的公益、慈善或者其他信托目的。由此，我们需要对慈善信托与类似信托的概念差异予以辨析。

1. 公益信托

根据我国《慈善法》的相关规定，慈善信托首先属于公益信托的范畴。虽然在种属关系上，慈善信托属于公益信托，但是，慈善信托在很多方面却与公益信托不完全等同。慈善信托在英美法系信托法律制度中的专用术语是 Charitable Trust，从英国《1601 年慈善用益法》到英国《1806 年慈善信托法》再到英国《2006 年慈善法》，慈善信托使用的法律术语均是 Charitable Trust。与此同时，美国《信托法重述》及后来的相关法律制度中也用 Charitable Trust 来表述慈善信托。但是，大陆法系国家和地区在借鉴信托法律制度时，对 Charitable Trust 进行了本土化翻译。日本首先在立法中采用“公益信托”这一法律术语来翻译表述 Charitable Trust。我国台湾地区的信托制度主要借鉴于日本，其 1996 年颁布的“信托法”中选择使用的也是“公益信托”这一名称，其翻译表述基本遵循日本惯例，将 Charitable Trust 翻译为“公益信托”。中国大陆大部分学者将 Charitable Trust 翻译成“公益信托”，只有极少数学者将其翻译为“慈善信托”。这主要是因为，在我国社会主义政治体制和公有制为主体的背景下，在法律规章、社会管理、行政文化等领域，“公共利益”或“公益”比“慈善”出现的频率更高，意义更丰富，更符合政府的定位和人民群众的期待。因此，很多时候，学者们认为使用公益信托似乎更合适，而且在我国《慈善法》颁布实施之前的实践中也是将公益信托和慈善信托混同。

在汉语语境下，慈善和公益的含义并不完全相同。孔颖达疏《左传》有云，“慈者爱，出于心，恩被于业”；又曰，“慈为爱之深也”。许慎的《说文解字》中也解释道，“慈，爱也”。它尤指长辈对晚辈的爱抚，即所谓“上爱下曰慈”。《国语 · 吴》中“老其老，慈其幼，长其孤”的“慈”即为此意。“善”的本义是“吉祥，美好”，即《说文解字》中所解释的“善，吉”，后引申为和善、亲善、友好，如《管子 · 心术下》中所说的，“善气”二字合用，则是“仁善”“善良”“富于同情心”的意思，如《北史 · 崔光传》中所讲，“光宽和慈善”。简言之，“慈”是指长辈对晚辈的爱，“善”是指人与人之间的友爱和互助。“慈善”在《现代汉语词典》里是指“对人的关怀，富有同情心”，在《辞源》里解释为“仁慈善良”。“公益”在汉语中出现的时间比“慈善”晚很多，其含义是指与社会公众相关的福祉和利益，具有整体性和普遍性，一般也称为“公共利益”或者“社会公共利益”。“公益”和“慈善”在理解上都具有“公共性”“非营利性”等一般特性。但是“慈善”还具有“民间性”和“自愿性”，这是明显区别于“公益”的特殊所在。换言之，两者之间的一个明显的区别在于主体不同——公益主体多为政府部门，慈善主体多为民间主体。政府开展扶贫济困、发展科教文卫等行为可以称为“公益”活动，但不可称为“慈善”活动；民间主体从事扶贫济困、发展科教文卫等行为，既可以称为“公益”活动，也可以称为“慈善”活动。在一定程度上可以说，“公益”是政府提供社会公共利益服务的强制机制，而“慈善”是民间主体提供社会公共利益的自愿机制，存在位阶与范围的差异。

在法律语境下，公益和慈善也是有明显差别的。在一个慈善信托关系中，公益是对信托目的而言的，公共利益或公益仅仅是慈善信托的外在表现；慈善则是对委托人的行为的界定，慈善是慈善信托的内核属性和本质要求。比较分析慈善信托的起源及其制度变迁，我们可以发现，两大法系都是通过“慈善”的含义来判定一个信托是否属于慈善信托；使用慈善信托的译称，相比公益信托而言更加贴切。

2. 社区信托

慈善信托不同于社区信托，社区信托翻译源于 Community Trust。慈善信托和社区信托均是一种非营利组织形式，在英美法系中的概念是指为了某个或某些社区及其居民的长期利益而成立的、信托资金主要是由捐赠形成的信托形式。社区信托一般是英美法系学术界用来研究实践中的信托的不同分类，并不是一个法律制度中明确规定的法律术语。由于社区信托是为了某个或者某些社区及其居民的长期利益而由捐赠设立的，社区信托和慈善信托在一定情形下会存在重合。倘若一个社区信托在成立时是符合慈善法律中规定的“慈善目的”，从法律教义的角度来说，该社区信托在法律层面上就是一个慈善信托，只不过披上了一层所谓的“社区的外衣”。

3. 公共信托

慈善信托无论是从法律概念还是从实际范围方面，都不等同于公共信托。公共信托翻译源于 Public Trust，在概念上与私人信托（Private Trust）相对应。在英美法系中慈善信托与非慈善信托相对应，而不是与私人信托（Private Trust）相对应。[1] 私人信托相对应的概念术语是公共信托，所谓公共信托，《牛津法律大辞典》中对此有概念解释：“为了公共目的而设立的慈善信托，或者为了公共目的而设立的非慈善信托”[2]。不难发现，公共信托的信托目的必须是公共目的，但是其设立的形式却既可以是慈善信托也可以是非慈善信托，即公共信托包括慈善信托和非慈善信托两种形式，慈善信托

---

〔1〕 Philip H. Pettit, *Equity and the Law of Trust*, 5th ed., Butterworths, 1984, p. 200.

〔2〕 [英]戴维·M. 沃克：《牛津法律大辞典》，李双元等译，法律出版社2003年版，第921页。

只是公共信托的一部分。

4. 慈善先行信托

“慈善先行信托”是欧美发达地区尤其是美国较为流行的一种信托形式，翻译源自 Charitable Lead Trust。慈善先行信托是指信托委托人依法设立信托，在信托文件中明确约定的一定期间内，由受托人把信托财产中的一定比例或者一定数额的收益，依照信托文件事先确定的慈善目的从事慈善活动，在慈善信托约定的存在期间届满之后由委托人或者委托人指定的个人受领剩余的信托财产。现实生活中比较常见的是信托委托人设立永久存续家族信托，信托利益优先用于慈善捐赠等慈善目的，同时保证家族财富的安全传承和增值。2019 年 6 月 19 日，“孟想非凡 · 慈善先行信托”作为我国国内首单“慈善先行信托”，由中信信托为信托受托人在北京成立。作为该信托的委托人孟非是比较著名的电视明星主持人。“孟想非凡 · 慈善先行信托”开启了国内明星慈善的一种新模式。

值得注意的是，“慈善先行信托”虽然有“慈善”二字冠名，但其实并不是慈善信托，二者主要区别在于：

(1)慈善信托设立时依据法律规定，必须到相应的民政部门备案登记，委托人设立慈善信托的所有资产和收益必须全部用于慈善目的，任何时候都禁止任何形式的分配和转移。与前述限制不同，慈善先行信托其实是家族信托的一种模式，不需要到民政部门备案登记。就其本质而言，慈善先行信托仍然属于私人信托的一种。慈善先行信托成立之后，受托人根据委托人的意思表示将事先约定的一部分或一定比例的信托财产或其收益优先用于慈善目的，在信托期间届满后或者特定条件成就后，由受托人将剩余的全部信托财产按照信托文件约定分配给委托人指定的受益人，一般是家族内的亲人和后人。

(2)“慈善先行信托”，是指信托财产及其收益必须优先用于事先约定的慈善目的，并且具有一定的优先性和强制性。信托委托人在信托文件中约定了用于慈善目的的捐赠额度，该约定的捐赠额度是固定的，必须从委托人的信托财产及其收益中支付。即使信托收益未达到约定标准，不足部分由信托财产直接补足，用于慈善目的的部分还是需要从信托财产中提取。

(3)“慈善先行信托”的制度构架相对慈善信托而言更加简单方便，更注重尊重委托的自由意愿和约定，一般无须到民政部门备案，所受到的监管相对更少；对于部分特定的富人群体来说，既能实现资产隔离保护，也能实现慈善目的。换言之，慈善先行信托一方面可以实现部分特定的财富群体的家族财富的增值保值、隔离保护和安全传承；另一方面还可以让慈善和家族财富绑定在一起，获得良好的公益效应和社会声望。

5. 剩余慈善信托

在美国，除了“慈善先行信托”之外，还发展出另一种特殊的信托形式，即“剩余慈善信托”，翻译源自英文 Charitable Remainder Trust。剩余慈善信托和慈善信托之间有着非常高的关联关系，存在独特的关联点。这种关联点在于剩余慈善信托承认私益信托和公益信托之间不同形态的转换和承继。因此，剩余慈善信托是委托人先行按照法律规定成立一个合法的私益信托，在委托人指定的信托受益人死亡之后或者经过信托文件约定的一定的期间届满之后，再由信托受托人直接依据信托文件规定，把剩余的全部信托财产作为信托文件预先设定的慈善目的而继续存在的一种混合目的的信托形式。“剩余慈善信托”一般包括两种类型：

第一种类型是“慈善性剩余单一式信托”(Charitable Remainder Unitrust, CRUT)，信托委托人的私益信托设立在其生存期间或者是约定的一定期间，委托人把信托财产的一定比例——一般是5%左右的比例——作为信托收益而受领，委托人成为信托收益的受益人，在指定的信托受益人死后或者信托文件约定的其他特定条件成就之后，如约定的一定的期间届满之后，由信托受托人将该信托之前剩余的信托财产及其收益用于信托文件事先规定的慈善目的，继续运行和管理该信托。只不过，在信托文件约定的特定条件成就之后，先前的私益信托因为信托慈善目的之变更而自动变更为慈善信托，由原来的信托受托人继续管理。

第二种类型是“慈善性剩余年金信托”(Charitable Remainder Annuity Trust, CRAT)，信托的设立人在其在世期间或者信托文件约定的一定的期间内接受信托财产固定数额的给付，之后就和慈善性剩余单一式信托的模式相同了。

“剩余慈善信托”与“慈善先行信托”是不相同的，二者有着本质区别。慈善先行信托在本质上是私益信托的一种，常用于家族信托方面，并不是慈善信托。剩余慈善信托虽然不完全是慈善信托，但是本质上是慈善信托的一种变异体，在约定的条件成就之后或者约定的期间届满之后，其由先前的私益信托形式直接变更为“正宗”的慈善信托形式。在某种意义上，剩余慈善信托一方面注重保障委托人的基本权益，另一方面最终将剩余的信托财产及其收益全部用于委托人约定的慈善目的，能够引领更多人参与慈善信托，更大范围内促进慈善事业的发展，也更值得重视、推广和引导。

三、慈善信托的本质分析：慈善组织形式还是信托产品种类

2001年《信托法》的颁布，促进了我国信托业的发展。我国《慈善法》规定的慈善信托是新生事物，尽管其属于公益信托，但是，公益信托是在我国《信托法》中规定的，信托法相关规定并未涉及慈善信托以及慈善信托与公益信托之间的差异性。在法律

制度体系中,《信托法》属于商法,《慈善法》属于社会法,二者定位基本不一致。慈善信托作为慈善活动的一种,不同于慈善组织和慈善捐赠,也不仅仅是对慈善财产的管理,如果片面强调它的慈善财产管理和慈善活动功能,必然会弱化慈善信托中信托的部分功能和意义;如果片面强调它的增值保值、营利性以及信托的风险防控能力和专业性,也可能会弱化它的慈善性。慈善信托在一定意义上可以说既是一种独特类型的信托制度,亦是一种具有特殊性的慈善制度,具有双重属性。鉴于此,慈善信托的本质是什么?换言之,慈善信托在法律性质上是一种慈善组织形式,还是一种信托产品种类形式?抑或是兼而有之?

(一)我国慈善信托的本质争议

关于慈善信托的本质是什么,学术界和实践界并未形成统一的理论认识。根据笔者在西南地区数个信托公司的调研资料,在作为慈善信托受托人的信托公司内部,几乎全部认为慈善信托只是一种信托产品形式,不是一种慈善组织。[1] 慈善信托的本质之争也就是慈善信托在法律性质上是什么的问题。学术界对于慈善信托在法律性质上是慈善组织还是信托产品,也莫衷一是,分歧较大。

慈善信托的法律性质是"行为"或"产品",还是"组织",抑或其他?换言之,在我国,慈善信托在法律性质上是一种慈善组织形式,还是一种信托产品种类?这是慈善信托的本质问题。本书主要对两种观点分别进行概括总结。

1. 慈善信托属于信托产品种类

在我国,根据《信托法》和《公司法》的相关规定,信托机构都是公司制法人组织,追求利益最大化,是营利性组织,这点毋庸置疑。但是就信托本身的定义和性质来说,"信托"本身有着定义之争。学界比较流行的有三种理论:

(1)法律行为说。持有该理论学说的学者认为信托在法律性质上是一种法律行为,是信托受托人接受委托人的委托,为了受益人的利益,按照约定管理和处分信托财产的一种法律行为。例如,施天涛教授等认为,"信托主要在于以信任为基础,它是当事人基于信任关系,为追求相互间的经济上、社会上或其他目的的一种法律行为"[2]。

(2)法律关系说。有学者认为信托是一种特殊的法律关系,持有该理论观点的学者认为,信托"是委托人将财产转移于受托人,受托人依信托文件规定,为受益人或特

---

[1] 这一结论源于笔者对四川省和重庆市两地四家信托公司的实际调研材料和访谈材料,不具有绝对性。

[2] 施天涛、余文然:《信托法》,人民法院出版社 1999 年版,第 6 页。

定目的而管理或处分信托财产的法律关系”[1]。换言之,“信托,是一种基于信任关系而产生的财产关系;在这种关系中,信托人将信托财产转移给受托人并委托其管理或处分,受托人享有该项财产的所有权,但有义务将信托利益交付给受益人”[2]。

(3)法律制度说。持有该理论学说的学者认为,信托不是法律行为或法律关系,而是一种特殊的财产管理法律制度。即“信托是建立在信任的基础上,财产所有者出于某种特定目的或者社会公共利益,委托他人管理和处分财产的一种法律制度”[3]。“信托一般是指委托人将自己的财产转让给可以信赖的第三者,让其按照自己的要求加以管理和运用,同时指定某人享受该财产的利益这样一种制度。”[4]

以上关于信托性质的学术观点,无论是法律关系说,还是法律行为说,抑或是法律制度说,都没有将信托解读为一种组织形式。这给我们全面理解和解构慈善信托带来了观念上的障碍。我国《慈善法》第 44 条明确规定了慈善信托的概念定义。[5] 从该条文的法律概念的表述中我们可以看出,“以受托人的名义”而不是“以慈善信托的名义”来开展慈善活动,表明慈善信托并不是一个独立的具有法律意义上的主体资格的“组织”,都不具备“自己的名义”。同时,《慈善法》第 45 条的规定则表明——设立慈善信托时,是将慈善信托的“相关文件”进行备案,而不是将慈善信托本身作为“一种组织”进行备案,更不是将其作为“法定组织”进行登记。[6] 此外,《慈善法》第 70 条[7]规定明确了三点内容:一是第 1 项慈善组织登记;二是第 2 项慈善信托备案;三是第 7 项对慈善组织和慈善信托开展检查、评估,将慈善组织和慈善信托并列。与此同时,从

---

[1] 周小明:《信托制度比较法研究》,法律出版社 1996 年版,第 3 页。

[2] 张淳:《信托法原论》,南京大学出版社 1994 年版,第 39 页。

[3] 全国人大《信托法》起草工作组编:《〈中华人民共和国信托法〉释义》,中国金融出版社 2001 年版,第 14 页。

[4] 赵秉志:《香港法律制度》,中国人民公安大学出版社 1997 年版,第 131 页。

[5] 《慈善法》第 44 条规定:“本法所称慈善信托属于公益信托,是指委托人基于慈善目的,依法将其财产委托给受托人,由受托人按照委托人意愿以受托人名义进行管理和处分,开展慈善活动的行为。”

[6] 《慈善法》第 45 条规定:“设立慈善信托、确定受托人和监察人,应当采取书面形式。受托人应当在慈善信托文件签订之日起七日内,将相关文件向受托人所在地县级以上人民政府民政部门备案。未按照前款规定将相关文件报民政部门备案的,不享受税收优惠。”

[7] 《慈善法》第 70 条规定:“县级以上人民政府民政部门和其他有关部门应当及时向社会公开下列慈善信息:(一)慈善组织登记事项;(二)慈善信托备案事项;(三)具有公开募捐资格的慈善组织名单;(四)具有出具公益性捐赠税前扣除票据资格的慈善组织名单;(五)对慈善活动的税收优惠、资助补贴等促进措施;(六)向慈善组织购买服务的信息;(七)对慈善组织、慈善信托开展检查、评估的结果;(八)对慈善组织和其他组织以及个人的表彰、处罚结果;(九)法律法规规定应当公开的其他信息。”

我国《慈善法》第 86 条和第 97 条的规定可以看出,[1]《慈善法》在进行相关条文表述时均将“慈善组织”和“慈善信托”并列,二者概念同位并列,而非包含在内的上下位概念,这也是很多学者否认慈善信托属于慈善组织的基本理由。

由此可见,在我国现有的法律语境下,慈善信托只是一种“行为”,与慈善组织并列但又没有明确规定属于“组织”的范畴。《慈善法》将慈善信托界定为开展慈善活动的“行为”,这并不是一种创新,而是对我国《信托法》中信托定义的一种简单借鉴。从《信托法》第 2 条[2]的规定我们可以明确看出,《信托法》将信托界定为一种“行为”。因此,我国《慈善法》和《信托法》中的法律概念表述从字义上看,均表面上将慈善信托界定为信托“行为”。

2. 慈善信托属于慈善组织形式

根据我国《慈善法》第 8 条规定,[3]我们可以明确慈善组织的概念和定义,同时《慈善法》第 10 条还明确规定了慈善组织的设立和审批程序。[4]

在《慈善法》颁布以前,法律体系对从事公益慈善活动的非营利组织没有规定统一的名称,不同的法律制度中有不同的称谓。譬如,在《慈善法》中称为慈善组织;但是在《关于非营利组织免税资格认定管理有关问题的通知》中称为非营利组织;在《公益事业捐赠法》中称为公益性社会团体、公益性非营利的事业单位。不同称谓的内涵和外延并不清晰,但是总体来说,非营利组织的外延最广泛,包含了从事公益或慈善事业的组织。公益组织和慈善组织的内涵和范围不完全相同,但是存在一定程度的重叠。一方面,从组织形式上看,慈善组织和公益组织不尽相同。根据《慈善法》第 8 条之规定,

---

[1] 《慈善法》第 86 条规定:“国家为慈善事业提供金融政策支持,鼓励金融机构为慈善组织、慈善信托提供融资和结算等金融服务。”第 97 条规定:“任何单位和个人发现慈善组织、慈善信托有违法行为的,可以向民政部门、其他有关部门或者慈善行业组织投诉、举报。民政部门、其他有关部门或者慈善行业组织接到投诉、举报后,应当及时调查处理。国家鼓励公众、媒体对慈善活动进行监督,对假借慈善名义或者假冒慈善组织骗取财产以及慈善组织、慈善信托的违法违规行为予以曝光,发挥舆论和社会监督作用。”

[2] 《信托法》第 2 条规定:“本法所称信托,是指委托人基于对受托人的信任,将其财产权委托给受托人,由受托人按委托人的意愿以自己的名义,为受益人的利益或者特定目的,进行管理或者处分的行为。”

[3] 《慈善法》第 8 条规定:“本法所称慈善组织,是指依法成立、符合本法规定,以面向社会开展慈善活动为宗旨的非营利性组织。慈善组织可以采取基金会、社会团体、社会服务机构等组织形式。”

[4] 《慈善法》第 10 条规定,“设立慈善组织,应当向县级以上人民政府民政部门申请登记,民政部门应当自受理申请之日起三十日内作出决定。符合本法规定条件的,准予登记并向社会公告;不符合本法规定条件的,不予登记并书面说明理由。本法公布前已经设立的基金会、社会团体、社会服务机构等非营利性组织,可以向其登记的民政部门申请认定为慈善组织,民政部门应当自受理申请之日起二十日内作出决定”。

慈善组织形式包含“基金会、社会团体、社会服务机构”等形式,但不限于前述形式,还可以是其他形式——这就为慈善信托等组织形式埋下伏笔;而公益组织根据《公益事业捐赠法》的相关规定仅包括“社会团体和事业单位”,与慈善组织有所区别。另一方面,从行为界定来看,公益组织和慈善组织并没有实质区别,我国《慈善法》第3条实际上将慈善活动界定为公益活动的一种,因此可以说我国的慈善组织都属于公益组织,而公益组织却并不一定都是慈善组织。譬如,我国目前存在的教育机构、科学研究机构、医疗卫生机构、社会公共文化机构、社会公共体育机构等,都可以归类于公益组织,但是从《慈善法》的视域来分析,这类机构组织却不一定都是慈善组织。因此,公益组织和慈善组织是一种包含与被包含关系,慈善组织属于公益组织,也属于非营利组织。在我国目前的法律制度语境下,慈善信托并不能完全视为一种“组织”,《慈善法》对慈善信托法律性质的定位存在模糊性,既存在将其定位于“组织”的倾向,也有一些规定体现了非“组织”的倾向。

(二)我国慈善信托作为组织的正当性分析

一般而言,一个国家或地区,无论属于何种法系,其社会、政治、经济、文化等方面的环境均具有二元属性,“一元为长久历史文化塑造的社会性格,另外一元是依靠人类智慧筑造的配套制度”〔1〕。慈善信托制度涉及社会公益,又与生俱来地带有道德评价和立法政策取舍,所以与传统文化、社会习俗等因素相关联。对慈善信托的法律性质及其定位的解读需要建立在本国法律制度语境中准确分析其定义和内涵的基础之上。“定义和范畴被认为是从一些固有的法律规范和制度中科学地推论出来的东西,它们一旦被科学地发现或重新认识,便被编入重新建立的系统化法律结构中去。这种法律体系的不断重建和完善,是法学的主要内容。通过这种方式,从而将描述性的概念变成规范化的概念。”〔2〕

目前,学术界和实务界对于慈善信托的组织性问题存有较大争论。一部分学者暂时回避慈善信托到底属于组织还是信托产品(非组织)这一问题,另一部分学者则明确认为慈善信托具有独立的主体地位,是一种慈善组织。如赵廉慧在《慈善信托税收政策的基本理论问题》中阐述了慈善信托作为一种慈善组织形态的重要性,也就是证明了慈善信托是一种慈善组织形态。〔3〕解锟更加明确地认为“慈善信托是慈善组织的

---

〔1〕成靖、李金:《法治文明的二元权力观解读》,载《西南政法大学学报》2008年第4期。

〔2〕[美]约翰·亨利·梅利曼:《大陆法系》,顾培东、禄正平译,法律出版社2004年版,第95页。

〔3〕赵廉慧:《慈善信托税收政策的基本理论问题》,载《税务研究》2016年第8期。

一种组织形式,在英国慈善组织中慈善信托是最早出现的"[1]。魏艳在《慈善信托政府监管权配置研究》一文中明确论证了慈善信托应当被视为法律主体,是一种组织形式。[2] 刘迎霜根据我国《信托法》中关于公益信托的规定,通过相应的法律解释,认为"我们的公益信托是一种社会组织"[3],那么公益信托下属的慈善信托也应当理解为"组织"或"机构"。笔者认为,从英美法系慈善信托的起源及其历史发展,结合我国现行相关法律制度规范解释的路径出发,应当将慈善信托解读为一种组织,即慈善信托是一种特殊的、利用信托形式的慈善组织形式。

第一,从慈善信托的起源和历史发展来看,慈善信托定位为组织是历史的重要归结和确认。

一般认为,信托制度应始于英国,是从中世纪英国法中的用益权制度演化发展而来的。用益权制度经过漫长曲折的发展,逐渐得到英国衡平法院的认可和保护,进而演变为我们现代意义上的信托法律制度。慈善信托随着信托制度的发展而发展,只不过,在衡平法介入调整以前,慈善信托在英国法慈善组织中的法律性质是模糊的。英国《1601 年慈善用益法》并没有对"慈善"、"慈善目的"和"慈善信托"等相关法律概念进行概括描述。但是,即使在慈善信托发展的早期,尽管相关法律制度未能及时跟进,慈善信托在实践中也几乎一直都是被视为一种重要的慈善组织形式。"慈善信托是英国慈善组织中最早出现的组织形式,英国从 18 世纪开始陆续将集体企业、慈善协会等其他非法人组织形式相继引入慈善领域。"[4]在英国《1954 年慈善信托法》和《2000 年受托人法》中均对慈善信托有明确的规定,相关概念和规定均可以看出其是一种具有信托属性的慈善组织。2002 年英国布莱尔政府的内阁策略小组制定并公布了一份研究报告——《私人行动、公共利益:对于慈善组织以及更广泛的非营利部门的评论》,从该报告的内容来看,慈善信托是明确作为一种非营利组织形式存在的。之后,英国《2006 年慈善法》和《2011 年慈善法》的法律制度规范中对慈善信托作为一种慈善组织形式均有所确认。

第二,从英美法系慈善信托的法律定位来看,慈善信托本身就是慈善组织的组织形式之一。

一直以来,慈善信托在英国是明确为慈善机构的一种组织形式。依据主要有:

---

[1] 解锟:《英国慈善信托制度研究》,法律出版社 2011 年版,第 8 页。

[2] 魏艳:《慈善信托政府监管权配置研究》,载《国家行政学院学报》2018 年第 12 期。

[3] 刘迎霜:《我国公益信托法律移植及其本土化——一种正本清源与直面当下的思考》,载《中外法学》2015 年第 1 期。

[4] Kerry O'Halloran, *Charity Law and Social Inclusion: An International Study*, Routledge, 2007, p. 114.

（1）慈善信托起源于英国，有专门的法律进行调整和规制。慈善信托在英国经历了400余年的发展，英国政府先后颁布了《1601年慈善用益法》《1853年慈善信托法》《1960年慈善法》《1993年慈善法》《2000年受托人法》《2006年慈善法》《2011年慈善法》等专门调整慈善信托的法律，建立了完善的慈善法律制度体系。在这一系列慈善法律制度中，慈善信托都是具备独立的法律主体地位的慈善机构组织，而不是被视为一种信托产品。（2）有专门的统一监管机构——慈善委员会。英国早在《1853年慈善信托法》中就已经明确成立了"慈善团体委员会"作为专门性的慈善监管机构，对包括慈善信托在内的所有慈善组织进行监管。英国《1853年慈善信托法》和《1960年慈善法》都对"慈善团体委员会"的职权职责作出了明确的规定。其后，英国《2006年慈善法》将"慈善团体委员会"的名称改成"慈善委员会"——一个只对英国议会负责的独立的政府机构，统一负责慈善信托的登记和监管。就监管的角度而言，慈善信托和其他慈善机构一样，都是具有独立法律主体地位的慈善组织。（3）专门的税收优惠政策。慈善信托在英国一直以来都享受专门的税收优惠政策，英国税务机关在一定程度上也对慈善信托享有部分监管权。享受税收优惠的行为是一种法律行为，法律行为的主体一般是组织机构或者自然人，而不能是一种行为、关系或者非组织体。享受税收优惠政策的行为主体都是税法规范明确规定的能够履行纳税义务、具备纳税主体资格的独立法律主体。换言之，慈善信托能够享受税收优惠规定，证明其本身就是慈善组织的一种，和其他慈善机构组织一样具备税法意义上的法律主体地位。（4）专门的慈善特别法庭。在英国，依据《2006年慈善法》，英国政府专门成立了慈善特别法庭。不同于传统的普通法院，也不同于衡平法院，慈善特别法庭的受案范围是严格限定的——针对慈善委员会的各项决议有异议的诉讼。慈善信托在设立和运行过程中因与慈善委员会之间产生的各种事项，如果当事人不服，可以依法以慈善信托的名义向慈善特别法庭上诉，在此诉讼意义上，慈善信托是具备独立的诉讼主体资格的慈善组织。

英美法系的另一个重要国家——美国的慈善信托也基本和慈善基金会采取类似独立的组织形式来运作，部分大型慈善信托和慈善基金会一样都具有自己的董事会、办事机构等，仅仅是名称上的区别。"这些'非政府的、非营利的、自有资金并自设董事会管理工作规划的组织'在全球的文明进程和消除贫困、预防疾病中都发挥着重要作用。"[1]美国慈善信托在发展规模等方面虽然都不如慈善基金会，但是也是从事慈善活动的重要慈善组织力量之一。在加拿大，作为一个先后被法国和英国连续殖民的国家，受到了大陆法系的法国和英美法系的英国共同的、交叉的影响。1763年英法战争

---

〔1〕［日］菅宇正：《英美日三国慈善立法观察》，载《公益日报》2016年2月23日。

结束之后,英国开始取代法国对加拿大进行统治,英国慈善信托法律制度深刻影响了加拿大的慈善信托制度。加拿大《1917 年战争慈善法》的颁布,标志着其慈善法律制度体系的建立。后来,加拿大《1950 年所得税修正法》第一次在立法上,明确将慈善组织分为慈善法人、慈善信托和慈善公司。虽然加拿大的慈善组织绝大部分都是以公司组织形式设立的,但是也明确确定了慈善信托作为慈善组织的一种组织形式。

与此同时,英美法系国家的慈善法律制度中都规定有"禁止分配原则"和"力求近似原则",要求慈善信托在终止时应当依法清算并在清算后将财产移交给具有相近似慈善目的或者宗旨的其他慈善组织。这些法律规定都明确慈善信托具备独立的法律主体地位,被视为一种慈善组织,可以依法被终止、依法被清算以及依法移交财产给其他慈善组织。因此,尽管慈善信托属于一种信托种类,但是,在英美法系法律制度和实践中,慈善信托更是慈善组织的一种组织形式。换言之,在英美法系国家和地区,慈善信托属于信托的一个种类,但并不是信托机构内部附随的一种信托形式或者信托产品,在法律地位和组织性质上,慈善信托更多地体现为慈善组织,是一种以信托为外衣、以慈善为内核的特殊的慈善组织形式。

与英美法系相对应,大陆法系国家关于慈善信托的法律性质的立法规定都是模糊不清的。日本作为最早移植英美法系信托法律制度的大陆法系国家之一,但是日本立法上并没有专门的公益信托法或慈善信托法,只是在《信托法》中用仅有的 8 条法律规定对公益信托予以概括规定。其中规定,依据不同的慈善目的由相应的政府主管官署来对公益信托分别进行登记和监管。由于日本在立法上有对慈善法人的相关规定,其设立和发展比慈善信托更具有优势,因此日本的慈善组织大多采用慈善法人的组织形式,慈善信托的发展极为缓慢,对于慈善信托在法律性质上是否具备完整的组织形式,法律制度上并未明确。

第三,从我国慈善信托的内部构造来看,慈善信托定位为组织更为恰当。

根据我国《慈善法》第 8 条和第 9 条的内容来看,慈善组织的组织形式包括但不限于基金会、社会团体、社会服务机构等形式,成立要件一般包括名称和住所、组织财产、组织章程、组织机构和负责人等。我国《慈善法》虽然没有在立法上明确慈善信托为慈善组织形式之一,但是也没明确否认。然而,从我国慈善信托的内部构造以及现实运行的实际情况来看,慈善信托是符合我国《慈善法》关于慈善组织的认定标准的。

(1)慈善信托具有独立的财产,是其具备组织形态的根本基础。慈善信托的信托财产是具有独立性的,完全独立于慈善信托的委托人、受托人和受益人,也符合慈善组织认定条件中"组织财产"的标准。

(2)慈善信托具备自己的名称、组织人员、场所和组织章程。慈善信托从表面上看,似乎不具备专有的组织人员和场所,也不具备组织章程,因此很多人认为其不具备独立的组织地位。但是,这种理解是机械的、不符合实际的。所谓的组织人员和场所在一定程度上是可以“借用”的——慈善信托的受托人如信托公司或者慈善组织的专业人员和场所是可以被慈善信托借来使用并实现其管理的。与此同时,慈善信托具有自己的专有名称,慈善信托的信托文件作为法定备案登记的要件,则相当于慈善组织的组织章程,体现着组织的宗旨和运行结构,无论形式还是功能均与组织章程类似。

(3)慈善信托有专门的备案登记和监管机构。慈善信托是依法需要申请登记并由专门的登记机关进行备案登记和监管的,其备案登记机关是我国的各级民政部门,完全不同于其他信托种类的登记。慈善信托的设立登记、变更登记、终止登记等一系列登记行为都由民政部门依法进行,并且在慈善信托终止之后依法进行清算。慈善信托的内部构造的变化,如信托财产的变化、受托人和监察人的变更等,需要依法申请备案登记,这表明慈善信托从内部构造来看,更是一种组织形式。

因此,慈善信托是具备特有名称和慈善目的,具有信托文件的组织章程和独立的组织财产,能够“借用”受托人的组织人员和场所,能够有权利以自己的名义开展活动并且能够依法终止和清算的合法登记的慈善组织形式。

第四,如果我国慈善信托不被认定为组织,那么将面临一系列的法律困境。

(1)从备案登记和政府监管的角度来看,赋予慈善信托具有独立法律主体地位的组织形式,是依法监管的前提,否则对于慈善信托的监管势必异化为对受托人的监管。只有慈善信托是具备独立主体地位的组织,才可以依法设立、运行、终止和清算,监管机构才可以对慈善信托从筹备设立、备案登记、信托运营、行为合法性、终止和清算等全过程进行持续监管。慈善信托不同于信托公司的其他信托产品,慈善信托的设立登记、变更登记以及终止清算登记等,均是在政府机构的各级民政部门进行备案登记,而其他信托产品的登记则是在中国信托登记有限责任公司进行登记;慈善信托的监管主要由民政部门进行,银保监会针对作为慈善信托受托人的信托公司进行补充部分监管,而其他信托产品的监管则完全由银保监会依职权通过对信托公司的监管来实现,民政部门无权监管。如果慈善信托不属于慈善组织形式之一,否认其独立的法律主体组织性,那么监管机构对于慈善信托的监管因为慈善信托本身不符合被监管的组织主体要求——慈善信托法律关系中此时只有受托人是组织主体才能够被监管——必然转化为对慈善信托受托人的监管。因慈善信托不具备组织性,而只对其受托人进行监管的监管模式会导致监管权责配置出现错配现象,引发监管重心的偏移甚至监管机制失灵,也在一定程度上混淆了慈善法、信托法和监管法之间的原本功能和作用。

因此,对于慈善信托的监管应当是将其视为具备独立地位的组织主体,对慈善信托的监管与对其受托人的监管应当进行区分并依法进行监管权配置。在此意义上,慈善信托应当是可以依法被监管的、独立于其受托人组织的、具备独立法律主体地位的组织。

(2)从法律责任承担主体来解读,如果慈善信托不是具备独立法律地位的组织,那么其法律责任承担将存在适用上的困境。我国《慈善法》中关于慈善信托的法律责任的规定体现在第105条,[1]该条规定是整个《慈善法》中对慈善信托法律责任部分唯一的专门性规定,而且只规定了受托人的责任并限定于"将信托财产及其收益用于非慈善目的的和未按照规定将信托事务处理情况及财务状况向民政部门报告或者向社会公开的"。这项规定仅仅指向慈善信托的受托人,而且还只是受托人的部分责任,对于慈善信托相关当事人的责任竟然未作其他规定。在笔者看来,整个《慈善法》对于慈善信托法律责任的规定内容简单且仅有一条,在形式上是不可思议的。我国的慈善立法不会如此疏漏,慈善信托的法律责任不应该只有这一点,相关的法律责任还应包括除受托人之外的主体责任,如逃避税收、违反监管等法律责任。其他关于慈善信托的法律责任在第105条中并没有规定,这应当不是法律漏洞、立法者的失误,只能解释为立法者的意旨是应当适用本法中的其他条款。换言之,《慈善法》是慈善领域的基本法,其中对慈善信托专设一章,那么其他关于慈善组织的法律责任,对于慈善信托也同样适用。根据我国《慈善法》中第98条、第99条以及第103条的相关具体规定,[2]整

---

[1] 《慈善法》第105条规定:"慈善信托的受托人有下列情形之一的,由民政部门予以警告,责令限期改正;有违法所得的,由民政部门予以没收;对直接负责的主管人员和其他直接责任人员处二万元以上二十万元以下罚款:(一)将信托财产及其收益用于非慈善目的的;(二)未按照规定将信托事务处理情况及财务状况向民政部门报告或者向社会公开的。"

[2] 《慈善法》第98条规定:"慈善组织有下列情形之一的,由民政部门责令限期改正;逾期不改正的,吊销登记证书并予以公告:(一)未按照慈善宗旨开展活动的;(二)私分、挪用、截留或者侵占慈善财产的;(三)接受附加违反法律法规或者违背社会公德条件的捐赠,或者对受益人附加违反法律法规或者违背社会公德的条件的。"第99条规定:"慈善组织有下列情形之一的,由民政部门予以警告、责令限期改正;逾期不改正的,责令限期停止活动并进行整改:(一)违反本法第十四条规定造成慈善财产损失的;(二)将不得用于投资的财产用于投资的;(三)擅自改变捐赠财产用途的;(四)开展慈善活动的年度支出或者管理费用的标准违反本法第六十条规定的;(五)未依法履行信息公开义务的;(六)未依法报送年度工作报告、财务会计报告或者报备募捐方案的;(七)泄露捐赠人、志愿者、受益人个人隐私以及捐赠人、慈善信托的委托人不同意公开的姓名、名称、住所、通讯方式等信息的。慈善组织违反本法规定泄露国家秘密、商业秘密的,依照有关法律的规定予以处罚。慈善组织有前两款规定的情形,经依法处理后一年内再出现前款规定的情形,或者有其他情节严重情形的,由民政部门吊销登记证书并予以公告。"第103条规定:"慈善组织弄虚作假骗取税收优惠的,由税务机关依法查处;情节严重的,由民政部门吊销登记证书并予以公告。"

体解读不难发现,《慈善法》中关于法律责任的其他条款均为针对“慈善组织”的规定,这种表述明显是自动地将慈善信托当作慈善组织的一种,尤其是第 99 条第 7 款的规定,更能体现这一点——慈善组织“泄露捐赠人、志愿者、受益人个人隐私以及捐赠人、慈善信托的委托人不同意公开的姓名、名称、住所、通讯方式等信息的”,此款法律规定中出现了“慈善信托的委托人”这一法律术语,而本条规定的前置主语是“慈善组织”。在此语境下,在立法者看来,慈善组织是包括慈善信托的,慈善信托是具备主体组织地位的,间接地明确了慈善信托是慈善组织的一种形式。

(3)从我国慈善信托税收优惠角度来解读,如果慈善信托不是具备独立法律地位的组织,那么其税收优惠资格就存在认定困难的问题。享受税收优惠的行为是一种法律行为,法律行为的主体一般是组织机构或者自然人,而不能是一种行为、关系或者非组织体。我国《慈善法》第 9 章专章规定了慈善组织的税收优惠,其中第 79 条、第 80 条、第 81 条和第 82 条都规定了税收优惠的相关具体内容。[1] 值得特别注意的是,以上相关税收优惠的规定中,并未单独明确慈善信托。换言之,我国《慈善法》中没有对慈善信托税收优惠进行例外的单独规定,而是涵盖在慈善组织享受税收优惠的原则性规定之中。因为《慈善法》是慈善领域的基本法,其中对慈善信托专设一章,上述税收优惠规定自然适用于同一部法律中的慈善信托。因此,根据第 79 条的规定内容来解读,慈善信托应当自动归类于慈善组织,因为第 79 条的规定内容的主体是“慈善组织”,并未单独提及慈善信托。也就是说,此项规定只有慈善组织才能够依法享受税收优惠。如果慈善信托不属于慈善组织,第 79 条的规定就无法适用,也就无法直接依法享受税收优惠。因此,慈善信托如果依据《慈善法》第 9 章第 79 条的规定来享受税收优惠,就必然是慈善组织的组织形式之一,否则第 79 条则无法自动适用——因为第 79 条的法律规定的主体仅限于“慈善组织”;能够享受税收优惠政策的行为主体,都是税法规范明确规定的能够履行纳税义务、具备纳税主体资格的独立的法律主体。换言之,慈善信托能够享受税收优惠规定,证明其本身就是慈善组织的一种,和其他慈善机构组织一样具备税法意义上的法律主体地位。

与此同时,根据《慈善法》第 60 条规定以及《慈善信托管理办法》第 43 条的

---

[1] 《慈善法》第 79 条规定:“慈善组织及其取得的收入依法享受税收优惠。”第 80 条规定,“自然人、法人和其他组织捐赠财产用于慈善活动的,依法享受税收优惠”。第 81 条规定:“受益人接受慈善捐赠,依法享受税收优惠。”第 82 条规定:“慈善组织、捐赠人、受益人依法享受税收优惠的,有关部门应当及时办理相关手续。”

规定，[1]也可以看出，这些特殊性的规制要求表明，慈善信托不能仅仅被理解为一种单纯营利性的信托产品，更多地倾向于公益性和非营利性，尤其是慈善信托可以被终止且终止之后可以依据“近似原则”移交给其他慈善组织，这表明慈善信托具备组织属性——只有具备主体地位的组织才可以依法被终止。因此，对于慈善信托而言，更合理的解释是一种利用信托方式来管理财产的慈善组织。

“法律基本上是一种解释框架。”[2]“法律就其本质而言完全是解释性的。”[3]从《慈善法》的角度，尤其是从《慈善法》前后条文规范之间的结合解释的路径出发，应当将慈善信托解读为一种组织，更符合立法者的本意。综上所述，虽然我国《慈善法》和《信托法》并未明确慈善信托属于一种组织还是一种产品或行为，但是从《慈善法》关于税收优惠制度和法律责任制度的规范中，从条文规范之间的结合解释的路径出发，用逻辑解释的方法解读，不难看出，我国慈善信托在法律定位和性质上更加倾向于一种利用信托方式的特殊的慈善组织形式。慈善信托既属于信托的一种类型，也是从事慈善活动的一种特殊组织形式，在法律性质上如此界定，既顺应慈善信托国际合作和交流的趋势，也完全契合我国慈善信托的立法本意和实践需要。

---

〔1〕《慈善法》第60条规定：“慈善组织应当积极开展慈善活动，充分、高效运用慈善财产，并遵循管理费用最必要原则，厉行节约，减少不必要的开支。慈善组织中具有公开募捐资格的基金会开展慈善活动的年度支出，不得低于上一年总收入的百分之七十或者前三年收入平均数额的百分之七十；年度管理费用不得超过当年总支出的百分之十，特殊情况下，年度管理费用难以符合前述规定的，应当报告其登记的民政部门并向社会公开说明情况。具有公开募捐资格的基金会以外的慈善组织开展慈善活动的年度支出和管理费用的标准，由国务院民政部门会同国务院财政、税务等部门依照前款规定的原则制定。捐赠协议对单项捐赠财产的慈善活动支出和管理费用有约定的，按照其约定。”《慈善信托管理办法》第43条规定：“慈善信托终止，没有信托财产权利归属人或者信托财产权利归属人是不特定的社会公众，经备案的民政部门批准，受托人应当将信托财产用于与原慈善目的相近似的目的，或者将信托财产转移给具有近似目的的其他慈善信托或者慈善组织。”

〔2〕[美]安德瑞·马默：《法哲学》，孙海波、王进译，北京大学出版社2014年版，第30页。

〔3〕同上书，第102页。

第三章

慈善信托的发展概况与公益性特质

一、慈善信托的发展概况和功能分析

研究和梳理用益权的制度变迁我们可以发现,慈善信托在其产生之初就和慈善赠与等紧密相连,故此,随着用益权制度演化而来的慈善信托也可以认为是最古老的信托形式之一。

20世纪以来,英国的慈善事业蓬勃发展,慈善组织的数量不断增加,规模快速扩大,彰显了其作为福利大国的风范。慈善事业的不断扩展、转型社会的快速变化,使英国人民和政府意识到,推动慈善法律制度体系的发展和完善是一项亟待解决的重要任务。于是,英国3个世纪以来慈善立法——《2006年慈善法》应运而生,体现了这一时期慈善法发展最为显著的特点:慈善法律制度的法典化。

(一)各国慈善信托的发展沿革

信托制度在英国依赖于宗教文化和衡平法的哺育而发展壮大,并逐渐成为英国法律制度体系上的一颗明珠。"在英国,几乎没有其它法律像慈善法那样,对社会、宗教、以及经济等问题起着实质意义的作用。"[1]英国从工业国家逐渐过渡到福利国家,信托制度尤其是慈善信托的广泛发展起到了较大的促进作用。随着英国的殖民扩张和之后世界经济的国际化合作与全球化发展,信托制度也从开始走向世界、流行于全世界。慈善信托也从流行于英美法系国家和地区,逐渐发展到大陆法系国家和地区,并被不断移植和改进。

1. 美国

美国的法律制度在一定程度上是对英国法律制度的继承和演化,信托法律制度也

---

〔1〕 赵磊:《公益信托法律制度研究》,法律出版社2008年版,第85页。

是如此。不过,法律移植从来都不是一帆风顺的。美国的慈善信托发展历程和英国存在不同。

慈善信托制度在美国的发展是一个从开始排斥过渡到逐渐接受的过程。在 19 世纪早期的美国,慈善信托制度是由英国殖民者带入的,自然被人们理解是与殖民地教会特权联系在一起,普通大众一般对此多有排斥,[1]故此,这一时期的慈善信托在美国发展得并不普遍。后来,独立战争爆发,美国国内爆发了“抵制英国法制”的运动,持续的抵制运动连带地导致慈善信托制度的发展受到阻碍。因此,早期的一些州立法甚至否认慈善信托的合法地位。直到 1844 年,美国维达诉执行者吉拉德(Vidal v. Girard’s Executors)案件的判决改变了政府机构和社会大众对慈善信托的态度。在本案中,捐赠人史蒂芬·吉拉德(Stephen Girard)在合法遗嘱中将高达 670 万美元的遗产捐赠用于资助贫困学生和改善教师福利等教育事业,这在当时是一笔数额极其巨大的财产,其遗嘱执行人向法院起诉主张该遗嘱涉及慈善信托应归于无效,巡回法院驳回了起诉,最高法院维持了原判决。[2] 自此案以后,慈善信托制度开始逐渐被接受,到了 20 世纪中期,在美国各州都取得了合法地位。只不过,由于政治体制、历史背景以及民族个性等不同因素,美国的慈善信托并不像英国慈善信托那样以救济贫困为主,而侧重于教育、医疗和社会福利。美国的慈善信托法律制度虽然分散于各州立法之中,但是各州信托立法都深受美国《信托法重述》和《统一信托法典》的影响。20 世纪末期以来,美国的慈善信托制度已经广泛用于各种慈善领域,并通过基金会的方式发扬光大,对社会经济发展产生了不可估量的影响。

2. 日本

亚洲地区最早引入信托法的大陆法系国家是日本。在学界一般认为,日本的信托法律制度移植自美国。19 世纪末 20 世纪初,信托制度在日本萌芽发展。1902 年日本兴业银行成立后首次开办了信托业务,主要是附抵押公司债信托。随后富士银行、三井银行都跟进发展这一类型的业务。1904 年日本第一家专业信托公司——东京信托株式会社成立,标志着日本现代信托业的开端。到 1921 年,日本各地成立的信托公司达到 488 家。但是这些信托公司的规模都比较小,经营秩序混乱,影响了社会经济。“1922 年日本政府开始整顿信托行业、规范信托公司经营,着手制定了信托业务经营必须遵守的《信托法》和信托业务监管的《信托业法》。这两个法律称为日本信托公司的基本法,使日本信托业进入了新的历史时期,保证了信托事业的健康发展。”[3]只不

---

[1] 何勤华主编:《美国法律发达史》,上海人民出版社 1998 年版,第 146 页。

[2] L. M. Friedamn, *A History of American Law*, Smith and Schuster, 2005, p. 224.

[3] [日]川崎诚一:《信托》,刘丽京、许泽友译,中国金融出版社 1989 年版,第 13 页。

过，虽然日本《信托法》规定了慈善信托，但是，由于公益法人制度在日本的发展和普及先于慈善信托制度很长一段时期，加之医疗法人、宗教法人、学校法人等特殊法律制度的实施，慈善信托在日本长期未得到实施。从1998年开始，日本的慈善信托开始逐步发展并增多，这主要是因为《特定非营利活动促进法》的颁布实施极大地促进了慈善信托的发展以及人们对慈善信托的关注。这一时期的慈善信托主要以社会福利和环保等为慈善目的。后来随着人们越来越关心社会福利和自愿活动，日本的慈善信托得到了长足发展。这一时期，“企业的宏观经营战略中对公益性的考虑和追求变得越来越重要。日本银行旗下的信托公司及地方金融机构也开始承办慈善信托业务，日本慈善信托制度显现出很强的生命力”〔1〕。第二次世界大战后，日本的信托业因社会经济的严重破坏而萧条。1955年以后，日本由战后时期转入发展时期，信托业重获重视和发展，逐渐形成了三井、三菱、住友、安田、中央、东洋6家以信托业务为主的信托银行和银行信托部从事信托业务，除此之外，无专门性的信托公司从事信托业务。与英美法系国家不同的是，日本信托业主要以商事信托为主，而且是以金钱信托为主。因此，早期日本的民事信托和公益信托较少，近些年随着社会经济结构的变化和发展，公益信托才逐渐增多并有了较大发展。但是，由于日本立法上有对慈善法人组织等的相关规定，日本的慈善组织一般都更加愿意采用慈善法人的组织形式，较少采用日本信托法中规定的公益信托的组织形式。

3. 印度

印度在历史上曾被英国殖民，长期处于英国法律统治之下，深受英国法律文化影响。因此，印度也是较早接受信托法律制度的国家之一。但是，由于本土国情及传统文化的影响，印度的信托法律制度并未完全照搬英国，印度《1882年信托法》将信托定义为一种义务和信任关系。〔2〕在信托关系中，施加或宣布信任的人是委托人，接受信任的人是受托人，为了自身利益而接受信任的人是受益人。印度信托法对信托的定义并没有采用英美法系信托法的衡平法所有权制度，也不具备“双重所有权”特点。印度对信托的基本分类是公益信托与私益信托，并分别制定不同的法律规范予以监管。印度《1882年信托法》是规范和监管私益信托的基本法律制度，其《1863年宗教捐赠法》《1920年慈善信托与宗教信托法》《1950年孟买公共信托法》是公益信托的专门法，共同构成了公益信托的法律制度体系。

---

〔1〕 赵磊：《公益信托法律制度研究》，法律出版社2008年版，第92页。

〔2〕 “信托是一项附系于财产所有权的义务，这项义务产生于财产所有者为了他人利益或他人和自己的利益，而施加或宣布并被接受的一种信任。”参见何宝玉：《信托法原理研究》（第2版），中国法制出版社2015年版，第68页。

4. 中国

在国外,信托和慈善信托的发展已有数百年的漫长历史。但在我国,慈善信托,或者从更宽泛的意义上准确地说,与公益相关的信托产生与发展的时间并不太长。我国学者研究信托法的著作和文献较多,关于信托法基础理论的研究也很丰富,但是关于公益信托尤其是慈善信托的研究仍然比较少。我国2001年《信托法》虽然规定了公益信托,但是因为比较笼统且缺乏可操作性,公益信托始终发展缓慢,更未提及慈善信托的概念。2016年《慈善法》首次确定了慈善信托,但又因为该法颁布实施不久,慈善信托的发展尚处于起步探索阶段,而且还将慈善信托作为公益信托的一种,存在较大争议。一般认为,我国慈善信托的发展过程可分为三个阶段。第一个阶段为2001年我国《信托法》颁布之前的民间自发探索时期。在这一阶段,我国的少部分信托公司开始探索与慈善公益相关的信托新业务。例如,1999年9月华宝信托设立宝恒组合投资信托计划,是收益捐赠型信托产品,委托人为宝钢教育基金会,每年定期向国内各大高校发放"宝钢奖学金"或者提供其他各项资助。这是我国公认的、成立早、影响大的公益类型信托。第二个阶段为《信托法》颁布后公益信托的确立和缓慢发展时期。我国《信托法》中明确把信托分为民事、营业和公益三种形式,同时专设一章对公益信托进行了单独规定,以突出其地位并鼓励发展。这是首次以法律制度的形式对公益信托作出规定,标志着我国公益信托制度的正式确立。但是,由于社会经济发展、传统文化影响以及配套法规不完善等原因,公益信托在这一时期发展得比较缓慢,公益信托行业的实践比较谨慎。而且,即使部分信托产品设立时宣称是公益信托,实际上业界更认为是"准公益信托"。第三个阶段为《慈善法》颁布实施以来至今的快速发展时期。从2016年9月1日《慈善法》颁布实施之日起,至2019年12月31日止,全国共完成备案的慈善信托数量为267单,财产总规模为291,961.4万元。我国慈善信托不但在立法上取得明确的法律地位,而且发展迅速,从规模到数量都是逐年增长,大有引领慈善事业发展的趋势。

(二)慈善信托的功能分析

随着社会经济发展的全球化、两极化,当前社会上所发生的社会问题各种各样、复杂多变,绝非仅凭政府就能够完全解决和有效解决,还需要社会团体、企业、个人以及民间机构等多种力量的鼎力支持与协助。观诸慈善信托在各个国家和地区从事的慈善活动,遍及扶贫济困、文化、教育、医疗、宗教、环保、人权等多个领域,充满人文关怀和人性光辉,逐渐为各界所重视和期待,呈现多元化蓬勃发展的趋势。慈善信托具备的功能,已经远超信托制度本身,在功能上呈现多样化。概言之,慈善信托的功能既有

沿袭其他信托的一般功能,也有因公益性而具有的不同于其他信托的特殊功能。一般来说,慈善信托具备五个功能:

1. 慈善功能

公益性或者慈善性是慈善信托的本质属性和首要特征,故此,慈善功能是慈善信托的首要功能。慈善信托是以信托的方式进行财产管理,借以信托机构完善的风险防控体系、专业的金融服务和财产管理能力,实现慈善财产的保值和增值,以期更好地从事慈善活动,促进慈善事业发展。这是慈善信托的宗旨,也是最核心的根本功能。

2. 保护功能

慈善信托作为信托的一种,同样具备信托的基本功能,即信托的本质或者宗旨是保全信托财产的价值,并谋求相当程度的增值。简言之,即信托财产的保值增值。信托财产的保护功能,就是信托法律制度所欲达成的信托财产的管理功能。因此,慈善信托被依法设立后,应当遵循信托基本原理和基本规则,其信托财产的管理和处分也必然受到信托法律制度的保护。

保护功能,亦称保全功能。现代信托的发展,除了传统的保全功能与增值功能,还进一步发展出偏重于特殊群体如未成年人或老年人的保护功能而设定的信托。为了特定群体中的人的基本生活或者扶养等基本生存权益,而进行财产管理,以防财产减少或丧失,是这一类信托的主要目的。信托财产保值和安全是首要目的,至于信托财产是否增值,则是次要目的。这一类信托在英美发达国家较为流行,例如,美国的扶养信托(Trust for Support),是指为了保护受益人的特殊扶养利益如生活、教育等扶养目的,而由法律明确规定限制受益人受益权的让与性的一类信托。这是基于受益权的性质本身决定的。美国的浪费信托(Spendthrift Trust),是指为了保障信托受益人的生活供给的稳定性和持续性,在信托文件中明确规定对受益人受益权的让与性进行限制的一类信托。英国的保护信托(Protective Trust),与美国的浪费信托类似,亦是以保护受益人的生活必需为主要目的。[1] 日本《继承税法》中承认的“特定赠与信托”制度,也称“特别障害者扶养信托”,是为了使身心重度障害者的生活得以保障和安定,而以身心障害者为受益人设立的扶养信托契约;为鼓励其设立,特别采取税费优惠措施。日本的这种“特定赠与信托”与英美国家的浪费信托、扶养信托、保护信托,目的一致,均强调信托的保全功能。

3. 意思冻结功能

当信托人将信托财产交付信托受托人完成信托设立后,可以对抗委托人意思能力

---

〔1〕 王志诚:《信托法》(增订第7版),台北,五南图书出版股份有限公司2018年版,第46页。

丧失或者死亡等情事发生的变化，由受托人依照委托人成立信托时约定的信托目的继续管理或处分信托财产，以实现信托财产长期固定管理的目的。特别是委托人因精神障碍或者其他心智缺陷导致不能为意思表示或意思表示受限，或不能辨识其意思表示的法律后果时，即使经法院宣告监护，仍必须承受法院宣告之监护人的道德风险——监护人的道德风险会侵害被监护人的权益。信托制度能够很好地避免这一情形的发生。事先利用信托制度，将信托财产交付给值得信赖的第三方个人或者专业机构进行管理，冻结委托人自由处分财产的意思，不仅可以协助意思表示能力减弱或丧失的老龄人进行财产保全和管理，还能长期实现其指定的信托目的，如生活保障、医疗等，也包括慈善目的。

4. 增值功能

信托本身即具备营利性，信托不但重视信托财产的安全性，而且还追求增值。传统信托公司在从事信托行为时，要为委托人的利益考虑，追求利润最大化。对于风险较高的投资性信托，受托人除了负有善良管理人义务之外，还负有追求利润最大化的义务。这一类投资型的信托在管理信托财产时更加注重财产回报率(财产增值功能)。

慈善信托作为一种特殊的信托形式，具备慈善组织的性质，其首要功能还是信托财产的保全以首先实现慈善目的。但是，对于负有善良管理人义务专业的受托人来说，慈善信托和其他信托一样，既要求实现信托财产的保全，还要求实现其增值，这主要是因为：(1)如果仅仅是基于对慈善信托财产保全的片面考虑，委托人直接将财产存入大中型国有银行或者直接捐赠给公信力高的慈善组织，可能是更加安全有效的方式，更能够实现财产的固定和保全。(2)慈善信托之所以存在，其核心本意就是利用信托制度来实现用于慈善的信托财产的保值增值；对于慈善信托而言，保值功能与增值功能缺一不可、同等重要。若非是为了有效利用信托的增值功能，那么将财产直接用于慈善活动则更显保值和安全。通过信托的增值功能可以在财产保值的基础上进一步增加慈善信托的财产收益，实现慈善信托的长久运营，进行更大范围的慈善活动，促进慈善事业的发展。

5. 破产隔离功能

信托制度的一个重要功能在于"破产隔离功能"(bankruptcy remote)。"破产隔离功能"的基础是信托财产的独立性。如果信托财产在法律上不具备独立性，那么信托也就没有破产隔离功能。信托传统基本原理认为，信托财产具有独立性。所谓信托财产的独立性，是指信托依法成立之后，其信托财产就完全独立于信托法律关系当事人，如委托人、受托人和受益人等的其他财产或固有财产。"破产隔离功能"主要体现在以下三个方面：

(1)信托财产与信托委托人的其他财产区分独立。对此应当区分为两种情形:一是当该信托的委托人又是信托受益人且为唯一受益人时,如果委托人是自然人而死亡时或者委托人是组织而被依法解散、宣告破产时,信托法律关系终止,信托财产就会被当作信托委托人的遗产或者清算财产而被依法继承或清算;二是当该信托的委托人又是信托受益人且不是唯一受益人时,委托人此时作为共同受益人之一,如果委托人是自然人而死亡时或者委托人是组织而被依法解散、宣告破产时,信托法律关系不会被终止而是继续存续,其享有的信托利益可以作为遗产或清算财产而被依法继承或清算,但是信托财产不成为其遗产或清算财产。各国信托法律制度基本上都作出了如上所述的类似规定,我国《信托法》第 15 条亦是如此。简言之,信托委托人有权根据实际需要,通过设立信托的合法方式,将自有的、合法的全部或部分财产转移至信托受托人,从而通过信托法律关系的设置而保持财产的独立性,不被强制执行和破产清算,实现其财产的"隔离"和安全。不过,正是基于破产隔离功能,信托委托人可能滥用信托财产的独立性,通过设立信托的方式转移财产侵害债权人的利益,因此,英美法系国家和地区的信托法律制度都规定了信托委托人的债权人享有撤销权。信托委托人的债权人依法享有撤销权,是一种立法上的权益平衡制度设计,可以对信托财产独立性及其衍生出来的"不可强制执行""破产隔离功能"等功能进行平衡和规制。在大陆法系国家和地区中,日本、韩国等的信托法律制度中也有类似规定。

(2)信托财产与信托受益人的自身财产相互独立。在信托法律关系中,信托受益人享有信托受益权,是对信托财产享有信托利益的人,但是这仅仅是一种利益请求权,而非信托财产的管理权和处分权,信托受益人更不是信托财产所有权人。即使在英美法系中,信托受益人根据"双重所有权"的立法规定也仅仅是衡平法上的所有权人,而非法定所有权人。鉴于此,信托财产与信托受益人的自有财产是完全互相独立、互相区分的;一般情况下,受益人对信托财产本身是不享有管理、处分和支配等相关权利的。在这种情形下,除非特别条件下的一些债权债务抵销行为,信托受益人的债权人无权申请对信托财产进行破产清算或强制执行。

(3)信托财产独立于信托受托人的固有财产和其他信托财产。信托依法设立时,委托人按照约定转移信托财产至受托人,信托财产为受托人实际控制,由受托人按照信托文件规定管理和处分信托财产,其是为了信托受益人的利益或者因特定的信托目的而作为。虽然我们可以认为信托受托人在一定程度上享有信托财产的"所有权",但是这并不是其自有财产。因为,信托受托人在此意义上享有的"所有权"是信托财产管理和处分等权利,并不是法定的、完整的所有权,实质上是一种受限的所有权——信托财产必须受到信托目的的拘束并为信托目的而存在,转移只是手段而已。信托财产独立性原则是信托法律关系的重要理论基础之一,基本上在所有国家和地区的信托法律制度中都有明确的强制性规定,尤其强调的是,信托财产独立并区分于信托受托人的固有财产和其他信托财产。当信托受托人负债时,债权人不得申请强制执行信托财产来清偿债务;当信托受托人被宣告破产时,破产财产范围也不包括信托财产,不得清算和强制执行信托财产。

二、慈善信托公益性特质的理论阐释与制度体认

慈善信托与其他信托种类最大的不同是其主要指向社会公共利益,因此,公益性体现着慈善信托的核心价值,是慈善信托的本质属性。一般而言,公益性或者慈善性也是慈善信托的首要特征,使其能够在表征上明显区别于其他信托种类。慈善信托的这种特殊属性决定了其要受到双重规则的规制和调整,即不仅要遵循信托法律制度中普遍适用的一般性规则,还要遵循因其慈善特殊属性而衍生的特殊性规则。从一般信托规则来看,慈善信托与其他信托种类最为明显不同的方面在于受益人——慈善信托设立时没有确定的受益人,其受益人在被依照信托文件选定之前是不特定的社会公众或其一部分。因此,部分学者认为,在慈善信托法律关系中,不特定的社会公众对信托财产无法享有所有权。"从这个角度来看,英美法系的少数学者认为在一定程度上慈善信托不能够被认为是一种真正的信托。这主要是因为其受益人在信托成立之时是完全不确定的,不符合'受益人确定原则'——信托成立的三个确定性原则中的一个原则。"〔1〕没有受益人的信托在英美法系国家中被称为"目的信托",从英美法系国家法律传统来说,除了以公益为目的的信托即"公益信托"以外,不承认其他目的信托。〔2〕毋庸置疑,慈善信托属于公益信托,是一个合法的信托形式或信托种类,其成立的基本前提条件是符合法律规定的信托设立要件。而且,鉴于慈善信托的特殊属性慈善性,其设立还需符合三个特别要件分别是:(1)慈善信托目的必须且只能是慈善目的,并且应当严格遵守法律规定的"慈善"的种类和范围;(2)慈善信托的设立应当完全基于社会公共利益,设立信托的宗旨是实现和增进社会公共利益;(3)慈善信托严格禁止涉及任何形式的"私人利益",必须具有绝对的公益性。因此,公益性是慈善信托的本质属性,以上三个特别要件是公益性原则的核心要求,主要体现在五个方面:

(一)受益人的不确定性

信托法律制度中有一个传统的理论——"三个确定性原则",源于英美法系的信托

---

〔1〕 Alastair Hudson, *Equity and Trusts*, 5th ed., Routledge-Cavendish, 2007, p. 1017.

〔2〕 [日]樋口范雄:《信托与信托法》,朱大明译,法律出版社 2017 年版,第 156 页。

法学者们对信托设立的基本条件的概括和总结。三个确定性原则，也称“三确定原则”，是指委托人（意识）确定、信托财产确定和受益人确定。但是，在慈善信托中，其受益人在设立时并不是像其他信托一样有明确的受益人，其受益人是社会公众或是社会公众的一部分，是不特定的对象。这看似与信托设立三确定原则相冲突，实则不然。具体而言，虽然慈善信托的受益人在慈善信托设立时并不是具有确定身份的某个人和某些人，但是在设立后却是可以通过慈善目的来确定的。慈善信托受益人的特殊性在于，虽然设立时的受益人不是明确的、指定的，但是具有可以被明确选择和确定的范围或种类。换言之，受益人虽然在慈善信托设立时不是确定的，但是属于“可以确定的受益人”。慈善信托依法设立后，按照委托人的意思表示或者信托文件的约定，信托受托人即可在明确的受益人范围内去选择和确定适格的受益人或者受益对象。信托受益人的不确定性，也正是慈善信托公益性的基本体现。

（二）专门机构监管

因为慈善信托具有公益性，涉及社会公共利益，所以对慈善信托的监管自然重要。慈善信托产生的初期，并没有一个统一的专门的慈善监管机构。英国《1853 年慈善信托法》明确规定“慈善团体委员会”作为专门性的慈善监管机构，对包括慈善信托在内的所有慈善组织进行监管。英国《2006 年慈善法》将该委员会改成“慈善委员会”[1]，同时，英国皇家检察总长在一定条件下配合慈善委员会的工作。[2] 至此，英国现代意义上的慈善信托监管体系才正式建立起来。

美国由于政治体制的不同，采用的不是英国的统一监管，而是各州的州检察总长负责制；各州检察总长代表社会公共利益，对慈善信托进行监管。各州检察总长监管慈善信托的主要职责是：负责慈善信托的登记、信息管理和信息公示；对慈善信托进行审计和调查，监督慈善信托相关人员的行为，并有权视情况提起诉讼。

我国 2016 年《慈善法》明确了慈善信托的主管机关为民政部门，由各级民政部门按照属地原则进行监管。

---

〔1〕 英国慈善委员会的主要职责是慈善组织和慈善信托的登记、向慈善信托人提供建议和信息服务、接受申诉进行查处。一般认为，英国慈善委员会的主要职责是指导、帮助和协助慈善信托受托人，而不是干预。

〔2〕 英国皇家检察总长是公共利益的看护人，对慈善信托的监管也承担一部分责任，对于受托人的严重违法行为，负责向法院起诉追究责任。同时，根据《1993 年慈善法》的授权，慈善委员会与检察总长协商，也可以提起诉讼或终止诉讼。

(三)税收优惠资格

世界各国政府为了鼓励和促进慈善信托的发展,在立法和政策方面都给予了很多优惠政策和扶持政策,这也是现代社会发展进程中国家治理和社会治理的一个重要趋势。一般而言,政府对慈善信托的发展是鼓励和支持的,相关扶持政策主要体现在税收优惠方面。在英国,慈善信托的税收优惠主要针对慈善信托的委托人和慈善信托本身。在我国,《慈善法》、《慈善信托管理办法》和《信托法》等法律法规,也都针对慈善信托或公益信托规定了原则性的税收优惠政策。根据财税法相关规定,我国的公益事业税收优惠主要是针对捐赠人(委托人)对非营利组织捐赠时的税收优惠和非营利组织本身的税收优惠。相对于其他私益信托而言,税收优惠是慈善信托的公益性的重要表现形式之一。公益性要求税收优惠,税收优惠体现和促进公益性。

(四)"反永续原则"适用的例外

在英美信托法制度中有一项重要的原则:"反永续原则",该原则规定私益信托必须有明确的存续期间,也称"非永久性原则"。该原则的目的是确保委托人不能超过法律规定的期限,长期基于信托关系为他人提供资产。"反永续原则"主要有三个部分:"反永久归属原则"、"反转移限制原则"和"反积累原则"。反永久归属原则规定信托所授予的所有利益必须在"永续期限内"进行授予。在最新版本的规则中,"永续期间"是从信托生效之日起计算的125年这段时间。[1] 反转移限制原则比反永久归属原则更为严格,"因为这一规则针对的是信托目的而非信托受益人,所以在信托生效的时候,往往不会有相关的生命存在,这个限制就是21年。除非这类信托从一开始就确定,它必须在法律许可的期限内终止,否则信托将是无效的"[2]。反累积原则先前规定,在一定期限内,委托人可以通过累积的信托资产有效地提供收益(把收益加入资本而不是支付给受益对象)。对于大多是2010年生效的信托而言,这一反永续原则已不再适用。[3]

慈善信托是"反永续原则"适用的例外,因为,"具有慈善目的的信托享有某些其它形式的特殊待遇。有些规则属于信托法中的特殊规则,而其它的规则不限于信托,同样适用于具有慈善目的的其它媒介,特别是慈善公司和慈善组织机构"[4]。与私益信

---

〔1〕 英国《2009年永续和累积法》第5节。

〔2〕 [英]西蒙·加德纳:《信托法导论》,付然译,法律出版社2018年版,第54页。

〔3〕 英国《2009年永续和累积法》第13节。

〔4〕 [英]西蒙·加德纳:《信托法导论》,付然译,法律出版社2018年版,第124页。

托的重要区别之一就是慈善信托的存续时间不确定。从维护公共利益角度考量,早期的英国为了突破"死手规则"的控制从而避免其对信托财产流通的阻碍,对私益信托的存续期间在法律制度上都进行了明确规定,有明确的期间限制即"受益人之权利必须于信托生效之日起计算,在该时存活之人一生加21年内确立"[1]。后来,随着信托的不断发展,信托法律制度也在不断调整以适应信托的发展。英国在1964年颁布的《1964年永久和累积法》对此作了进一步规定。英国《1964年永久和累积法》规定了私益信托存续期间的两种期间类型,私益信托的受托人可以对信托存续期间自行选择:一种存续期间是固定的法定最长80年;另一种存续期间是通过受益人来确定的,即从信托成立生效之日起到该信托最后一个受益人死亡时为止的区间期限,再加上21年作为最长存续期间。[2] 但是,对于慈善信托来说,私益信托存续期间的限制性规定并不适用,这是因为慈善信托是为了慈善目的而设立,是为了促进社会公共利益。换言之,慈善信托自身的存续期间越长久,其所从事的慈善活动也就越多越广泛,也就越有利于社会发展。基于这些因素考虑,英国信托法最早明确规定了传统的"反永续性原则"不适用于慈善信托。慈善信托免受"反永续原则"的限制,一般来说,这样做的结果是具有慈善目的的信托可以长期存在,持续从事慈善活动。不过,《2009年永续和累积法》第13节废除的关于累积收益的规定仍然适用于慈善信托等慈善组织,第14节的规定禁止慈善组织累积超过21年的收益。

(五)"力求近似原则"的适用

英国作为慈善信托的起源地,其慈善信托法律制度中最具创造性、最具特色的原则制度是"力求近似原则"。"力求近似原则"也称"近似原则"[3]、"次接近原则"[4]或者"类似原则"[5]。在信托财产的管理和处分过程中,慈善信托与私益信托的主要区别就在于力求近似原则的适用。两大法系的国家和地区在立法上对力求近似原则都秉承基本一致的态度,一般都会在非营利组织相关的法律制度或者慈善信托法律制度中明确规定"力求近似原则";我国《慈善信托管理办法》对"近似原则"亦有明确

---

[1] 方嘉麟:《信托法之理论与实务》,中国政法大学出版社2004年版,第164页。

[2] Perpetuities and Accumulations Act 1964.

[3] 何宝玉:《英国信托法原理与判例》,法律出版社2001年版,第351页。

[4] 方嘉麟:《信托法之理论与实务》,中国政法大学出版社2004年版,第177页。

[5] 周小明:《信托制度比较法研究》,法律出版社1996年版,第170页。

规定。[1]

1. “力求近似原则”的含义

“力求近似原则作为一种法律原则起源于罗马法，最早在查士丁尼法典中得以体现。”[2]“力求近似原则”，是指慈善信托原本约定的慈善目的因为一些特殊因素而不能实现时，为了避免慈善信托无效和终止，有关主管机关依照法律规定，有权将原本不能实现的慈善目的直接变更为与原来慈善目的最为接近或最为相似的慈善目的，从而保持慈善信托继续运行、存续。力求近似原则是尽最大可能地不让缺乏捐赠者明确意图的慈善信托因为慈善目的的不利因素而导致无效或者终止，尽最大努力去保护和实现慈善信托财产的公益性。在一定程度上，“力求近似原则”的译法相对于“近似原则”而言，更加体现出“英国法院在适用该原则时所作的一种努力，而这种努力在研究英国法院在适用该原则时可以深刻体会到”[3]。

对于私益信托来说，私益信托目的不明确或者不能实现会直接导致私益信托无效，即宣告信托终止。但是，对于慈善信托来说，力求近似原则实际上赋予了法院自由裁量权，这种自由裁量权可以直接变更和调整慈善信托原来的慈善目的。当某个慈善信托的慈善目的不能实现时，姑且不论什么原因导致的，法院基于社会公共利益的考量，有权重新确认慈善委托人的慈善意图，并尽力使该慈善信托继续运行。在英国，其慈善委员会也具有使用这一原则的权力。

2. 力求近似原则的适用情形

(1)慈善目的不能实现

一些慈善信托在设立时是基于捐赠者的良好愿望，但这些良好的愿望随着社会的发展和环境的改变而不能与时俱进，导致当初的慈善目的在现在已经不能实现。比如，为了取消奴隶制这样促进社会进步的慈善目的，在当时是有效的，但是发展至如今社会中已经变得基本不可能了。

(2)资金不足

慈善信托的委托人在慈善财产捐赠时提出了许多明确具体的捐赠意图，但是在慈善信托设立后受托人在运行慈善信托的过程中可能会面临一个困境——委托人提供

---

[1] 《慈善信托管理办法》第 43 条：“慈善信托终止，没有信托财产权利归属人或者信托财产权利归属人是不特定的社会公众，经备案的民政部门批准，受托人应当将信托财产用于与原慈善目的相近似的目的，或者将信托财产转移给具有近似目的的其他慈善信托或者慈善组织。”

[2] N. Alvey, *Form Charity to Oxfam: A History of Charity Legislation*, 1995, p. 8. 转引自金锦萍：《公益信托法律制度研究》，中国社会科学院法学研究所 2006 年博士后工作报告，第 126 页。

[3] 解锟：《英国慈善信托制度研究》，法律出版社 2011 年版，第 82 页。

的信托财产无法完全满足和实现委托人的这些慈善意图。在此情况下,依据受托人的请求,法院和慈善信托主管机构可以依法适用力求近似原则,重新确定委托人的慈善意图,使慈善信托满足其中一个主要的慈善目的。

(3)未明确慈善目的的种类

在设立慈善信托时,虽然委托人表达了慈善目的或者有慈善目的的意思表示,但是委托人所表示的慈善目的是笼统的、模糊的,未能够直接而明确地指明慈善目的的具体种类。也就是说,委托人虽有慈善意图却没有明确慈善目的的具体种类。英国"欧文不动产案"是这一类型的一个典型案例。1951 年,英国的一个遗嘱人(慈善信托委托人)准备以自己的财产设立一个慈善信托,信托目的是帮助残疾儿童,委托人同时表示在慈善信托设立以后,再指定具体的残疾儿童收容院作为享受该笔慈善信托财产受益权的受益人。但是巧合的是,该慈善信托委托人(遗嘱人)不幸在慈善信托设立之后、没有指定具体某一个残疾儿童收容院之前就去世了。由于未能确定受益的、具体的残疾儿童收容院,慈善信托委托人的继承人认为该慈善信托设立无效,和受托人之间发生了争议并引发诉讼。英国法院经过审理,认为该遗嘱人的慈善意图明确,可以适用力求近似原则,最终通过判决将该信托财产用于法院指定的一个具体的残疾儿童收容院。

(4)慈善信托地点不能实现

某些慈善信托的设立需要在指定的地点,以便为某个区域内的人服务。但是,有时候现实中一些因素会影响慈善信托的设立地点。比如,慈善信托是在指定地点建设医院或者养老院,但是原来指定的地区已经有足够的医院或者养老院,重复建设根本没必要,会导致社会资源的浪费。如果适用力求近似原则将医院或养老院设在一个比原来指定的地点更合适、更需要的地方,更能体现社会公益性和慈善目的。

(5)慈善的实现方式违反法律或者社会公共政策

在一些特殊情况下,慈善信托依法设立后,虽然慈善信托的慈善目的非常明确,但是在实施慈善目的的过程中,因未能事先预料,其方式有可能会违反现行的法律或者公共政策。例如,慈善信托委托人设立慈善信托的目的是为居住在救济院或者福利院里的 60 岁以上的老人每天提供一定数量的啤酒。在此情形下,虽然该慈善信托的慈善目的很明确具体,但是给老人提供酒精在该国相关法律制度下是被明确禁止的。因此,当原本的慈善目的的实现方式违反法律或者社会公共政策的时候,不应当武断地认为慈善信托因违反法律或者社会公共政策而无效,而是应当尽最大努力寻求一种新的方式来实现慈善目的。对于前述案例而言,法院等有权机关可以直接适用力求近似原则,将提供啤酒变更为给救济院或者福利院里的老人提供其他的物品(如衣物、药品等)来实现慈善目的。

第四章

慈善信托治理机制的逻辑起点:双重属性

一、组织与治理机制

如前文所论证,慈善信托在法律性质上是组织,是一种从事慈善活动的特殊组织形式。美国著名的法律社会学家菲利普·塞尔兹尼克(Philip Selznick)教授曾对“组织”有过论述,他认为,组织虽然是一个独立的系统,但是具有开放性,并不是完全封闭的;组织必然受到所处环境的影响。基于此,组织具有开放性和制度化的特征。换言之,作为非封闭系统的、制度化的组织,在本质上就是处于社会环境、历史影响之中的一个有机体。周雪光教授曾对此有过如下论述:“组织的发展演变是一个自然的过程,是在和周围的环境不断相互作用下不断变化、不断适应周围环境的自然产物,而不是人为设计的结果。”[1]美国学者迪特里希·鲁施迈耶(Dietrich Rueschemeyer)认为,我们必须从组织和环境的关系上认识这些现象。鲁施迈耶教授进一步提出,首先,我们必须从组织环境的视域去研究和分析组织的各种行为,去总结和解释组织的各种现象。其次,从组织环境的角度,要求我们既要考虑“技术环境”,还要考虑“制度环境”。所谓“制度环境”,即“一个组织所处的法律制度、文化期待、社会规范、观念制度等人们所广为接受的社会事实”[2]。换言之,“技术环境”和“制度环境”共同作用于组织之上,如何作用及其关系是我们研究分析组织和组织行为时的重要着力点。

对于组织治理研究来说,平衡“利益相关者”的各方利益,是一个权益平衡机制的建构和动态平衡问题。因此,我们首先要明晰什么是“机制”。什么是机制?所谓“机制”,一般是指两个或者两个以上事物之间可能而非必然存在的、容易识别的、经常发生的因果关系。一般认为,这种因果关系不是必然的,也不具有决定性,因为其诱发的

---

〔1〕 周雪光:《组织社会学十讲》,社会科学文献出版社2003年版,第70页。

〔2〕 同上书,第72页。

条件或者产生的后果通常是不确定的，尽管人们能够确定这种因果关系会经常发生。在社会学的相关理论中，机制就是一种运行方式，即把组织对象按照一定规则分为各个不同的部分，通过协调、整合各个部分之间的关系来提升组织的运行效率、高效发挥组织整体作用的具体运行方式。为什么社会经济中人们会采纳不同的组织形式，为什么不同组织会有不同的制度设计和激励设计？在经济学家看来，这是人们追求"效率机制"所产生的必然现象。进一步说，这是在信息确定或信息不对称的条件下，人们因时因地服从"效率机制"来设计组织制度的必然结果。"我们可以用'机制'来分析、解释我们观察到的社会现象、经济现象或组织现象。"[1]只不过，"经济学过分地专注于配置效率问题，其特点是边际分析，而忽视了组织效率问题，其特点是详细考察各种不同的离散结构"[2]。

对于组织的治理机制而言，在解读了"机制"的基础之上，我们还要进一步明确"治理"的内涵并对其进行合理界定。在全球化与信息化的现代社会，治理成为一个"时尚词语"，广泛适用于各种不同的语境之中。但是，国内外学术界对"治理"的研究与观点并不一致，既有共识，也存在分歧。一般认为，"治理"(governance)这一概念术语"来源于拉丁文和希腊语，本意是掌舵、引导和操纵"[3]，后来在国家语境下主要是指"统治"，用于描述政府对各种公共事务的管理。近现代以来，西方经济学家和政治学家们不断给"治理"赋予新的内涵，以区别于传统的"统治"。他们认为，治理并不等同于政府统治，治理的主体也并不一定是政府，治理活动也无须依赖于国家的强制力。林恩(Lynn)认为，治理是一种协调不同行动者趋向共同目标的一系列理念、结构和方式的集合体，治理包括社会制度、法律、规则、政府行政和司法裁判等一系列活动。[4] 罗茨(Rhodes)认为，治理是独立于政府之外的组织之间相互依赖、相互影响，通过一系列互动达成一致行为规则的管理活动，意味着"统治的含义发生改变，表明一种新的统治过程，一种新的方法来统治社会"[5]。治理的兴起，是国家和政府不断适应外部环境变化，促进一种新的结构或者秩序的产生，多重主体共同参与、互动形成的结果。联合国设立了一个全球性的机构——全球治理委员会，目的是加强世界范围内的治理领域的研究、互动与指导。《我们的伙伴》是全球治理委员会所作的一个关于治理的重要研究

---

[1] 周雪光：《组织社会学十讲》，社会科学文献出版社 2003 年版，第 16 页。

[2] [美]奥利弗·E. 威廉姆森：《治理机制》，石烁译，机械工业出版社 2016 年版，第 103 页。

[3] 童星：《中国社会治理》，中国人民大学出版社 2018 年版，第 2 页。

[4] L. Lynn, C. Hcinrich & C. Hill, *Improving Governance: A New Logic for Eempirical Research*, Georgetown University Press, 2001, p. 7.

[5] R. A. W. Rhodes, *The New Governance: Governing without Government*, Political Studies, 1996 (6), p. 652 - 653.

报告,其中对治理作出了一个颇具代表性和权威性的概念界定:治理是个人与各种公共的或私人的组织共同管理社会事务的多种方式的总和,主要是协调不同的利益并形成联合行动的持续性过程。这种治理有 4 个典型的特征:[1] (1) 治理是一个过程,不仅仅是一套完整的规则,也不是一种具体的活动;(2) 协调是治理过程的基础,而非控制;(3) 治理的主体包括公共部门、私人部门以及个人;(4) 治理在本质上是持续性的互动,而非一种正式的制度。笔者认为治理包括两个方面:一方面,是政府公权力强制各个参与者共同遵守的正式制度和规则体系;另一方面,是各个参与者一致同意或者认为符合其利益的非正式的制度安排。当然,治理机制也可能存在失效或者失灵现象,善治理论则是对治理失灵的回应。一般认为,善治理论包括:(1) 合法性,是指社会秩序和权威被自觉认可和遵守的性质及状态;(2) 透明性,是指信息公开的完整性、及时性,尤其是政治信息;(3) 责任性,是指各个参与者均应当对自己的行为承担责任;(4) 法制性,强调任何政府官员和公民都必须依法行事,法律面前人人平等;(5) 回应性,是指公共部门及其人员必须对公民的诉求作出及时的、负责的回应;(6) 有效性,主要是指管理的效率性。[2]

慈善信托作为一个被广泛运用和接受的慈善组织形式,事关社会公众利益,代表着一国慈善事业的发展形象。慈善信托既然在法律性质上是组织而非信托产品种类,那么作为组织就应当具备相应的组织治理机制,并通过完善法律治理机制来不断提升社会公信力,不断获得社会认可来促进组织的发展壮大。

二、双重属性的理论界定

依通说,两大法系的信托法律制度在信托设立登记、信托财产所有权、信托监管等诸多方面存在较大的差异性,慈善信托也是如此。鉴于此,我国的慈善信托制度与英美法系的慈善信托制度在信托财产所有权、信托登记、信托监管等方面亦有所不同。就我国慈善信托而言,我国《慈善法》第 44 条对慈善信托的概念作出规定,[3] 从我国《慈善法》对慈善信托的概念定义的规定来看,“慈善信托作为一种行善的方式,以慈善为目的,以信托为手段;同时具有慈善行为和慈善组织的双重含义”[4]。

---

[1] The Commission on Global Governance, *Our Global Neighborhood: The Report of the Commission on Global Governance*, Oxford University Press, 1995, p. 2 – 3.

[2] 童星:《中国社会治理》,中国人民大学出版社 2018 年版,第 20 页。

[3] 《慈善法》第 44 条规定,慈善信托是指委托人基于慈善目的,依法将其财产委托给受托人,由受托人按照委托人意愿以受托人名义进行管理和处分,开展慈善活动的行为。

[4] 郑功成:《〈中华人民共和国慈善法〉解读与应用》,人民出版社 2016 年版,第 139 页。

由于慈善信托本身受到我国《慈善法》和《信托法》的双重调整,《信托法》的法律部门定位是商法,与《慈善法》的社会法定位不一致,因而,在我国特殊的传统法律制度体系下,慈善信托,在一定意义上可以说,既是一种独特类型的信托制度,亦是一种具有特殊属性的慈善组织制度,具有公益性和营利性的双重属性。慈善信托具有双重属性,这一创新概念表明慈善信托是一种特殊的慈善组织形式,揭示了慈善信托既具有慈善组织的非营利性和公益性,也具有信托的营利性和追求资产效率的天然性。双重属性首先明确慈善信托的核心功能是慈善目的,其次表明慈善信托以"信托"为工具和手段,在外在表征上具有"信托"的特征。慈善信托的双重属性体现在:作为慈善组织,则明显应当具备公益性和"非营利性",公益性是其最基本的本质特征;作为信托,则明显应当具备"营利性",追求利润最大化——因为信托被认为是合理利用财产、最大限度发挥财产的使用价值的一种最有效方式。慈善组织是以公益性或慈善性为首要目标和发展宗旨的,慈善性或公益性是其首要属性。慈善组织的设立宗旨、内部组织结构、运行模式等都体现着公益性或慈善性的表征,有些还具有官僚化或保守化的特征,与市场经济机制基本相脱节,不会重视甚至完全忽视市场经济中的竞争机制与效率机制。信托公司是市场经济中的竞争性、营利性的企业组织,充分参与市场竞争,其组织结构和运行模式都体现着竞争性与效率性。除了践行最基本的企业社会责任以外,以股东利润最大化为宗旨的信托公司更多关注的是营利性,以营利性发展为宗旨而非公益性或慈善性。

换言之,慈善信托中的"慈善属性"追求公益性与非营利性,"信托属性"追求营利性和最大化效率。慈善信托作为慈善事业活动的一种,不同于慈善组织和慈善捐赠,也不仅仅是对慈善财产的管理。因为,如果只是单方面强调它的非营利性或者公益性,亦即仅限于财产管理功能,必然会弱化慈善信托中"信托"的部分功能;如果只是单方面强调它的增值性和营利性,也可能会弱化它的慈善和公益性。慈善信托在一定意义上可以说,既是一种区别于一般私益信托或商业信托的独特的信托制度,也是一种不同于传统慈善组织形式的具有特殊混合性的慈善组织制度,具有"慈善"公益性和"信托"营利性的双重属性。正因如此,慈善信托呈现从资产所有权、性质到监管等诸多方面的双重属性,在一定程度上,可以认为双重属性是慈善信托最为特殊的本质属性,这也是我们构建慈善信托法律治理机制的逻辑起点。

综上分析,慈善信托的双重属性体现在三个方面:一是慈善信托财产的双重属性;二是慈善信托性质的双重属性;三是慈善信托监管的双重属性。本书将对这三个方面逐一进行理论分析和阐释。

三、慈善信托财产的双重属性

“双重所有权概念是信托制度的基石。”[1]“以双重所有权为核心的信托理念存在与否，体现了两大法系在实体私法上之最为重要的差异之一。”[2]英国著名的信托法学家萨蒙德（Salmond）有过如下论述：“双重所有权最为重要和直接的实证就是信托。信托财产由两方同时享有所有权，两方所有权人的关系是一方有义务为另一方的利益而行使其所有权。”[3]萨蒙德对此还进一步阐释，受托人对信托财产享有的所有权可以称为“信托所有权”，受益人对信托财产享有的所有权可以称为“受益所有权”。对于信托财产上的与受益相关的任何利益，受托人均无权享有。在英美法系中的信托法律制度中，信托财产的“双重所有权”是独具特色的并明显区别于大陆法系中的信托法律制度。所谓“双重所有权”，顾名思义，意即信托财产上的所有权是双重的、同时并存的，指信托依法设立后，受托人依照普通法的相关规定而享有的“普通法所有权”，受益人依据衡平法的相关规定而享有的“衡平法所有权”，也分别称为“法定所有权”和“衡平所有权”。移转并分割其财产所有权的制度设计是英美信托制度的精髓之所在。“在一个合法的信托法律关系中，必然存在普通法所有权与衡平法所有权之间的区分。普通法所有权被赋予委托人享有；衡平所有权则由受益人享有。普通法与衡平法的区分在此范围内是真实的、自然的。”[4]

（一）双重所有权理论解读

大陆法系的所有权理论是“一元的”“绝对的”，与英美法系财产权法律制度中的“双重所有权”理论是完全不同的。“双重所有权”有其产生的特殊背景和基础——普通法和衡平法经过不断发展而在英国形成的“双重管辖”或称“二元管辖”。在英美法系中，其财产权制度不同于大陆法系的所有权制度。受布莱克斯通（Blackstone）“绝对财产权”理论的深刻影响，普通法系的财产权概念具有普遍对世效力的绝对性和财产有体性两个特点。但是，无形财产和其他经济利益形态的涌现和发展，迫使法律必须对这类新型利益形态予以确认和保护，由此，普通法系依据其“正当程序条款”和法律

---

〔1〕 Underhill & Hayton, *The Law Relating to Trusts and Trustees*, 5th ed., Bytterworths, 1995, p. 37.

〔2〕 陈雪萍：《信托财产双重所有权之观念与继受》，载《中南民族大学学报（人文社会科学版）》2016 年第 4 期。

〔3〕 Salmond, *Jurisprudence*, Sweet & Maxwell, Limited 1930, p. 285 – 286.

〔4〕 Arthur Underhill, *A Practical and Concise Manual of Law Relating to Private Trusts and Trustees*, Butterworths, 1894, p. 6.

的司法判例确认了许多新型的财产权类型,拓宽了财产权的外延。

20世纪初期,英美法系理论和司法实践逐渐引入和采纳一些新的财产权观念。其中比较有典型价值和意义的是美国学者霍菲尔德(Hohfeld)的权利束理论,在他看来,财产权不是布莱克斯通所说的绝对的权利,而是受限制的权利,是"权利束"。根据霍菲尔德的理论,形式多样性和内容弹性是财产权的主要特征,为了实现财产的各种不同的利用目的,除了有限数量的物权类型如所有权之外,我们还可以自由地将财产上的权属进行人为的分割和组合。同时,该理论还认为,财产上可以创设各种不同的财产权类型,有无限的可能性,既有的法律已经确认和实践的财产权类型只是其中的一部分。后来,私法新思维运动的代表人物斯密斯(Smith)和梅里尔(Merrill)等人提出并阐述了财产权的一种新理论——"模块化"。[1] 在他们看来,财产权并不是一种可以自由创设和干预的、没有规律可循的"杂烩束",而是一种规律化的、标准化的"模块形式"。财产权模块化理论的一个重要基础是"信息成本理论",在很大程度上,我们界定、描述和呈现财产权所需要的信息成本直接决定了财产权模块化现象。这是因为,由私人创设和持有的财产权复杂多样,毫无规律可循,国家需要通过法律制度使其标准化、规律化。国家立法这样做,其目的是让私人财产权以模块化的形式呈现出来,对财产权在人们现实生活中的形态复杂性和类型多样化予以简化,以期减少人们理解和处理财产权而必须承担的信息成本。

在信托法律关系中,我们不难发现,信托财产所有权包含控制权与受益权,而且二者是相分离的。根据传统的衡平法理念,法律应当赋予那些对具体财产享有受益资格的人一定的、合理的所有权人身份。根据这一理念,尽管受益所有权是相对的而不是绝对的,但是对信托财产享有最终权利且唯一享有最终权利的是受益人,而非受托人。鉴于此,衡平法应当对信托受益人提供救济和保护。"双重所有权是信托的核心理念,是仅关注信托财产所有权的衡平法的产物。"[2] 在司法实践中,衡平法一般情况下是让位于普通法的,只有在特殊情况下,裁判法官才会对普通法进行干预或者作出扩张解释,衡平法方可实现公平与正义,衡平法官也因此被人们称为"消灭不公平法的法官"。"在某种意义上,我们认为,衡平法是在实在法基础上进行诠释并创造理性的法,是所有法律制度的灵魂和精神。衡平等同于公平正义,是对衡平规则的精准概括和本质理解。也就是说,衡平法本质上应当在法理学体系中占据重要地位,而非名义上或

---

[1] Herry E. Smith, *Property as the Law of Things*, 125 Harvard Law Review 1691(2012).

[2] Arthur Underhill, *A Practical and Concise Manual of Law Relating to Private Trusts and Trustees*, Butterworths, 1894, p. 6.

者次要的。"[1]

虽然大陆法系国家的物权法律制度沿袭罗马法传统,所有权理论严格遵循"一元的""绝对的"一物一权理念,但是这并不是完全绝对的——所有权相分离的形式其实在罗马法中早已存在,例如,市民法所有权和裁判官法所有权的分离。[2] 而且在实际中,这种裁判官法所有权与市民法所有权具有同等地位。著名法学家盖尤斯(Gaius)将罗马法中这种所有权的分离结构直接概括为"双重所有权",他进一步具体指出:"根据罗马法的规定,罗马公民可以享有双重所有权,可以是善意的或者裁判官法所有权,可以是法定的或者市民法所有权,也可以是同时享有两种所有权"。[3] 这种萌芽状态的双重所有权结构,为继承罗马法传统的大陆法系移植和借鉴英美法系"双重所有权"制度提供理论渊源和证据支撑。

(二)双重所有权理论在我国的移植和实现

"在财产法领域,信托制度导致英美法系与大陆法系在所有权法律制度方面产生巨大的矛盾。"[4]由于双重所有权理论颠覆了大陆法系传统民法理论中一物一权的绝对所有权理论,"衡平法所有权的出现完全突破了大陆法系传统民法的物权理论框架,就如同在大陆法系面前表演了一种神奇不解的魔术"[5]。因此,大陆法系国家和地区在借鉴英美法系信托法律制度的时候,都必然会面临英美法系创设的固有的"双重所有权"制度与本国传统的民法物权理论之间的冲突。如何实现信托制度的借鉴和本土化,其中,信托财产的所有权制度是大陆法系国家和地区要思考和解决的首要问题。

1. 本土化困境

"双重所有权"制度在中国本土化过程中存在"水土不服"现象,这是因为:一是我国民法接近大陆法系,在一物一权的绝对所有权理论框架下移植信托法律制度,缺乏双重所有权的理念和适用基础。二是我国《信托法》未能明确信托受益权的法律性质。在英美法系双重所有权制度中,信托受益人对信托财产享有的权利是所有权性质的,是明确的衡平法所有权。但是,由于受到大陆法系一物一权绝对所有权理论的限制,我国立法对如何界定信托受益权采取了回避策略,致使信托法本土化的关键环节(衡

---

[1] John Wiilard, *A Treatise on Equity Jurisprudence*, Banks & Brothers, Law Publishers, 1875, p. 39.

[2] Helen Scott, *Absolute Ownership and Legal Pluralism in Roman Law*, Two Arguments, Acta Juridica, 23, 2011.

[3] Edward Poste, *Gai Institutions or Institutes of Roman Law by Gaius*, Clarendon Press, 1904.

[4] Bolgar, *Why No Trusts in the Civil Law*, 2 American Journal of Comparative Law 204(1953).

[5] David Johnston, *The Roman Law of Trusts*, Clarendon Press, 1988, p. 92 - 93.

平法所有权的定位)缺失。立法回避导致的“真空”引起学术界观点纷呈:“物权说”“债权说”“物权债权并存说”“特殊权利说”等,争议较大。三是我国《信托法》对信托财产登记确定了较高的法律定位,但是相关配套制度和执行政策却不齐备,在与其他法律制度的衔接方面也存有不足。从我国《信托法》的相关规定来看,第 10 条的规定明确了信托设立之时必须向有关机关申请办理信托登记,未经登记的信托无效。[1] 但是,我国目前信托财产登记制度的相关配套制度不完善,存在信托财产登记机关、登记范围、登记权责等不明确、不清晰的现实情形。例如,原来作为不动产登记的基本法律制度的《房屋登记办法》,在立法时不知道出于什么考量,其法定的登记范围没有包括不动产信托登记。[2] 《房屋登记办法》废除后,《民法典》中关于“不动产登记”的章节中也无信托不动产的登记规范。其他财产形式的信托财产如动产、知识产权、证券类等,如何办理信托登记在相应的部门法中更是没有明确规定。信托财产的所有权不清晰、信托受益权的性质不明确,严重妨碍了信托登记机构办理信托登记的积极性、可操作性和规范性。

2. 本土化的逻辑路径与实现

英美法系信托法律制度的一个基本要素是所有权的分离,法定所有权和衡平所有权的分离体现了信托的本质。衡平所有权是衡平法的特殊产物。有部分学者认为衡平法理念在罗马法时代早已存在,“一般认为,裁判官是罗马衡平法的创造者之一”[3]。为了弥补市民法之形式主义缺陷,罗马法在实践中逐渐发展出与市民法所有权相对应的裁判官法所有权。根据市民法的规定,权利人并不能对财产享有所有权;根据裁判官法的规定,权利人有权对财产比照一般所有权人的权利而行使各种权利,是该财产的实质所有权人。裁判官法所有权和市民法所有权这种原始的“双重所有权”制度,几乎可以看成后来英美法系信托法律制度中“双重所有权”制度的萌芽。罗马法中关于信托财产的分离所有权制度——受托人对信托财产享有的所有权是市民法规定的市民法所有权,受益人对信托财产享有的所有权是裁判官法(衡平法)规定的

---

[1] 《信托法》第 10 条规定:“设立信托,对于信托财产,有关法律、行政法规规定应当办理登记手续的,应当依法办理信托登记。未依照前款规定办理信托登记的,应当补办登记手续;不补办的,该信托不产生效力。”

[2] 原《房屋登记办法》第 32 条规定,发生下列情形之一的,当事人应当在有关法律文件生效或者事实发生后申请房屋所有权转移登记:(1)买卖;(2)互换;(3)赠与;(4)继承、受遗赠;(5)房屋分割、合并,导致所有权发生转移的;(6)以房屋出资入股;(7)法人或者其他组织分立、合并,导致房屋所有权发生转移的;(8)法律、法规规定的其他情形。此条规定虽有兜底条款,但囿于现行的所有权制度,无论怎么进行法律解释,都无法将信托财产登记明确纳入。

[3] W. W Buckland, *Equity in Roman Law*, University of London Press, 1911.

裁判官法（衡平法）所有权[1]——后来一直持续到优士丁尼时期才被逐渐废除，对后来的英美法系信托制度中的所有权制度产生了重要影响。换言之，在罗马法时代，所有权的功能分离或者所谓分割所有权，早已出现并在实践中运用。

“罗马法对世界文明最伟大的贡献就在于，它向世界表明，以不同民族及其不同发展阶段都能接受的常识为基础，建立一套法律体系是完全可能的。”[2]因此，若要厘清信托财产的所有权归属，我们必须正视实践发展和现实需要，跳出传统理论的限制框架，正视所有权理论在当代的不断发展与变革求新。无论法律制度如何设计和架构，信托法律体系中的所有权中都必然存在控制权和受益权的分离。受益人作为信托法律关系中的重要一方，在法律上应当被赋予合理的所有权人地位。也就是说，大陆法系国家和地区在架构信托法律制度的时候，也可以借鉴“双重所有权”制度，在民法典或物权法中规定一种新型的物权类型——受益所有权，这样可以使大陆法系的所有权制度完美地衔接信托的“双重所有权”。

大陆法系的国家和地区或许仍然在坚持一元所有权的物权原则，但是为了解决其物权理论与信托理念相冲突的问题，我们必须承认英美法系的衡平理念对现代所有权制度的变革作用。在立法上，应当根据需要对一些特定的财产关系，如信托制度中的财产关系，采用“双重所有权”的架构，将所有权在功能上予以分割，并分别赋予不同的权利主体，且通过制度设计保证相应权利之间不相互冲突，与传统的一元所有权也并行不悖。例如，德国是较为明显的传统的大陆法系国家，但是其法律制度体系之中甚至没有专门独立的信托法。与此相反的是，“实践中，德国的信托制度相当活跃，在私法和公法领域都得到广泛的运用”[3]。这主要是因为，德国的民法制度以及相关法律体系设计得比较全面，对于解决和处理信托财产关系的规定比较完善；与此同时，德国法院也起到了重要作用——在实践中不断发展、确立和改进适用于信托法律关系的特定规则。实际上，德国信托法律制度是按照物权债权二元结构进行架构的，“德国的信托法律关系中，受托人对信托财产享有的所有权是完全的、不受限制的，而受益人对信托财产享有的仅仅是基于合同一方当事人身份的普通债权”[4]。德国在移植英美信托法律制度后并未出现“水土不服”的问题，原因何在？曾经对英美法系信托制度和德

---

〔1〕 David Johnston, *The Roman Law of Trusts*, Clarendon Press, 1988.

〔2〕 ［英］F. H. 劳森等：《罗马法对西方文明的贡献》（下），黄炎译，载《比较法研究》1988 年第 2 期。

〔3〕 孙静：《德国信托法探析》，载《比较法研究》2004 年第 1 期。

〔4〕 H. Kotz, National Report for Germany [G]//D. J. Hayton. *Principles of European Trust Law*. Hague: Kluwer Law International, 1999, p. 93. 转引自于海涌：《论英美信托财产双重所有权在中国的本土化》，载《现代法学》2010 年第 3 期。

国的相应制度进行过系统的比较研究的德国比较法学家海因·克茨教授认为："可能的结论是德国民法的规则足以灵活解决信托法的实际难题。"[1]

法律借鉴的核心问题是被借鉴的法律制度能否顺利实现本土化融合。对于大陆法系国家和地区来说，英美信托制度的本土化融合，首先是能够与本国的法律体系和法律传统实现衔接和融合；其次是能够发挥英美信托制度的基本功能和效用。信托法律制度移植之目的是实现信托法律制度的实质功能，而不是简单复制国外信托制度的形式设计。大陆法系国家和地区的信托法借鉴，是不可能抛弃自己固有的法律制度体系和法律传统文化而引进英美衡平法的。日本、韩国的信托法的"信托法"借鉴都是如此。

"所有权"这个概念在两大法系中具有不同的内涵和外延。霍菲尔德、梅特兰等曾就信托财产的所有权问题提出一个核心问题：用于讨论信托法的语言具有误导性。因此，对于双重所有权，我们不应当过于关注其表面字义，而应当侧重于双重所有权这一制度模式在信托制度运行过程中的制度功能和实质作用。换言之，"大陆法中的所有权是对物的最全面的支配权，而衡平法所有权几乎没有对信托财产进行支配的内容，其实质仅在于对受托人不当行为的消极防范，因此在本土化的过程中，我们不应当过于关注'衡平法所有权'的表面文义，而应当关注其制度功能"[2]。借鉴德国法的相关范式，把"双重所有权"本土化为大陆法系中的一元所有权和债权，形成大陆法系信托法律制度的"物权债权二元结构"。如此制度设计，能够较好地将英美信托制度纳入我国固有的法律体系，而不需要推倒重构我国原有的所有权制度。虽然在制度设计和规则方面各不相同，但是在制度功能方面却几乎完全一致。换言之，既能融合衔接，也能实现实质功能，双重所有权理论及其制度在中国可以顺利本土化并发挥应有的功能和作用。

四、慈善信托的双重属性：公益性和营利性

在现代社会，无论英美法系还是大陆法系，信托都被认为是合理利用财产、最大限度发挥财产使用价值的一种最有效方式，信托制度的优势在于通过受托人的专业管理，提升信托财产的增值效率，追求信托利益的最大化。慈善信托作为一种特殊的慈善组织形式，公益性是其最为本质的属性，也直接体现出核心价值。概言之，慈善信托

---

〔1〕 H. Kotz, National Report for Germany [G]//D. J. Hayton. *Principles of European Trust Law*. Hague: Kluwer Law International, 1999, p. 94. 转引自于海涌：《论英美信托财产双重所有权在中国的本土化》，载《现代法学》2010 年第 3 期。

〔2〕 于海涌：《论英美信托财产双重所有权在中国的本土化》，载《现代法学》2010 年第 3 期。

应当具备公益性和“非营利性”,公益性是其最基本的特征。“非营利性”是和“营利性”相对应的。所谓营利性,顾名思义,是指以营利为目的,追求利润最大化,追求投资的经济回报。公司法人是营利性组织的典型代表之一。营利性组织是市场经济中独立自主的竞争主体和利益主体,利益原则和竞争原则是其遵循的基本原则,追求营利(利润最大化)是其经营宗旨和最为显著的目标。慈善信托属于《民法典》规定的非营利法人组织,信托行为在商法意义上则是营利性行为。从“非营利”角度来比较分析营利性,能够更加全面准确地理解慈善信托的双重属性:慈善追求公益性与非营利性,信托追求营利性和最大化效率——慈善信托在性质方面天然具备双重属性。

(一)信托的营利性及其制度功能

从信托的本质来看,委托人通过受托人占有和管理信托财产实现信托目的使受益人享有信托利益。从信托的功能来看,受托人对信托财产享有的所有权虽然是法律规定的,但是却是形式意义上的;受益人对信托财产享有的受益权是实质意义上的最终利益。信托的制度构造,在信托财产之上能够使受托人的所有权与受益人的实质利益权利相分离,在信托财产保值增值的基础上进而为受益人创设并提供“财产的安全地带”。

概括而言,基于信任和合意,委托人通过设立信托的方式合法地将信托财产转移给受托人,使得信托财产得以独立;受托人依照信托本旨或目的并且恪守善良、忠实、谨慎的义务原则管理信托财产。一般而言,在一个信托法律关系中,信托目的可以是一个,也可能是多重的、同时存有几个。对于委托人和受益人而言,实现信托财产的价值保全并在保值的基础之上进一步谋求相当程度的增值是信托目的中最基本的目的。换言之,信托制度的最基本、最典型的功能就是追求和实现信托财产的保全与增值。因此,所谓信托的基本功能,本质上就是信托财产管理功能,是财产的保全功能与增值功能融合在一起的双重管理功能。

1. 保全功能。保全功能亦称保护功能,顾名思义是指信托设立的目的是保全委托人的信托财产的安全,实现信托财产的隔离、增值和传承,保障受益人的信托权益。

2. 增值功能。信托的制度设计和功能本身蕴含营利性和经济效率,要求受托人实现信托财产的增值,追求利润最大化。例如,我国台湾地区的证券投资信托及不动产投资信托,基本上不重视信托财产的安全性,专以追求利润而设定。美国的商业信托以及日本流行的开发型土地信托,皆是委托人将财产投资于信托公司,并签署风险告知、承诺等文书,由信托公司恪守信义义务,在善良、谨慎管理的基础上追求信托财产的利润最大化。这些高增值高风险的信托类型,由于投资风险由委托人自负,倘若受托人管理不当,信托财产则有可能损失殆尽。此类信托从本质上来看,信托财产的保全功能并不是第一位的,而是完全注重于增值功能。或者说,信托财产的安全性是次要目的,实现信托财产的利润最大化才是主要目的。

3. 意思冻结功能。在信托制度中,当委托人将信托财产交付信托后,可用以对抗委托人意思能力丧失或死亡等主观情事发生的变化,由受托人依据委托人成立信托时的信托目的继续管理或处分信托财产,以实现信托财产长期管理的目的。[1] 若事先利用信托制度,将信托财产交由专业的值得信赖的信托机构管理,冻结委托人自由处分财产的意思,不仅可以协助判断能力减弱或丧失的老年人确保其财产的安全性,还可以防止老年人因行为能力不足而从事不利的法律行为。换言之,为了保证老年人将来的生活、医疗和扶养等需要,确保受托人在法院受监护宣告之前成立信托的意思表示,可在信托文件中约定,如果委托人今后因年龄或其他原因经法院监护宣告为其指定监护人,其监护人无权代理委托人终止其先前设定的信托。

4. 破产隔离功能。"破产隔离"(bankruptcy remote)也称"破产豁免""远离破产",原本是金融术语,是指将基础资产原始所有人的破产风险与证券化交易互相隔离。在信托法语境下,基于信托财产的独立性,"破产隔离"是指在信托法律关系当事人因负有不能清偿之债务或者被宣告破产时,信托财产并不会被划入破产财产范围而进行分配或被强制执行。在此情况下,受益人对信托财产享有的受益权也是独立的,受益权之独立性可以依法对抗委托人和受托人的、非与信托本身有关的债务的普通债权人。破产隔离功能源自信托财产的独立性,完美体现了信托财产独立性的"闭锁效应"。因为信托设立之后,委托人随即退出了信托关系,除了在信托文件中明确约定的权利以外。信托财产在信托法律关系中是一种完全独立的法律地位,这种独立性体现在三个方面:一是完全独立于委托人的其他固有财产范围;二是完全独立并区分于受托人的自有财产和管理的其他信托财产范围;三是完全独立于受益人的原有财产范围。根据信托法的一般原理,委托人或受托人在法律上的普通债权人在一般情况下对信托财产是无权追及的。受益人的债权人也不能追及信托财产,但通常可以追及信托受益部分。在一些特殊情形下,如在浪费信托和保护信托等特殊信托法律关系中,基于信托目的的特殊性,甚至受益人的债权人也依法不得追及受益人的受益权。这主要是因为特殊信托法律关系中的受益权是基于信托目的的特殊性而受到让与限制的。完善信托破产隔离功能具有以下作用:(1)保护信托受益人、信托委托人利益的必然需求;(2)维护信托行业长远发展的需要;(3)发展资产证券化市场的需要。

---

[1] [日]新井诚:《信托法》(第3版),有斐阁2008年版,第85页。

“破产隔离的重要性在于隔离原资产持有者可能发生的信用风险或破产风险，使其不至于影响到该资产的投资人。反之，它也同样隔离了该资产发生的风险不致影响到原持有者。在更广义上，破产隔离的法律设计，使该信托本身彻底摆脱了信托目的以外的其他因素的干扰，从而能够以拟人化的方式独立存续，进而贯彻其原有的目的。”[1]不过应当值得注意的是，虽然信托具有破产隔离功能，但是若在信托文件中明确约定有赎回条款、更换条款或保留解约权条款内容时，则仍可能在法律上不构成“真实买卖”的实质要件，从而导致破产隔离功能的失效。

（二）慈善组织的最低原则要求：非营利性

慈善信托是一种特殊的慈善组织形式。慈善组织和行业协会等组织都属于《民法典》规定的非营利法人组织，依法具备民事权利能力和民事行为能力。根据《民法典》和其他相关法律规定，非营利性是非营利法人组织的首要法律特征，当然也是包括慈善信托在内的慈善组织的重要法律特征和最低原则要求。

1. 非营利性的含义

谈及非营利性，就要说到营利性，营利性即以利润最大化或者股东利益最大化为首要目标。慈善组织作为一种公益性的社会组织，非营利性是其一个基本特征。所谓慈善组织的非营利性，即慈善组织是以从事慈善活动、公益服务和促进慈善事业发展为宗旨和目的，而不是以追求组织利润最大化为目的。一般认为，慈善组织具有非营利性的组织属性，其从事营利性经济活动受到一定程度的限制，不能像企业法人等营利性组织那样完全从事营利性的经济活动，尽管在法律上不完全禁止其从事营利性经济活动。而且，慈善组织即使从事经济活动，非营利性的属性也决定了其要遵循一些特殊规则，如“分配限制条款”或“分配禁止原则”，即慈善组织不得将其利润收入和资产进行任何形式的分配，只能依照法律规定和宗旨限定将其各种途径产生的经济收入（包括捐赠、投资增值等收入）投入其宗旨限定的范围或公益性事业。又如，慈善组织在解散或者终止时，还要严格遵循“近似原则”，以保证慈善财产在慈善领域继续传承和使用。

2. 非营利性的界定

无论是经济学界还是法理学界，都认为界定“非营利性”是立法的难点所在，我国没有统一的、名称类似《非营利组织法》的法典，只有不同类型的非营利组织的相关部门法或者规则。美国《非营利法人示范法》（修订版）是由美国律师协会制定的，其中也

[1] 施天涛、周勤：《商事信托：制度特性、功能实现与立法调整》，载《清华法学》2008 年第 2 期。

没有明确界定"非营利性"的概念与含义,对未能界定的解释理由是实际上根本找不到令人完全满意的定义。[1] 那么现实立法中如何界定"非营利性"呢?梳理各国立法体系,我们可以发现并概括出界定"非营利性"的两种不同路径。

一种路径的立法类型是"功能主义原则"或"功能区分原则",通过立法的形式明确限定非营利法人组织可以从事的具体活动领域。秉持这一理论的国家立法大都划定了非营利法人组织详细且严格的活动领域。例如,德国《民法典》将社团区分为"经济性社团"和"非经济性社团"。德国理论界认为,非经济性社团在追求非营利性宗旨的过程中可以从事某项"营利性副业"。在限定的宗旨范围内从事一些营利性副业活动,在一定程度上是必不可少的,并无不当影响。在美国,非营利组织可以从事的经济活动领域一般包括"慈善、职业、教育、文化、民俗、宗教和科学"等方面,一些州在关于非营利组织的相关立法中就具体规定了这些领域,对不符合这些领域的经济活动一般实行不得享受税收优惠的原则。日本《特定非营利活动促进法》是关于非营利组织的一部特别法,其中第2条规定了"非营利活动"[2],并在附录中具体列明了12类活动领域。

另一种路径的立法类型则被称为"经济关系原则"或"收益区分原则",是指在立法中通过界定非营利法人组织与其成员之间的经济关系来界定非营利目的,而不是在法律中明确限定非营利法人组织的经济活动领域。梳理美国关于非营利法人组织的相关立法,我们可以发现,其最早期的立法原则上是要求非营利法人组织一般情况下不得以获取利润为经营目的,后来随着社会实践的发展,相关的立法在此严格管制方面逐渐放松,原则上对非营利法人组织的经营目的不再进行严格限制,而是从利润分配方式上进行法律规制,明确规定其"不打算分配公司所得",即严格遵守"禁止分配原则"。在美国明尼苏达州,其立法并没有限定非营利法人组织的经济活动领域,相关法律规定也仅仅是原则性要求其应当从事合法活动,经营范围可以由章程自由作出具体说明,只不过非营利法人组织的成员对资产和利润收入不享有所有权,也不得分配。在美国加利福尼亚州,其州立法的《非营利法人法》中也没有限定非营利法人组织的经济活动领域。在该法第5111条中对"非营利公共利益法人"进行了规定,原则上可以为任何公共或慈善目的而成立,其经营目的和范围均不受限制,但是应当在章程明确载明"本法人为公共利益法人,不是为任何人私利而成立,而是按照非营利公共利益法

[1] 在美国,非营利法人组织的管理属于各州立法的范围,各州都有非营利法人法。美国律师协会制定了《非营利法人示范法》,但该法没有法律效力,只为各州立法提供范本。

[2] 日本《特定非营利活动促进法》第2条规定,特定非营利活动,是指附录中列明的以促进多数不特定人的利益为目的的活动。

人法,为公共或慈善目的而设立"[1]。在该法第7111条中也有类似规定,不限制"互益性非营利法人"的经营目的和范围,在合法基础上可以自由设立;法律对此的规制是互益性非营利法人组织应当将资产及其收益全部用于慈善、教育、宗教等社会公益方面并且不可撤回,在法人组织被解散或终止时应当将剩余的全部资产按照"近似原则"依法转交给其他类似组织。我们不难发现,这两条规定的核心内容可以解读为始终关注非营利法人组织的资产和利润是否分配给其成员,而不是去限定其经营领域,更不会限制其追求经营利润。

比较前述两种对于"非营利"的界定方法,笔者认为,"经济关系原则"更符合慈善信托等慈善组织的实际发展趋势。事实上,传统的"功能主义原则"存在一些当然性的缺陷:一是由于立法者的"有限理性"和"局限性",在对非营利性法人组织进行立法时,无法穷尽非营利法人的各种类型及其活动领域;且由于立法的僵化和滞后性,也无法预判和适应在社会经济发展中不断涌现出来的新的非营利法人组织和非营利活动领域;二是一概禁止非营利法人从事营利性活动是不切实际的和不合理的,是违背客观经济规律的。笔者认为,慈善信托等慈善组织的"非营利性"的具体含义包括以下三个方面:

首先,立法宗旨的非营利性。在我国《民法典》的背景下,非营利法人不以营利为目的,不追求利润最大化。慈善信托等慈善组织的宗旨或终极目标并不是完全从事营利性经济活动,从而最大化获取利润并在此基础上谋求自身的发展壮大,而是在符合组织宗旨的范围内通过经济活动从事慈善活动,发展慈善事业。

其次,严格恪守"禁止分配原则"。该原则是指慈善信托等慈善组织在任何情况下都不能将其资产或剩余收入(利润)在其成员范围内进行任何形式的分配。各国立法都不会完全禁止非营利法人组织从事营利性经济活动,甚至会间接鼓励非营利法人组织主动参与市场竞争,获取合理收益,维系发展壮大。因此,对于慈善信托而言,依法完全可以从事营利性经济活动并获得剩余收入(利润),比如委托专业机构进行符合法律规定的投资。但是,根据相关法律规定,这些营利性收入不能作为利润进行任何形式的分配,只能用于慈善活动和公益性事业。这一原则,也就是学术界所称的"禁止分配原则"。

最后,严格实行"力求近似原则",不得将慈善信托等慈善组织的资产以任何形式转变为私人财产。由于我国《物权法》(已失效)规定的财产所有权形式只有国有、集体和个人三种形式,目前我国非营利法人财产的所有权形式还存在分歧,我国立法上也

[1] 金锦萍:《中国非营利组织法前沿问题》,社会科学文献出版社2014年版,第64~69页。

无法界定。虽然所有权形式不明确,但是各国法律对非营利法人的剩余财产的态度却基本一致,即采用“力求近似原则”:当非营利法人组织解散、终止时,其全部剩余财产必须依法由有权机构按照相关程序转交给其他具有相同或近似宗旨和功能的公共部门(政府或者其他非营利法人),继续用于近似领域。这一原则表明慈善组织等非营利法人组织不能仿效企业在股东之间分配利润和资产,也不能转给个人或其他营利性组织。我国原来的《民法总则》(已失效)第95条以及后来的《民法典》都作了同样的规定。本书前面章节中对“力求近似原则”有专门论述,此处不赘。

如果对“非营利性”作上述界定,就相当于直接表明慈善信托等非营利组织可以从事营利性经济活动。而且从实践来看,包括慈善信托在内的慈善组织的确活跃在广泛的商业领域中,从事经济活动创造收入,并服务于其宗旨。事实上,美国、德国、英国等大多数国家,对于非营利法人组织从事营利性经济活动这一问题,在立法上都不完全禁止而是直接允许或者原则上允许。只不过,对于其他营利法人在和非营利法人从事相同或相类似领域内的营利性经济活动而产生的不公平竞争等问题,这些国家一般是通过明确的税收立法予以规制和调整。在这方面,美国的相关立法经验可以借鉴。美国各州的立法大都不限制非营利法人组织的经营领域,更不会禁止其从事营利性经济活动来获取利润。与此同时,相关立法也有合理的规制,其规制方法立足于非营利法人组织所从事的经济活动的分类的基础之上,即将经济活动分为“相关商业活动”与“不相关商业活动”。这种分类方法是基于非营利法人组织的宗旨而言的。所谓相关商业活动,是指非营利法人从事的合法的且与非营利法人的宗旨紧密相关的经济活动;所谓不相关商业活动,自然是指与非营利法人的宗旨不相关联的经济活动。对于非营利法人从事与宗旨不相关的商业活动,一般会有税收立法上的调整。如在美国,根据其《国内税收法典》第511~514条的规定,非营利法人因从事与其宗旨无关的营利性经济活动而取得的全部收入必须依法纳税,除非存有符合法律明确规定的豁免情形。这一规定被学术界称为“无关宗旨的商业所得税”。与美国相似,德国立法也有类似规定。

从世界各国对包括慈善组织在内的非营利组织的非营利性规制来分析,可以明显感受到慈善信托这一特殊的慈善组织形式,亦即非营利组织形式,其营利性和非营利性并不是对立和割裂的。我们亦可以感受到慈善信托在此情形下所面临的双重矛盾,既要通过非营利性的特征来维持和彰显其公益性或者慈善性,又要通过营利性特征来保障其信托功能尤其是增值功能的实现。

3. 慈善信托的绝对公益性

不同于其他非营利组织,慈善信托作为一种慈善组织形式,不但具备非营利性,还有区别于其他非营利组织的本质属性:信托目的之绝对公益性或慈善性。毋庸置疑,任何组织和个人都可以从事慈善活动或公益事业,一般非营利组织在实现本组织宗旨的同时也可能从事慈善公益活动,我们也可以说其在一定程度上是具有公益属性的,只不过是次要的属性,如行业协会组织。但是,慈善信托则完全指向社会公共利益,必须坚持纯粹的慈善目的,这是其与其他信托种类和非营利组织的最大不同之处。因此,公益性体现着慈善信托的核心价值,是慈善信托的本质属性。慈善信托名称中的"慈善"二字蕴含绝对公益性的正当性要求,信托目的必须是绝对公益性或慈善性的,这是最根本的原则要求。慈善信托的绝对公益性,一般可以从以下三个方面阐释:(1)信托目的必须且只能是慈善目的,应当严格遵守法律规定的"慈善"的种类和范围;(2)信托设立应当是完全基于社会公共利益,设立信托的宗旨是实现和增进社会公共利益;(3)信托绝对禁止掺杂任何形式的私人利益,必须具有绝对的公益性。对于慈善信托中公共利益的界定,英国的立法经验值得借鉴和思考。如何界定慈善信托中的公共利益:一方面,英国法律明确规定慈善信托必须是为了不特定的社会公众的利益,不可掺杂任何形式的私人利益;另一方面,明确要求慈善信托中社会公众的受益必须是客观的。同时,英国信托法还延伸出两个评判规则:第一个规则是评判受益人是否符合"慈善"的要求——属于不特定的"社会公众"或者"其中的一部分",能够依据信托文件进而选择确定适格的受益人;第二个规则是评判委托人的慈善目的之中是否存在委托人和受益人之间的"私人利益关系"。根据这两个评判规则,如果一个信托在设立时,其委托人与受益人之间存在某种利益的"私人连接点",除非法律另有明确规定,否则无论其受益人数量多少,都不符合"社会公众的一部分"这一标准。因此,该信托也就不具有公益性。

从英国信托法对公共利益的界定和评判规则中,可以看出,公益性是绝对的,是慈善信托的核心价值的凸显。绝对的公益性体现在,慈善信托的财产或者收益在任何情形下都不能用于私益目的,而只能用于明确的慈善目的。如果慈善信托存在以下情形:(1)委托人在设立慈善信托时对慈善目的表述不明确;(2)信托目的不是纯粹的慈善目的,掺杂有其他非慈善的因素;(3)委托人与受益人之间存在某种形式的私人利益关系;(4)受托人将信托财产及其收益以任何形式用于私益目的。那么在法律上就会导致以下不利的法律后果:(1)该慈善信托设立无效,而且是自始无效;(2)该信托虽然满足一般信托设立要件而依法成立,但是不满足慈善信托的成立要件而不属于慈善信托,只是其他信托种类。因此,对于慈善信托委托人而言,如果其希望正在设立的信托在法律上是纯正资格的慈善信托,那么就需要具有排他的、绝对的公益性。换言之,慈善信托委托人绝对不能将慈善目的和私益目的相混合。因此,委托人在设立慈善信托时必须明确所有目的都是慈善性的,意思表示应当清晰具体,符合法律规定的慈善活动的范围。如果慈善信托的慈善目的相关表述是含糊笼统的、不明确的,那么就容易被误解为私益目的或者掺杂了私益目的,进而导致慈善信托的设立失败。即使在特殊的情形下,有权机关采用“力求近似原则”这一挽救机制,也不可能只保留慈善目的而摒弃私益目的。当然,慈善信托的绝对公益性也有例外规则。第一个例外规则是,慈善信托有多个信托目的,其中私益目的仅是辅助性的。慈善信托设立时,依照委托人的意思表示,有时候会存在两个或者两个以上的信托目的,其中一个信托目的是主要目的,是慈善性的目的;其他次要的、辅助性的信托目的则是非绝对公益性的。在英国的判例法中,如果一个信托具有两个信托目的,慈善目的是主要的,私益目的是次要的且从属于慈善目的,那么可以认为从属性的私益目的是辅助性的,对主要慈善目的的实现提供保障和发挥作用。在此情形下,该信托则是慈善信托。私益目的可以分为两种:一种是偶尔和辅助性的私益目的,从属于主要的慈善目的;另一种是本身就构成信托目的的一部分的私益目的。包含第二种私益目的的信托,因不具有绝对的公益性而不是慈善信托。第二个例外规则是,慈善目的的实现会不可避免地附带地促进一个私益目的的实现,即委托人设立慈善信托的目的会附带地对委托人本身产生利益,此时的私益目的是受托人正当执行慈善目的的一个副产品,是纯粹地附带产生的而不是委托人明确表示的。如果委托人在设立慈善信托之时知晓慈善目的会附带产生一定的私益目的并且有过明确表述,那么该信托不是慈善信托,因其不具有绝对公益性。

概括而言,公益性是慈善信托的核心价值,体现着社会公共利益,决定着慈善信托的功能和目标都是公益性的,旨在从事慈善活动。而信托制度的功能和目标是合理适当地管理信托财产,实现信托财产的保值和增值,追求效率的最大化,其过程和宗旨都是营利性的。慈善信托就如同慈善组织和信托的混合体,在公益性和营利性共同的张力下,隐现着其独特的权益双重属性。

五、慈善信托监管的双重属性

(一)监管主体及其规范的双重属性

慈善信托既具有“慈善”的属性,也具有“信托”的属性,对于慈善信托的监管,《慈善法》明确了我国民政部门作为统一的行政管理机构。但是,慈善信托又属于公益信托,我国《信托法》中专门规定了公益信托,并且慈善信托的受托人绝大部分都是由信托公司担任。因此,信托机构的法定监管机构——银行保险监督管理委员会在对信托公司等进行监管的同时,自然也有权监管慈善信托,至少在法理上是如此。换言之,慈善信托在我国是依法受到民政部门和银行保险监督管理委员会的共同监管的,属于双重监管。具体而言,虽然民政部门是慈善信托的主要监管机构和主管机关,但是,银行保险监督管理委员会对慈善信托具有一定的监管权,其来源于《信托法》中的相关规定,通过对慈善信托的受托人——信托公司进行监管而间接体现的。我国《信托法》第67条规定受托人应当履行法定的报告义务。根据笔者的调研,目前银行保险监督管理委员会对慈善信托的监管更多是辅助性和附带性的,并没有对慈善信托予以更多专门的监管,其对慈善信托监管的相关权力主要体现为:(1)要求信托公司作出报告的权力。信托公司每年应当至少一次作出慈善信托事务处理情况、财务状况等相关事务的详细报告。(2)核准与公告。受托人对相关报告内部审核后,应当提交监管机构核准,并向社会公众公示,接受社会监督。此处提交监管机构核准,应当包括民政部门和银行保险监督管理委员会,毕竟慈善信托作为信托公司执行的一项产品种类,和其他信托产品一样,银行保险监督管理委员会对相关报告依法享有审核和监管的权力。(3)现场检查。银行保险监督管理委员会有权对作为慈善信托受托人的信托公司进行现场检查,行使检查权。检查的范围一般包括受托人执行慈善信托事务的状况、慈善信托财产的管理和处分情况、财务账目报表等。对于检查出的一些问题,银行保险监督管理委员会有权要求信托公司立即改正。

由于监管主体是双重的,其调整规范也具有双重属性,调整规范的双重属性也可以称为调整规范的异质性。有关信托关系的一半规则在性质上属于民事范畴,而调整慈善信托和其他特种信托的许多规则又属于行政规范。一般认为《慈善法》属于社会法系,而《信托法》则属于典型的商法系。在调整慈善信托的法律规范体系中,异质的规范较多。慈善信托属于非营利组织中的慈善组织,必然要受到以《慈善法》以及其他非营利组织相关法律为代表的社会法系规范的调整;慈善信托又是信托组织,同时要受到传统的行政法规范和民商法规范的调整,如《信托法》《行政复议法》《民事诉讼法》等。虽然慈善信托和《信托法》中规定的公益信托在所涉及的范围上有较大程度的重叠,但是,慈善信托和其他信托所依托的制度体系的价值取向不同。具体到调整规范,相较于《信托法》中关于"公益信托"的规定而言,我国《慈善法》对慈善信托的规定有很大程度的突破和创新,增强了慈善信托设立的灵活性和可操作性。我国《慈善法》的立法本意,慈善信托强调慈善活动的民间性和自愿性,保护慈善活动参与者的合法权益,减少行政权力对慈善信托委托人的慈善意愿的干预。我国《信托法》相较于《慈善法》立法时间更早,对于公益信托的规定已经落后于实践发展。《信托法》中关于公益信托的规定较为原则化,着重于政府发展公益事业,强调政府对信托的监管和公权力介入。在慈善信托双重属性定位下,《慈善法》和《信托法》两部法律立法位阶相同但立法价值取向又大不相同,必然导致在法律适用上孰先孰后的冲突。

(二)登记的双重属性

慈善信托在设立之时无论采用何种具体方式,该方式都必须是书面形式。这是由慈善信托的公益性所决定的,也是各国信托法律制度中的一个惯例。我国《信托法》第8条第1款规定:“设立信托,应当采取书面形式。”《慈善法》第45条规定,设立慈善信托应当采取书面形式。《慈善信托管理办法》第13条也有相同的规定,即设立慈善信托、确定受托人和监察人,应当采取书面形式。

基于法律渊源和立法理念的差异,对于慈善信托设立的有效程序这一关键问题上,两大法系的立法规则和要求并不一致,各有宽严与侧重。一般而言,英美法系和大陆法系在慈善信托有效成立的确定上主要分为“登记主义”与“许可主义”。我国《信托法》中第62条是对公益信托设立的规定,〔1〕从内容中我们可以明确看出我国《信托法》实行的是“许可主义”。但是,我国《慈善法》中的规定却与此不同,根据其中第45条的规定来看,我国慈善信托实行的是“备案主义”〔2〕。《慈善信托管理办法》第15~17条也明确规定了慈善信托应当备案及备案程序。《慈善法》明确规定我国慈善信托的设立实行“备案主义”,在立法上增强了慈善信托当事人的主动性和灵活性,间接地突破了《信托法》中的一些不利束缚,是一种介于“登记主义”与“许可主义”之间的登记制度,具有双重属性。

1. 英美法系的登记主义

英国在《1960年慈善法》颁布后成立了英国慈善委员会这一法定机构来全权负责慈善信托的注册登记。作为全国性的慈善信托等慈善组织的统一的、独立的主管机关,英国慈善委员会对慈善信托登记的审查采取的实质审查主义,重点审查“其活动是否符合慈善目的,特别是是否为了可证明的公共利益”以及受托人的受托资格等。英国《2006年慈善法》第11条规定,设立慈善信托都必须进行登记,即理论上英国的慈善信托都应当在规定时间内向慈善委员会登记。但是有几种特殊情况除外,如《1960年慈善法》规定的享有登记豁免待遇的慈善;慈善委员会的令状、永久或暂时豁免的那些年毛收入低于10万英镑的慈善等。在英国,慈善信托逾期不进行登记的,慈善委员会

---

〔1〕《信托法》第62条第1、2款规定,“公益信托的设立和确定其受托人,应当经有关公益事业的管理机构(以下简称公益事业管理机构)批准。未经公益事业管理机构的批准,不得以公益信托的名义进行活动”。

〔2〕《慈善法》第45条第1款规定,“设立慈善信托、确定受托人和监察人,应当采取书面形式。受托人应当在慈善信托文件签订之日起七日内,将相关文件向受托人所在地县级以上人民政府民政部门备案”。

可以以法令的形式责令受托人在规定时间内进行登记。慈善信托的受托人收到法令后在一定期限内拒不登记的，慈善委员会将起诉至法院。同时，“慈善信托受托人于慈善信托有变更终止之情事时，应当立即通知该委员会”〔1〕。慈善委员会根据申请登记材料作出三种审查意见，即“批准登记注册、对申请材料提出修改建议、不批准登记注册”〔2〕。对于不批准登记注册的，受托人如有异议可以向高等法院上诉，由法院进行最终裁决。

在美国，大多数州的立法都要求当事人成立慈善信托必须按照相关法律规定主动进行登记申请。1954 年，美国“全国州检察长协会”通过了《统一慈善信托受托人监督法》，该法对慈善信托的登记作出了明确规定，“美国慈善信托受托人须就州检察长所规定的事项，于承受信托财产起 6 个月内，向州检察长登记并附上信托文件的复印本”〔3〕。由此可见，在美国慈善信托的登记是受托人的法定义务，负责慈善信托登记的通常是各州的总检察长。其登记的内容至少包括“信托的名称和存在、受托人身份、其所持有的财产以及信托的目的等”〔4〕。慈善信托从设立、变更到终止，都需要总检察长的登记，同时，登记需要向社会大众公开，接受公众监督。

英美法系实行的登记主义，对慈善信托而言是设立之后的一种事后登记制度。换言之，登记主义制度仍然需要主管机关进行审查，但是登记在法律上并不是慈善信托的设立生效要件，是否登记不影响慈善信托的成立。如果慈善信托设立之后没有按照法律规定进行登记，仅仅表明慈善信托受托人违反了某种法定义务，由此可能导致受托人承担一定的法律责任，但是并不影响该慈善信托的有效设立，慈善信托本身并不因此无效或者被撤销。登记制度赋予了慈善信托当事人极大的权利自由，是对慈善信托的确认和证明，增加了慈善信托的社会公信力和财产的透明度。

2. 大陆法系的许可主义

许可主义，亦称行政许可主义或审批主义，核心点在于行政机关事先的审核批准。慈善信托设立的许可主义是指“慈善信托的设立应该向有关国家机关（即公益事业管理机构）提出申请，由其对慈善信托进行登记之后，慈善信托方可成立”〔5〕。大陆法系国家和地区对慈善信托的设立一般都实行许可主义，慈善信托需要获得有关政府机关的行政许可后方得设立；未经许可，慈善信托在法律上是不成立生效的，属于无效设

---

〔1〕 Alastair Hudson, *Equity and Trusts*, Routledge Cavendish, 2007, p. 1016.

〔2〕 Kerry O' Halloran, *Charity Law and Social Inclusion: An International Study*, Routledge, 2007, p. 114.

〔3〕 周小明：《信托制度比较法研究》（第 2 版），法律出版社 1997 年版，第 143 页。

〔4〕 高凌云：《被误读的信托——信托法原论》，复旦大学出版社 2010 年版，第 158 页。

〔5〕 何宝玉：《信托法原理研究》，中国政法大学出版社 2005 年版，第 151 页。

立。关于许可主义,梳理日本《信托法》第258条的规定[1]、韩国《信托法》第66条的规定[2],我们可以看出,公益信托在设立的时候,受托人应当依法向行政主管机关申请许可批准,否则不得设立。大陆法系国家和地区之所以实行许可主义,一个很大的原因在于"公益信托设立的许可是对受托人承受信托的许可,而不是给委托人设立信托的许可"[3]。其根本逻辑在于,包括慈善信托在内的公益信托是指向社会公共利益的,相应受益人属于社会公众,委托人有时候也是社会公众,在此情况下,所谓的"社会公众"是不特定的社会群体,是难以对受托人进行明确的、有效的监督,因而需要政府公权力机关实行严格的审批许可制度,进行事先监督和防范。

3. 我国的制度创新——备案主义

从我国《信托法》第62条的规定内容来看,我国公益信托的设立应当事先申请批准,实行的是"许可主义"。《信托法》第62条同时规定了公益信托设立申请的审批机关为"有关公益事业的管理机构(以下简称公益事业管理机构)"。但是,此条款中规定的所谓"公益事业管理机构"到底是个什么机构,具体是哪个机构,并无法律法规明确规定,更不用说该机构具体的职权和职责。长期以来,这种有关主管机关主体不确定或者职权不清晰的情形导致我国公益信托设立比较困难,是我国公益信托发展的最大"瓶颈"。我国《慈善法》一改原来《信托法》中的旧规定,作出了不同于"许可主义"和"登记主义"的创新性规定——将原来我国《信托法》规定的公益信托设立时的"许可主义"变为目前《慈善法》规定的慈善信托设立时的"备案主义"。我国《慈善法》第45条的规定以及《慈善信托管理办法》第15~17条等规定,明确确立了我国慈善信托设立时采用备案主义,并明确了相关的备案主体、备案程序和备案责任(后果)。我国《慈善法》和《慈善信托管理办法》对慈善信托备案时行政备案的主体、行政备案相对人、行政备案事项、行政备案时限和行政备案的审查等方面作出了详细规定,确立了我国慈善信托的"备案主义"制度。通过比较分析英美法系的登记主义和大陆法系的许可主义,结合我国慈善立法的相关精神,可以发现,我国创新的这种"备案主义"的审查方式应该是形式审查,即主要审查备案手续是否完备、备案材料是否齐全及备案材料形式上的真实性和合法性,对备案材料的内容的真实性和瑕疵不作实质性审查。申请备案人只要提供了齐全的符合法律规定的备案清单中的有关材料,民政部门原则上应该予以备案。

通过比较分析英美法系的"登记主义"和大陆法系的"许可主义",结合我国创新实

[1] 日本《信托法》第258条规定:"受托者接受公益信托时应取得主管政府机关批准。"

[2] 韩国《信托法》第66条规定:"接受公益信托时,受托人须得到主管官署的许可"。

[3] 林岚:《我国公益信托发展面临的困境及解决思路》,载《福建法学》2004年第4期。

行的“备案主义”,可以发现,“备案主义”既不同于大陆法系的“许可主义”,也有别于英美法系的“登记主义”。在一定程度上可以说,我国实行的“备案主义”是一种“介于许可和登记之间的中间制度”[1]。

综上所述,慈善信托具备公益性(非营利性)和营利性的双重属性:慈善追求公益性与非营利性,信托追求营利性和最大化效率;慈善信托不仅强调信托的理财增值功能,更要坚持公益性的慈善本色。因此,论及慈善信托的治理机制,除了立足传统的慈善治理理论和信托治理理论之外,还要研究分析二者结合后的一些特殊属性,并以此为基础进行理论阐释和分析,构建和完善双重属性下的法律治理机制。

---

〔1〕 杨思斌:《慈善信托是用许可制还是备案制》,载《中国机构改革与管理》2016 年第 5 期。

第五章 慈善信托治理机制的构建

慈善信托是一种具有双重属性的慈善组织形式。有组织,就一定有组织成员和“利益相关者”。“利益相关者”理论,或称“利益涉及者”理论,是西方管理学中的一个重要概念,其基本含义是指组织外部环境中受组织决策和行动影响的任何相关者,认为因其利益或行为受到组织行为影响而和组织发生关联的任何第三方,在某种意义上都是组织的“成员”。一般认为,“利益相关者”这一术语最早出现在1984年出版的《战略管理:利益相关者管理的分析方法》一书中,美国学者爱德华·弗里曼(Edward Freeman)在该书中第一次明确提出了“利益相关者”管理理论。该书之后畅销于全世界,“利益相关者”这一理论也随之扩散,逐渐影响英美法系国家和地区的组织治理模式的选择。

“利益相关者”能够直接影响组织,这是毋庸置疑的,只是影响程度的大小而已。因此,组织在进行决策时,利益相关者的意见一定要作为必须考虑的必要因素。“凡是一个组织体的行为涉及其他人或组织的利益,而其他人或组织在这个组织体中有利益,即成为‘利益涉及者’,都应该被看作是该组织体的一个部分,都应该被纳入组织研究之中”[1],包括监管者。但是,对于组织本身而言,与之相关联的利益相关者,在组织所需要决策的所有问题上,所有人都显而易见地不能完全、同时保持一致意见。基于一些因素,利益相关者中也存在不同的利益群体,不同群体对于组织的影响力并不相同。组织在决策时如何平衡利益相关者的各方利益,势必成为发展战略制定考量的核心问题和关键因素——这就是组织的治理机制问题的缘起。

一、慈善信托治理机制的内涵和外延

慈善信托作为一种通过信托方式来实现慈善财产增值保值、服务于慈善目的的特

〔1〕 周雪光:《组织社会学十讲》,社会科学文献出版社2003年版,第9页。

殊形式的慈善组织形式,具有营利性和公益性的双重属性。正是鉴于慈善信托既应当严格恪守慈善和公益的边界,又应当遵循信托业的市场经济金融规则,其治理机制也应当注意既要符合慈善组织和信托机构两方面共同的治理内容和要求,也要符合合理区分和设置各自领域的特殊内容和要求。换言之,慈善信托的治理机制,既要符合慈善组织的一般治理内容和要求,又要符合信托机构的一般治理内容和要求,还要兼顾两者的差异性,平衡两者各自不同的内容和要求。这就要求我们在研究和构建慈善信托的治理机制的时候,第一,要完善慈善信托在传统信托理论基础之上的内部治理机制,并对慈善信托的内部治理机制进行特殊化的架设、平衡与优化,尤其是在权利义务配置方面对慈善信托受托人进行不同于一般信托受托人的特殊规制。例如,针对慈善信托受托人的忠实义务辅以更加严格的规制,针对慈善信托受托人的义务课以一些特殊规制原则,如"限量监管原则""宗旨相关原则""零利益原则""增值损害赔偿原则"等,以及对慈善信托受益人的义务进行必要的、符合实际的合理扩张等。这些特殊规制的内容大都不同于其他信托受托人的一般性规制,属于慈善信托因其双重属性而应有的独特规制。第二,要格外注重慈善组织的公益性和社会性。公益性和社会公信力是慈善信托的根基,除了完善内部治理机制之外,还要对慈善信托的外部治理机制尤其是监管机制等方面进行合理的架构与完善,维持和增强慈善信托的社会公信力。第三,应当注意行业自律机制对于慈善信托治理的重要补充意义,通过行业自律来完善和提高声誉机制对慈善信托等慈善组织的作用与功能,促进慈善信托等慈善组织的可持续发展。

因此,我们在研究和建构慈善信托的法律治理机制时,首先是应当厘清并阐释慈善信托法律治理机制的主要理论问题。其次是应当明确慈善信托的组织性质和双重属性,并以双重属性为基础从合法性维度和效率性维度来进行理论分析和路径探索,合理、准确地把握其内涵和外延。最后是准确界定并分析慈善信托法律治理机制的主要构成问题,从内部治理机制、外部治理机制(主要是行政规制治理机制)、行业自律治理机制三个方面进行架构和完善。

二、双重属性引发法律治理机制新挑战

在研究、分析和架构慈善信托的治理机制时,毋庸置疑,应当立足于慈善信托的双重属性,既要考虑慈善信托中的慈善属性,又要兼顾慈善信托中的信托属性。这种公益性和营利性的对立与统一,共同为慈善信托的治理机制带来张力,也给慈善信托治理机制带来不同于传统慈善组织治理机制和信托公司一般公司治理机制的新挑战。

（一）慈善组织治理机制的强制公益化

与营利性组织类似，我国慈善组织的治理机制一般也分为决策机构、执行机构和监督机构，如理事会、秘书长和监事会；一些大型的慈善组织还成立会员大会。慈善组织的理事会是慈善组织的核心权力机构，是作为日常决策机构存在的，依照章程和法律规定享有领导权和决策权。但是，慈善组织的治理机制与营利性组织的治理机制之间存在较大的差异。准确地说，慈善组织治理机制的基础和目的都不同于营利性组织的传统的公司治理机制。慈善组织的公益性或慈善性决定了慈善组织治理机制的非市场化，慈善组织绝对不能以营利为主要目的，营利性也不能作为其发展宗旨。慈善组织的捐赠者并不能像公司的出资股东那样对组织享有决策权和经营权——捐赠者并不是慈善组织的出资人或股东。慈善组织作为公益性的非营利组织，其经营管理的财产来源于捐赠人或者其他社会公众，在治理机制方面应当更多地体现公开性、公正性、民主性和社会性。我国很多慈善组织具有官方或者半官方背景，主要管理人员由政府部门任命，如红十字会等，其组织结构和运行模式还具有官僚化和保守化特征。因此，慈善组织的传统治理机制在制度设立、组织结构、运行模式等方面都以公益性或慈善性为首要目标，体现着公益性或慈善性，极力追求合法性。换言之，慈善组织的治理机制因其组织设立基础、发展宗旨、组织结构、运行模式、规制方式等诸多方面与营利性组织均不相同，基本上是忽视市场经济中的竞争机制和效率机制的，整体呈现公益化、社会化，部分呈现行政化，而非市场化。

（二）信托公司治理机制的市场化

如前所述，慈善组织的治理机制是不同于营利性组织的治理机制的。因此，传统慈善组织的治理机制问题之中是不会包括或者涉及信托公司这种营利性公司的治理机制的。但是，鉴于慈善信托的双重属性，慈善信托的治理机制之中必然要考虑信托公司的治理机制问题。信托公司是专业性的金融机构，是市场经济中不可或缺的重要主体之一。信托公司作为市场经济中充分竞争机制下优胜劣汰发展起来的营利性组织，其组织结构和运行模式都完整地、直接地体现着竞争性与效率性。除了践行最基本的企业社会责任以外，以股东利润最大化为宗旨的信托公司更多关注的是营利性，而非公益性或慈善性。简言之，信托公司的治理机制是营利性的、竞争性的，完全体现市场化的特征，而非公益化和社会化的特征。

（三）双重属性引发的法律治理机制新挑战

慈善信托作为一种具有双重属性的特殊的慈善组织形式，其治理机制应当既包括内部治理机制——慈善信托委托人、受托人和受益人的权利义务配置和组织运行模式,还包括外部治理机制——监管机制、行业自律机制等。另外,我们不能忽视的是,慈善信托本身还会受制于其信托受托人的主体组织——慈善组织或信托公司原有的治理机制的影响,而且这种影响是框架性的、直接性的影响。因此,慈善信托的双重属性对其治理机制的挑战主要在以下四个方面:

1. 作为慈善信托受托人的慈善组织缺乏“信托属性”

作为慈善信托受托人的慈善组织不具备信托业务专业性机构和人员,不具备信托金融风险防范能力,不具备信托监管学习和协调能力。如果慈善信托的受托人是慈善组织,则慈善信托在运行过程中势必受到作为受托人的慈善组织自身固有的治理机制的影响,如理事会、监事会、秘书处等组织内部机构的完整性、效率性、合法性,以及其功能的完善性都会影响慈善信托的治理机制。慈善组织一般都是非政府性的、志愿性的,成员单一,组织结构相对简单。由于目前我国的慈善组织法律体系尚未完善,缺乏必要的具体实施办法,很多慈善组织都存在内部机构不完整、功能不清、权责不明、工作人员偏少、业务能力不高甚至身兼数职的问题,导致我国慈善组织的治理机制不完善,运行偏官僚化和低效率性。对于慈善信托而言,如果是慈善组织作为慈善信托受托人,那么,传统的慈善组织如何进行相应的信托事务管理和财产管理成为一个新的难题:信托是非常专业化的金融行业,传统慈善组织不具备从事信托业务的能力,不具备信托专业知识的工作人员,不具备信托金融风险防范能力,更不清楚信托监管的制度规范。换言之,慈善组织作为慈善信托的受托人时,基本不具备专业化的信托业务资质,没有设立专业化的慈善信托管理机构,也基本没有配置具备信托专业知识的工作人员,如何进行信托事务的管理、协调信托业务的监管、防范金融风险等都是从来没有实践过的。当然,大型的慈善组织也许可以不计成本,成立专门性的慈善信托管理机构,配置专业的管理人员,通过不断完善机构人员配置和加强业务学习来认真履行作为慈善信托受托人的职责。但是对于大量存在的规模较小的慈善组织来说,是否需要配备专业的信托业务人员,是否支出大量的人力资源和成本去学习、完善信托业务成为一个难题,甚至影响自身发展。信托业务对于慈善组织来说,是全新的业务领域,慈善组织的原有的治理机制也基本不会涉及这一领域,这给作为慈善信托受托人的慈善组织带来了极大的挑战。另外,慈善组织的治理机制一般都是以公益性、社会性为主要表征,相对而言更具保守性,如何去平衡信托业务的营利性、竞争性、效率性,对作为慈善信托受托人的慈善组织而言,也是一个全新的挑战。慈善组织作为慈善信托受托人所面临的这些新的挑战,也直接影响慈善信托的治理机制。

2. 作为慈善信托受托人的信托公司缺乏“慈善属性”

作为慈善信托受托人的信托公司不具备慈善专业知识，未配置慈善专门性机构和人员，不熟悉慈善监管。如果慈善信托的受托人是信托公司，则慈善信托在运行过程中势必受到作为受托人的信托公司自身治理机制的影响。一般而言，信托公司的治理机制一般意义上仍然是传统的公司治理的范畴，大部分公司治理机制都遵循市场化、竞争化和效率化。信托公司的治理机制是以营利性为导向的，是为股东的利益最大化负责的。除了践行一些基本的企业社会责任之外，信托公司不会更多地关注慈善，更不会将慈善作为发展宗旨或者主要目标。对于作为慈善信托受托人的信托公司而言，原有的治理机制中并不涉及慈善领域，更不会有慈善方面的专业工作人员。慈善信托受托人这一身份对信托公司而言，是独特的、区别于原来的营利性市场主体的身份。信托公司对慈善事业的理解与参与程度，是否成立专门的慈善信托管理委员会并配备专业性人才，如何管理慈善信托事务，如何兼顾慈善信托财产的保值和增值，如何加强与慈善组织的交流与学习，如何协调与完善慈善信托的监管等诸多方面，都为信托公司带来了新的治理挑战。作为慈善信托受托人，信托公司所面临的挑战必然也是慈善信托治理机制需要面对的挑战。

3. 共同受托人的矛盾与平衡

在一些情况下，慈善信托具有两个或者两个以上的信托受托人。在慈善组织和信托公司共同作为慈善信托受托人的时候，慈善组织属于慈善事业的领域，以慈善为宗旨，追求公益性；信托公司属于营利性企业组织领域，以利润最大化为目标，追求营利性。在组织结构、发展宗旨、运行模式、监管机制等诸多方面几乎完全不同的两个信托受托人，其治理机制、发展理念、监管目标等均存在较大的差异，甚至是矛盾的，如何协调慈善组织和信托公司对慈善信托事务的共同管理，在平衡的基础之上完善慈善信托治理机制，更需要慎重考虑。这种慈善组织和信托公司共同作为慈善信托受托人的情形，与其原有治理机制的矛盾与差异性，也给慈善信托治理机制带来了全新的挑战。

4. 慈善信托当事人权利义务的特殊性配置要求

慈善组织和信托公司的治理机制，在一定程度上都会对慈善信托治理机制产生框架性影响。慈善信托自身的内部治理机制更应当值得我们重视——内部治理机制是慈善信托发展的根本性基础，依赖于慈善信托当事人各方权利义务的明确界定和科学设置。慈善信托当事人，是指信托法律关系中“与信托有直接利害关系或者权利义务关系的人，他们是实施信托活动的主体，具体包括委托人、受托人、受益人和信托监察人等”[1]。信

〔1〕 徐孟洲：《信托法》，法律出版社2006年版，第25页。

托类型不同,信托当事人的权利义务配置也不同,相应权利义务的内容在法律法规上也有一定的体现。慈善信托不但具有一般信托的营利性和效率性,还具有特有的慈善属性,其各方信托当事人的权利和义务在制度安排方面必然不完全等同于一般私益信托。因此,慈善信托的各方当事人的权利义务配置方面,在内容上既有一般信托的共同之处——如委托人的资格、权利与义务,受托人的资格、权利与义务及责任,受益人的权利与义务,也有因慈善性而独有的特殊之处——如何对慈善信托的委托人、受托人和受益人进行特殊性的权利义务配置以兼顾合法性和效率性,这成为慈善信托治理机制不可回避的挑战。

因此,对于慈善信托而言,无论是信托公司,还是慈善组织,抑或二者共同作为信托受托人,慈善信托对它们组织自身而言,都属于较为全新的业务形态,在我国《慈善法》颁布实施之前并未有过实践经验。这种多层面、多元化、多维度交叉的治理难题给慈善信托治理机制的构建和完善带来了极大的挑战。

三、慈善信托法律治理机制的组织社会学视角

顾名思义,组织社会学以“社会组织”[1]为研究对象,作为一门社会学分支学科,主要是对社会组织的建立、运行、发展及其规律进行研究。早期的组织理论在流派上可以概括分为“古典管理学派”、“人际关系学派”和“结构学派”三个学派。三个学派都着重研究组织结构、组织管理、组织活动效率等方面,但是研究的方向和方法有所不同。“古典管理学派”源远流长,影响深远,其中代表人物当属法国的亨利·法约尔(Henri Fayol),其学术观点有较强的代表性:尽管各种社会组织的目标不同,发展过程各异,但是它们整体上在结构与程序方面存在一定的共同性。我们可以从这些共同特征之中窥见一些普遍的、对各种社会组织都可以适用的管理原则。“人际关系学派”源于早期的工业心理学研究,代表人物是美国社会学家乔治·埃尔顿·梅奥(George Elton Mayo)。他是“霍桑试验”的领导者和组织者,人际关系理论的创始人。“霍桑试验”的重要意义在于,第一次成功地让学术界和实践界开始积极关注和研究组织中的人、人际关系、非正式结构等。德国社会学家马克斯·韦伯(Max Weber)是“结构学派”最著名的代表学者。《中世纪企业组织对历史的贡献》作为马克斯·韦伯早期的代表性著作[2],是公认的第一部从社会学角度论述社会组织的论著。马克斯·韦伯对官僚制组织的分析和总结是其组织理论的最大亮点,他被后世称为“组织理论之父”。

“古典管理学派”、“人际关系学派”和“结构学派”三个学派的研究发展一直引领

---

〔1〕 社会组织是由相互作用的个人或小群体构成的一种有特定目标的协作系统。

〔2〕 《中世纪企业组织对历史的贡献》是马克斯·韦伯在1889年完成的博士学位论文。

着现代人们对社会组织的关注和研究。经过“古典管理理论”先锋人物亨利·法约尔和被称为“科学管理之父”的弗雷德里克·温斯洛·泰勒(Frederick Winslow Taylor)等人的不断研究和发扬,从管理的实际需要出发对社会组织的研究逐步发展为现代意义上的“管理科学”。“行为科学”的奠基人和“人际关系学说”的开创者乔治·埃尔顿·梅奥等学者们,对组织中的人际关系、人的心理、行为等领域不断研究,后来发展构建成“组织行为学”,也是行为科学的一个重要的分支学科。马克斯·韦伯对官僚制组织的分析和研究,开创了全新的社会学角度,相关理论经过其他学者的发扬和推进,发展成为现代的“组织社会学”。立足于先前结构学派的基础之上,“组织社会学”不断借鉴、融合另外两个学派的方法和理论,创建、完善自身的方法和理论,迅速发展并流行起来。

(一)新制度主义理论的兴起

大部分新制度主义经济学家并没有继承早期制度主义经济学家的研究方法和理论成果,而是另辟蹊径,走上了一条截然不同的道路,形成了全新的、独特的制度经济理论。概括而言,新制度经济学的主要贡献者有“决策理论”的创建者、提出“有限理性”经济学理论的赫伯特·亚历山大·西蒙(Herbert Alexander Simon);新制度经济学鼻祖、法律经济学的创始人、研究交易成本和产权理论的罗纳德·哈里·科斯(Ronald H. Coase);现代奥地利学派的重要代表人物弗里德里希·奥古斯特·冯·哈耶克(Friedrich August Von Hayek);致力于“创新理论”研究的约瑟夫·熊彼特(Joseph Alois Schumpeter)以及发表《经济变迁的演化理论》、对“制度变迁理论”(演进理论)作出卓越贡献的理查德·R.纳尔逊(Richard R. Nelson)和悉尼·G.温特(Sideny G. Winter)等。

科斯最早提出了有关“交易成本”的基本理论,但这一思想理论在很长时间里未得到其他经济学家的重视和研究。科斯在《社会成本问题》中阐述,实现整个社会财富的最大化的核心是交易行为,通过交易行为可以让不同当事人之产权的权利束顺位获得符合当事人预期的调整,实现符合社会效率最大化的财产权结构。通过连续的、不同的交易行为,各个不同权利人持续不断地开拓和实现其财产的有用性,就会不断提升整个社会实现资源价值最大化的可能性。奥利弗·威廉姆森(Oliver E. Williamson)是新制度主义的一位重要代表人物,在很大程度上,他的思想和一系列著作推动了新制度主义经济学的兴起。威廉姆森于1975年在《市场与等级制度》一书中提出了一系列中心概念:(1)“有限理性”。威廉姆森的有限理性思想承袭自其导师赫伯特·亚历山大·西蒙(Herbert Alexander Simon),西蒙在20世纪50年代提出著名的“有限理性”理论,[1]该理论认为人们获得信息和处理信息的能力是有限的,虽然人们竭力想要按照理性行事,但是人们没有能力同时考虑所有选择,其达到理性选择的能力是有限的,无法按照充分理性的模式去行为,无法在决策中实现效率最大化,只能在有限理性的范围内行为。(2)"机会主义行为"。机会主义行为也即行为投机性倾向,在经济分析中,威廉姆森重新界定了关于人的行为特征的基本假定:人们在经济生活中总是尽最大能力保护和增加自己的利益。也就是说,人们在经济活动中都是自私的且追求自身利益最大化。而且,在很多情况下甚至会有损人利己的情形。"如果这一目标要求他策略性地使用信息(欺骗、隐瞒等)和机会(如'骗了就跑'),他就会采取这种投机行为"[2]。当然,经济人的机会主义行为要受到法律的规制,所以法律使损人利己的行为受到一定程度的节制。威廉姆森把这种在经济活动中为了自身利益最大化,人们一有机会就会不惜损人利己的"本性"称为"机会主义"。人的这种"机会主义"本性直接影响了以私人契约为基础的市场效率。对于在市场经济活动中从事交易的双方来说,不但要想办法维护和增加自己的利益,还要防备对方随时可能发生的机会主义行为。交易中的每一方都无法弄清楚和确定对方提供的信息是否完全真实、完整,也就不敢轻率地以对方提供的信息作为交易行为判断的基础。在此情况下,交易各方必须自己花费成本去收集相关交易信息,还要花费成本分析和加工相关信息并以此为基础作出交易决策。这样的交易流程增加了"信息收集成本"和"防御成本"。因此,机会主义的存在极大地提高了交易成本。

一般来说,传统理论将交易成本分为两大类——"协调成本"和"激励成本"。所谓"协调成本",是指人们在经济活动中为达成交易目的而从事的协调行为所产生的相关费用。一般而言,任何经济活动之中都会存在或多或少的协调行为,而且,不同的经济

---

[1] 西蒙在1947年出版的《管理行为》一书中首次提出"有限理性"这一理论。之后经过深入研究,西蒙认为,有关决策的合理性理论必须考虑人的基本生理限制以及由此而引起的认知限制、动机限制及其相互影响的限制,从而所探讨的应当是有限的理性,而不是全知全能的理性;应当是过程合理性,而不是本质合理性;所考虑的人类选择机制应当是有限理性的适应机制,而不是完全理性的最优机制。决策者在决策之前没有全部备选方案和全部信息,而必须进行方案搜索和信息收集;决策者没有一个能度量的效用函数,从而也不是对效用函数求极大化,而只有一个可调节的欲望水平,这个欲望水平受决策者的理论和经验知识、搜索方案的难易、决策者的个性特征(如固执)等因素调节,以此来决定方案的选定和搜索过程的结束,从而获得问题的满意解决。换言之,单一个体的行为不可能达到完全理性的高度,因为他必须考虑的备选方案的数量太大,评价备选方案所需要的信息太多。事实上,现实中的任何人不可能掌握全部信息,也不可能先知先觉,决策者只能通过分析研究来预测结果,因此决策者也只能在考虑风险和收益等因素的情况下作出自己较为满意的抉择。所以西蒙认为,人类行为是理性的,但不是完全理性的,一句话:理性是有限的。

[2] 周雪光:《组织社会学十讲》,社会科学文献出版社2003年版,第36页。

活动的协调行为是不同的，相同的经济活动的协调行为在方式上也可能不同。基于此，经济活动的协调行为必然会产生不同的"协调成本"。协调成本在一定程度上会导致人们在交易中博弈均衡和无效率选择。虽然市场经济发展了几百年，但一直都是处于信息不对称的情况之下，在存在"信息失灵"情形的市场经济活动中，信息也自然成为交易过程中的一种稀缺资源。一方优先占有信息资源，在交易中就会带来相关的利益。经济交易过程中一定会出现信息不对称、信息不完备等诸多问题，而信息不对称和信息不完备等情形可以称为"信息失灵"，解决"信息失灵"问题就需要额外支付"激励成本"。"由于信息不对称，各方可以利用隐蔽信息和隐蔽行为来谋取私利。由于合约的不完备性，各方的承诺也有着不完全性。这种条件下，组织必须花费'激励成本'来使个人利益和组织目标一致。由于这些交易成本的存在，经济交易不可能达到最优，只能达到次优。"[1]

自20世纪40年代起，对于社会组织的研究，英美法系国家和地区的学者们开始引入社会学的理论和方法，"组织社会学"逐渐兴起，发展为一门独立的社会学分支学科。这一时期，美国社会学家塔尔科特·帕森斯(Talcott Parsons)对组织社会学的兴起和发展起了很大作用。他提出了著名的"结构功能主义"和"社会行动理论"[2]，从20世纪40年代开始，先后出版《社会系统》、《价值、动机与行动系统》和《组织理论的社会学研究》等著作，系统阐述和发展了结构功能分析理论。他认为，整个社会系统就是一种行动者之间相互行为、互动过程而形成的系统。社会系统由两种基本结构组成，其中一种基本结构是社会系统中的各个行动者之间的关系结构。各个行动者在社会系统中具有社会身份和社会角色，并通过社会身份和社会角色与社会发生联系。所谓社会身份就是社会中的地位，而社会角色则是与这种社会地位相对应的社会规范行为。角色具有相互性，也具有可转换性，各个角色之间相互期待，并因此形成社会系统中的角色结构。在此意义上，我们可以说集体是一系列互动的角色组成的系统。社会制度是社

---

〔1〕 周雪光：《组织社会学十讲》，社会科学文献出版社2003年版，第41页。

〔2〕 帕森斯在《社会行动的结构》一书中提出了自己的"意志论行动理论"：社会行动最基本的单位是单元行动。在分析的意义上，单元行动具有如下性质：(1)有一个行动者；(2)有某种行动目的；(3)有一定的行动情境，这样的情境包含两个要素，即行动者能加以控制的手段要素和不能控制的条件要素；(4)有一定的行动规范取向。单元行动就是由目的、手段、条件、规范这样一些要素构成的。每一种行动都涉及主观目的，主观目的构成行动中的意志自主因素。这种意志自主的努力，使行动情境得以区分为手段与条件。而规范作为一种主观要素，对行动者的这种努力起调节作用。帕森斯认为，单元行动中相互关联的这些性质，构成了各种行动科学的共同参照系。他还强调社会共同价值的重要意义，认为是规范使行动与社会秩序结合起来。这种多维度的行动分析观点是帕森斯以后发展行动系统理论的重要基础。

会系统的另外一种结构单位。所谓社会制度,是为了实现特定的社会功能而建立起来的权利与义务的模式,是由价值观和规范构成并制度化了的身份与角色的系统。在社会系统中,对于社会制度和集体的关系来说,一种类型的社会制度可以出现在不同的集体中,几种不同类型的社会制度也可以共同存在于同一集体之中。在《组织理论的社会学研究》中,帕森斯将“社会组织”界定为——为了实现特定社会功能和目的而组织化的一种社会系统。组织是由其内部存在的多个子系统构成的集合体,对组织来说,内部各个子系统都具有不同的特定功能。在“组织社会学”的兴起过程中,学者们不断对帕森斯的相关理论进行分析、批判、补充和改进,逐渐衍生出社会学中的“冲突理论”“社会交换理论”“符号互动论”等其他理论学说,对组织理论的发展起到了重要的推动作用。

(二)技术环境与制度环境

新制度主义理论旨在揭示组织与环境的关系逻辑,进而使得我们能够研究和分析“真实世界”。新制度主义理论承继了早期的制度研究,并开创拓展了“组织场域”这一新的制度分析层面,具有革命性的重要意义。

根据新制度主义的理论,技术环境和制度环境是社会组织在生存和发展过程中必然面对的两种不同的环境。在此意义上,我们可以说组织是技术环境和制度环境双重作用下的产物。双重作用表现在两种环境对组织的要求是不同的,各有侧重。技术环境对各类组织的着重要求是追求组织的效率性,组织在资源分配、组织生产、运行发展等方面应当尽最大努力按照效率最大化原则进行。制度环境对各类组织的着重要求应当是制度化的,应当满足制度化要求,即通常意义上的“合法性”要求。不同的集体或者系统中存在各种相同或不同的社会制度,组织及其成员一定生存在制度环境之中,并逐渐走向组织制度化的进程。组织及其成员不断主动或者被动地接受和采纳外界公认或赞许的方式或“社会事实”的过程,就是组织的制度化过程。“如果组织或个人的行为有悖于这些社会事实就会出现‘合法性’的危机,会引起社会公愤,对组织的今后发展造成极大困难。”[1]

对于组织来说,技术环境的效率性要求与制度环境的合法性要求在同一层面来看必然是不一致的,甚至是完全矛盾的。对于社会组织而言,技术环境和制度环境所施加的压力是多重的、不同的甚至冲突的,满足技术环境的要求去实现效率性就会导致社会组织对制度环境的忽视和违背。“制度环境要求组织服从‘合法性’机制,采用那

---

〔1〕 周雪光:《组织社会学十讲》,社会科学文献出版社 2003 年版,第 73 页。

些在制度环境下‘广为接受’的组织形式和做法,而不管这些形式和做法对组织内部运作是否有效率。”[1]简言之,技术环境追求社会组织的效率性,制度环境则要求社会组织勿论效率性而分配资源去满足合法性,合法性压力和效率要求一般是矛盾的。为了同时满足技术环境和制度环境似乎矛盾的不同要求,社会组织需要在组织内部架构不同的组织结构,分别去适应。换言之,社会组织一方面会建构一部分组织结构和规章制度去适应制度环境,另一方面又会建构另外一部分组织结构和规章制度来适应技术环境。社会组织的策略就是将内部运作和组织结构分离开来,虽然组织采纳并建立了相关的规章制度,但是并不一定实施,因为这只是为了应付制度环境而建立的。这些规章制度和组织内部的运作有可能没有任何关系,它们是相互分离的。也就是说,组织的正式结构对组织内部的运作不一定产生实质作用,仅仅是象征性的东西。组织内部可能采用非正式组织结构和规范来约束成员行为。因此,在一定意义上,“正式结构是适应制度环境的产物,是做给别人看的,而非正式的行为规范是组织运作的实际机制”[2]。这是需要我们注意的。

综上所述,慈善信托作为一个广泛运用和接受的慈善组织形式,深受技术环境和制度环境的影响。慈善信托的法律治理机制直接决定了其组织结构、组织特性和运行机制,也直接影响其社会公信力和可持续发展能力。我们在研究慈善信托组织运行和法律治理机制时,从组织社会学的理论视角切入,应当着重于治理机制的维度化分析,尤其要注意其双重属性下治理机制的建构维度。“使各种治理结构各不相同的关键因素是什么?交易成本经济学把自己的许多预言性内容都归功于下述起区别作用的匹配假说:人们以一种区别对待的(主要是对交易成本进行经济规划)方式,把具有不同属性的交易与具有不同成本和效能的治理结构相匹配。”[3]但是,我们更应当重视的是,“尽管交易的维度早就受到了明显的注意,但治理结构的维度化却受到了轻视……市场、混合制与层级制在合同法方面各不相同。除了合同法之外,治理还有更多的内容,在可适应性以及对激励和控制工具的使用等方面的关键差异也是相关的因素”[4]。我们研究慈善信托的治理机制时,组织社会学中的“利益相关者”“机制问题”“技术环境”“制度环境”等相关理论均是应当采用和分析的基础性理论,而由“合法性机制”和“效率机制”及其冲突与统合衍生出的合法性维度和效率性维度,则是本书研究分析慈善信托法律治理机制的理论维度。

---

[1] 周雪光:《组织社会学十讲》,社会科学文献出版社 2003 年版,第 73 页。

[2] 同上书,第 77 页。

[3] [美]奥利弗·E. 威廉姆森:《治理机制》,石烁译,机械工业出版社 2016 年版,第 103 页。

[4] 同上。

四、组织合法性维度

随着社会经济的发展,社会组织蓬勃发展,并且层次丰富、类型多样。与此同时,“组织社会学”的影响也随之越来越大,对社会组织的类型化比较分析、对社会组织基本特征的概括和对社会组织相互关系的定量分析等,都受到社会学家、法学家和经济学家的重视。

这一时期,新制度主义学派对社会组织的研究更深入和精细,发现社会组织尽管从表面上看存在很多近似非理性的组织行为,但是这些非理性的组织行为其实有着自身独特的内在理性逻辑。在此基础上,新制度主义学派提出并发展了“合法性机制”理论。

(一)“合法性机制”的逻辑与理解

马克斯·韦伯最先在学术意义层面提及“合法性”。后来,“合法性”概念在社会学、政治学、政治经济学等社会科学领域中被不断普及、改进、补充。一般来说,“合法性机制”存在广义的“合法性”和狭义的“合法性”之分。广义的合法性概念,一般被用来研究和分析我们人类社会的秩序、规范或规范系统。狭义的合法性概念,一般被用于分析和研究国家的统治类型或政治秩序。因此,合法性必须建立在一个共同认可的基础上。马克斯·韦伯对合法性基础的概括总结是经典的,得到广泛认可。他认为,合法性基础可以分为“传统型”、“法理型”和“克里斯玛型”,其中“克里斯玛型”也就是个人魅力型。从此种分类,我们可以看出,马克斯·韦伯此处所论述的国家统治的合法性是狭义上的合法性,合法性的认可基础甚至可以是神秘的或世俗的力量。广义的合法性概念适用于整个社会经济领域,远远超出传统的政治和法律范围,并且潜含广泛的社会适用性。马克斯·韦伯的“合法性”理论中的合法秩序(a legitimate order)是一个由道德、宗教、习惯(custom)、惯例(convention)和法律(law)等组合而成的规范系统。由此,我们可以得出这样的一个推论:对于合法性的共同认可的基础,应当是多样化的,既可以是法律规范和程序,也可以是人们共同遵守的某些社会价值或共同体所沿袭的先例。

在英文语境中,“合法性”(legitimacy)是一个词,而在中文中,其主要部分由“合”与“法”组成。单从字面意思讲,中文“合法性”一词的表面逻辑理解是“对某一个‘法律’的符合程度”,是用来描述某一行为或者某一事物没有触犯法律法规。因此,中国社会普通大众在讨论这个词时常会提出一个疑问:“‘合法性’中的‘法’是指哪个‘法’?”但是,事实上,“合法性”这一概念是学术移植而来的“舶来品”,是由

“legitimacy”翻译而来。中文“合法性”中的“法”并不特指某一个“法律”或“法规”。“合法性”并不是我们普通意义上认为的“合法”的程度,而是对有关法律制度或者政府机构权威性的基础与来源的评判。如果我们从法理学或者法律制度的视阈来分析合法性,遵守法律制度并不一定就完全等同于“合法性”。某些个人或组织的行为在现行法律制度体系下可能并没有违反法律,但是从合法性的角度来看,这些行为有可能不具备合法性。“我们可以区分三种意义的‘合法性’。第一是这个词可以表达作为一种法律类型的属性。这个观念简单明了:合法性是所有法律机构、行动、事件、官员和文本都共享的一种属性。它是使得法律成为法律的那种属性。第二是这个词可以表达法律机构的一种独特价值,在讨论‘合法性原则’的时候我们可以称之为‘合法性’的‘价值意义’。第三是这个词能够表达‘是符合法律的’这一属性。这种守法的意义是日常交流中的含义。”〔1〕

“合法性机制”理论在组织社会学的研究中具有重要地位。组织社会学中的“合法性机制”,不但包括法律制度体系的规制作用,而且包括政治体制、传统文化、本土观念和社会期待等制度环境对组织及其行为的多重的、交叉的、综合的影响。如何对合法性机制进行概念界定?“给合法性机制下一个定义,是指那些诱使或迫使组织采纳具有合法性的组织结构和行为的观念力量。”〔2〕合法性机制可以对社会组织产生多种层面的影响和作用:一方面,合法性机制具有很强的约束力,可以约束组织的行为;另一方面,合法性机制可以帮助组织获得社会承认,增强组织的正面声誉并提高组织的社会地位,进而促进组织获得资源的机会。与此相反,如果一个组织的合法性机制不完善或者受到损害,违反了社会期待,那么该组织就会被其他组织和个人视为“不是合法性的”“非理性的”,也无法获得社会承认。因此,合法性机制的理论逻辑可以概括为:我们现实社会中的政治制度、法律制度、文化制度、观念制度、社会期待等制度环境,是我们集体认可和遵守的社会事实,对我们的行为具有直接约束力和引导力,起到强大的规范和指导作用。因此,合法性机制主要强调的是一种建构在社会认可的基础之上的权威关系。所有的社会组织都会受到制度环境的约束和影响,不断地去适应制度环境,调整、采用符合制度环境要求的形式、结构和行为,追求社会认可。制度环境一般是通过对资源分配或激励方式的影响来制约社会组织和个人的行为。社会制度并不能直接塑造人们的思维方式和行为,其对组织或个人施加影响的方式是通过激励机制来完成的。与此同时,这种激励机制的影响一般是概率意义上的而不是决定性的。“在这个层面来讲制度,是强调制度具有激励机制,可以通过资源分配和利益产生激

〔1〕［美］斯科特·夏皮罗:《合法性》,郑玉双、刘叶深译,中国法制出版社2016年版,第1页。
〔2〕周雪光:《组织社会学十讲》,社会科学文献出版社2003年版,第75页。

励,鼓励人们去采纳那些社会上认可的做法。"[1]

由于合法性机制具有强大的约束力和引导力,社会组织为了适应合法性要求,无论主动或者被动,都必须采用制度环境里建构起来的具有合法性的形式、结构和行为,在整体上体现出制度化趋势。在此意义上,社会组织的制度化过程,其实就是组织不断采纳并适应制度环境强加于组织之上的形式、结构和行为的"被合法性"过程。社会组织的制度化过程产生了两个方面的影响:一是社会组织之间的"趋同现象",即各个组织为适应制度环境要求、获得制度环境认同,一般都会采用相同或者类似的结构、形式和行为。在社会组织所处的大环境背景是相同的情况下,它们的结构、形式和行为也逐渐趋近相同。二是社会组织之间的"互仿现象",即各个组织在相同或者相近的制度环境下互相模仿学习。社会组织的互仿行为能够增强组织的适应性和生存力,这是因为组织适应了制度环境要求,获得了合法性。即使这些社会组织有可能不具备高效率性,也可能生存下去。"合法性机制本身提高了组织的生存能力"[2]。

(二)社会承认逻辑

在社会经济活动中观察到的与品牌、信誉、名望和形象有关的现象,统称为声誉现象。对于声誉现象,经济学的解释逻辑强调声誉的基础是组织或者个人过去的行为表现,主要由组织或者个人的自我努力所决定。组织社会学的解释逻辑是声誉制度的基础在于有关组织或者个人在社会系统中的相互地位和表现,着重强调组织或个人应当在"社会承认"的合法性基础上建构自身的行为,合乎社会期待,以期获得更广泛的社会群体之认可。

在现代信息化社会,声誉因为难以测量,目前并没有统一的界定和归类。但是,基于未来利益和资源交往机会的获得期待,社会组织一定会追求其组织声誉。所谓组织声誉,是指"人们基于组织的竞争者相互间比较而对组织形成的整体性好感,本质上是一种对组织过去的全部行为进行收集、加工和处理而产生的综合性评价"[3]。声誉虽然仅是对社会组织的评判标准之一,但是声誉具有其他评判标准不具备的特征,如稳定性、连续性和整体性。"组织声誉是一种值得信赖的信息指标和判断标准,这是因为声誉是通过市场机制产生的,而非个体控制形成的,是全部市场参与主体之间相互影

---

〔1〕 周雪光:《组织社会学十讲》,社会科学文献出版社 2003 年版,第 85 页。

〔2〕 同上书,第 77 页。

〔3〕 Fombrun C. J. , *Reputation: Realizing Value from the Corporate Image*, Harvard Business School Press, 1996, p. 116.

响和共同作用的结果。”[1]社会组织必须尽最大努力去重视、维护、提升其组织声誉，因为组织声誉能够提高组织的社会地位、获得社会认可、增强合法性，是组织实现差异化和竞争力、获取更多社会资源与机会的最佳指标。“声誉能够通过人们直观感知的方式把组织的优劣直接排列出来，产生排序效应。尤其是在组织评价困难的情况下，声誉机制显得更加重要。”[2]

马克斯·韦伯曾指出，“如果人们的活动受到他人行为的影响并且受到行动者主观意义的影响，那么这些行为就是社会行为”[3]。对于个人和组织来说，声誉就是在不同个人和社会组织之间相互联系、相互作用的过程中产生的，建立在共同认可的基础之上。在此意义上，马克斯·韦伯提出的“地位”“社会名誉”的概念与声誉机制具有相近似的含义。

在存有“信息失灵”现象的市场上，市场机制和价格机制都不能完全发挥作用，必须有其他机制补充，这里的中心问题是信息以及获取信息的成本。由此，声誉机制应运而生，它是解决“信息失灵”问题的一个有效手段。声誉信息作为个人或社会组织过去全部行为的“标签”或“印记”，向交易相对方展示，能够增加资源交往的机会，提高未来合作的可能性。

声誉机制是一种建构在稳定的社会地位差异之上的社会制度，只有在突破社会地位差异的限制并为不同的社会群体的成员所共同认可的情况下，才能够发挥作用。这个悖论很直观。首先，声誉机制是一个等级制度。声誉必须建立在个人或组织的产品、服务或行为的差异性之上。其次，人们共同承认这种产品、服务或行为的差异性。换言之，个人或组织的产品、服务或行为的评价标准必须在市场上由社会公众共同享有、共同认可。“声誉之所以有意义，正是因为人们对于其行为或品质无法加以确定无疑的评估，而必须得到与声誉持有者有社会距离的其他群体成员的承认。”[4]美国著名的社会学家爱德华·希尔斯（Edward Shils）认为，“敬意”（deference）是对行为者的特征或者他所扮演的角色的特征，或是人际社会关系的特征的一种反应。社会学家威廉·古德（Willimam Goode）也认为，声誉是“超乎寻常”的行为或者特征。根据制度学派的理论观点，声誉等级制度或者声誉机制是建构在“社会承认”的逻辑之上的。所谓

---

〔1〕 Paul Argenti A. & Bob Druckenmiller, *Reputation and the Corporate Brand*, 6 Corporate Reputation Review 368(2004).

〔2〕 Hansen et al., *Customer Perceived Value in B-t-B Service Relationships: Investigating the Importance of Corporate Reputation*, 37 Industrial Marketing Management 206(2008).

〔3〕 周雪光：《组织社会学十讲》，社会科学文献出版社2003年版，第252页。

〔4〕 同上书，第265页。

“社会承认逻辑”,是指个人或社会组织为了获得并维持其社会地位和社会威望,其行为表现应当是超越个人私利和狭隘利益的,是合乎情理、值得称颂的,获得一个特定环境中的社会公众的共同认可。简言之,社会承认逻辑本质上就是获得“合法性”,其基础就是“合法性机制”。在现实社会中,合法性机制产生了强大的社会期待的观念力量,为个人或社会组织的社会行为提供了明确的基础——“对合法秩序的信念”,以此对个人或社会组织的行为产生强约束力。在宏观层面,合法性机制要求社会制度不断增加、修正、补充和完善,迫使个人或社会组织不断地接受并适应制度环境,走向组织趋同化的道路。在微观层面,合法性机制诱使个人或社会组织为了获得社会承认,主动采纳那些“合乎情理”的形式、结构和行为。“承认规则也是一个社会规则,它的‘社会性’有两重意义。第一,承认规则之所以存在且拥有内容,是因为,且只是因为特定的社会事实。尤其是,它的存在和内容是由以下事实决定:社群成员对特定的行为规律性持内在视角,并用它来评估属于他们的权限范围内的规范的有效性。第二,承认规则的社会性在于它提出了一种社群范围(group-wide)的标准。社群成员并非把承认规则视为一种特殊和个人化的规则,其他人不需要遵守,而是把它所提出的标准当作确定他们所在社群的法律的官方方式。”[1]

一方面,社会承认逻辑能够建立不同行为的区分和评价标准,是声誉机制产生的基础。我们听到或者看到一些不良的社会行为或现象时,都会愤慨不已,其本质并不是我们的个人利益受到侵害,而是这些行为和现象违反了我们共同接受的规范或者说是我们共同接受的社会期待。在许多情形下,效率并不是社会承认的基础。经济效率是客观的,不需要得到组织外人们的赞许和评价。但是,声誉则与效率不同,必须通过“社会承认”在“合乎情理”的基础上发挥作用。符合社会承认逻辑的行为,是社会公众区分声誉高低的标准之一。另一方面,对社会承认的追求,迫使或诱使我们必须正视并受制于社会价值观念制度及其意义秩序。在现代信息社会,人们生活在“地球村”这个“想象的共同体”里,在这样一个社会大系统里,人们会用同一个价值体系去判断、评价我们生活的环境。社会等级制度一旦被认可,不同阶级的人们便会共享同样的价值判断观念和体系。“社会中心制度”是爱德华·希尔斯提出的一个著名理论,他认为,社会中心制度是社会人为创造的理性的自然的体系,蕴含着稳定的、共享的价值观念。社会中心制度也可以说是一种社会观念制度,是我们达致共识和社会判断的环境基础。正因如此,声誉机制可以说是在社会观念制度的基础之上建构起来并不断发展的。

---

〔1〕［美］斯科特·夏皮罗:《合法性》,郑玉双、刘叶深译,中国法制出版社2016年版,第111页。

综上所述,声誉及声誉机制是在“社会承认逻辑”基础之上应运而生的。如果个人或社会组织的产品、服务、行为、结构或制度在理性自然的基础上得到共同认可,符合社会期待,那么就更容易获得合法性,得到社会承认。对于慈善信托等慈善组织而言,社会公信力是其生存之根本,应当时刻维持绝对的公益性,提升社会声誉,获得社会承认。一方面,个人或社会组织追求合法性的行为为声誉机制所激励;另一方面,也会导致社会中心制度对处于信息优势地位的或者权势的一方进行反制约。个人或者社会组织普遍地追求合法性以期获得社会承认,而合法性机制是社会承认和声誉机制的基础,它们之间存在因果机制关系。

五、组织效率性维度

无论是在资本主义市场经济条件下,还是在社会主义市场经济条件下,只要市场能够发挥基础性资源配置作用,市场上各类经济主体的经济行为都会立足于经济效率。经济效率是经济主体存在和发展的首要目标,也是其发展的根本前提和动力。在此意义上可以说,追求利益最大化在市场经济条件下具有一定的道德合理性,是市场经济的一个历史结构性的预先规定,是竞争经济的本质要求,也是任何市场主体不可抗拒的。只不过,在现代市场经济社会中,经济主体在追求经济效率的同时负有包含社会责任在内的道德责任,主要原因在于追求经济效率的伦理正当性是有条件的。

(一)法律效率价值

法律具有多种价值,共同构成其价值体系。其中,对于法律的效率价值的推崇应属法律经济学,其基本特征是在法律分析中积极引用经济学的分析方法。经济学分析方法在法律研究中运用的目的,在《新帕尔格雷夫经济学大辞典》中归结为三点:一是运用经济学的研究方法来预期、预判法律实施后的效果;二是运用经济学的研究方法来判断、衡量法律条文在经济上是否具有效率性或者更有效率;三是在立法时运用经济学的研究方法来预测法律条文的有效性和效率性。理查德·艾伦·波斯纳(Richard Allen Posner)十分推崇法律经济学,曾指出经济学的一些原理和原则可以解释普通法中的大多数原则和规定,并可以简化法律教学。换言之,我们可以用经济学语言和结构来转译和转化英美法系中的大部分法律规则。

约翰·洛克(John Locke)认为,“法律的真正含义,与其说是限制还不如说是鼓励有智慧的人去追求他的正当利益,即法律的真正目的不是对自由的限制或废除,而是对自由的保护和扩大"[1]。卓泽渊认为,"在个人效率和社会整体效率的关系方面,法的效率价值是指法能够使社会或人们以较小的投入获得较大的产出,其内涵包括经济效益价值和社会效益价值两方面"[2]。卢云认为,"与其他法的价值相比,法的效率价值具有整体性和现实性的特点,法的其他价值均为法的效率价值的一个方面,其他的法律价值目标必须以法律实践为中介通过法的效率价值方具有现实性,其他价值目标最终指向为法的效率,并以法的效率作为依归"[3]。

同时,效率标准是一种客观的、实证的价值判断标准,基本上不受主观价值判断的影响。经济学经过数百年的发展,提炼出测评效率的许多标准,可以让经济效率通过客观的、实证的方法而不完全依赖于主观来判断和实现。在此意义上,我们可以说相较于公平正义,效率正义更具实用性和可操作性。更有甚者,法律经济学把法律的效率价值推向了理论的极致,对正义的解答更是"语不惊人死不休"——"效率就是正义"。

(二)效率实现机制

马克思很早就概括性地指出,资本关系在本质上是人与人之间的一种物化了的关系。因此,经济效率作为资本关系的核心,本质上也是一种人与人之间的关系,而且是内在的、体现资本关系特征的。在一定的社会条件下,个人利益或社会利益都只不过是每个人自我实现的一种必要形式。效率在一定程度上是对经济主体行为的结果性评判,而经济主体的行为结果必然是受到多重因素影响的,这些因素一般包括但不限于主体的组织结构或自身的状况、行为的合理性及其方式方法、社会制度环境等。

慈善信托等慈善组织也是市场经济活动中的一种主要行为主体,和其他经济主体一样,也必然要追求并实现效率价值。对于任何社会组织而言,效率实现机制至少包括结构效率、制度效率和行为效率三个方面。本书研究分析慈善信托的治理机制时主要涉及组织的结构效率和制度效率,暂且不论组织的行为效率。

1. 结构效率

组织都会服从制度环境的要求而具有一定合理的组织结构,因此,结构效率可以称之为组织结构效率。组织结构(organizational structure)是一个有机整体,由按照一定的联结形式有机排列和组合而成的各种要素构成。组织结构是表明各种要素之间的等级划分、权限配置、分工协作、聚散状态和沟通关系等相互关系的一种模式,是社

---

[1] [英]洛克:《政府论》,叶启芳、瞿菊农译,商务印书馆1982年版,第35页。
[2] 卓泽渊:《法的价值论》,法律出版社1999年版,第206页。
[3] 卢云主编:《法学基础理论》,中国政法大学出版社1994年版,第219页。

会组织管理系统的骨架和核心,决定着整个管理系统,能够增强组织合力并提升组织效率。

社会经济中,组织结构是多种多样的,不同的社会组织具有不完全一样的组织结构。我们在论及一种组织结构的合理性或优越性时,是相对的,是相对于特定的历史条件而言其效率性,因而在特定的历史条件下分析这种合理性或优越性才具有实践意义。社会不断发展,历史条件也不断变化,组织结构也可能会逐渐丧失其合理性或优越性。从企业组织的视角来看,企业组织结构的发展历史其实是一个不断创新、不断发展的演变过程,先后出现了直线制、矩阵制、事业部制等不同类型的组织结构形式。缘何如此,组织结构不断变换和发展有其内在的根本动力和原因,那就是生产力的发展和社会的进步。每一种类型的组织结构都是在特定的历史条件下或者时空范围内有其相对优点,也有相对缺点,适用范围也具有一定的局限性,没有十全十美地适用于一切范围的最优组织结构。鉴于此,比较、研究和分析组织结构类型及其优劣性,应当将其放置在一定的历史条件下,否则,是不具有合理性和明确性的。但对某一组织特定的条件来说,必定有一种相对最优的组织结构,相对其他类型的组织结构更具有效率性,否则,就没有比较研究和改革组织结构的必要。相对最优的组织结构,是一个合理、灵活、高效的组织结构,是组织所处的特定历史条件下最适合组织生存和发展的结构。

2. 制度效率

在制度没有被经济学家们特别关注之前,政治学一直把制度或者社会制度领域视为专有研究范畴。经济学家们研究并提出了制度本身包含效率价值,制度逐渐多样化的发展态势。"制度是一个社会的博弈规则,或是更规范地说,它们是一些人为设计的、型塑人们互动关系的约束。从而,制度构造了人们在政治、社会或经济领域里交换的激励。"[1] 因此,制度对经济效率的影响是无可争议的。道格拉斯·C.诺思(Douglas. C. North)最早提出制度效率,认为制度效率一般包括两个方面:一是制度本身的运行效率;二是制度对社会经济的效率贡献。换言之,制度效率是指在一种共同认可的约束机制基础之上,制度通过提供、组合相关权利、义务、责任、利益的规则并建构整套行为规范体系,对个人或社会组织的利益最大化之行为进行合理规范、引导和促进,进而促进和实现社会整体的利益最大化,最终实现经济学上的"帕累托效率"。

新制度主义经济学家一般从成本与收益的对比来阐释制度效率的含义。所谓制度成本,主要是指界定制度、设计制度、制定制度、实施制度、维持制度、改进制度等一

---

〔1〕 [美]道格拉斯·C.诺思:《制度、制度变迁与经济绩效》,杭行译,格致出版社、上海三联书店、上海人民出版社 2014 年版,第 3 页。

系列制度变革过程中所耗费的资源和费用。所谓制度收益,一般是指制度在减少外部性和不确定性、促进交易和降低交易成本等方面的程度。鉴于成本和收益两方面的对比,我们也可以用两种方式来表达和衡量制度效率:一种方式是,我们假设目标制度能够提供的功能和作用是固定的,那么成本较低的制度相比较而言是更有效率的制度。另一种方式是,我们假设制度选择的成本是固定的,那么同等条件下能够提供更多功能和作用的目标制度相比较而言是更有效率的制度。"制度可以被设计成人类应付不确定性和增加个人效用的手段。从这个意义上讲,制度,无论是市场的还是非市场的都可以提供有用的服务。与任何其他服务一样,制度性服务的获得需要支付一定的费用。在技术条件给定的前提下,交易费用是社会竞争性制度安排选择中的核心。用最少的费用提供给定量服务的制度安排,将是合乎理想的制度安排。"〔1〕

因此,制度是一定社会经济领域内各种有关权利、义务、责任的正式的与非正式的规则的集合,其基本功能是建立人们的行为规范体系,提供人们相互影响的框架,制约、规范、引导人们的最大化利益行为以及社会经济秩序中的合作与竞争关系。制度本身有大小之分,也有领域之分。我们在用制度效率来研究分析社会组织的治理结构和治理机制时,主要是指经济制度和社会制度,但最终表现为法律制度。因此,若要研究分析慈善信托等组织的制度效率,制度成本是首要考虑的因素。一般认为,制度成本是极其高昂的,主要体现为法律制度成本,或者称为监管成本。借助新制度主义经济学家关于制度效率的成本与收益的对比研究方法,我们可以看出法律制度成本主要包括两个方面的成本:一是人们设计、制定、维持和实施现有法律制度所耗费的社会资源成本;二是个人和社会组织在解决法律纠纷过程中所耗费的费用成本。因此,对于社会组织而言,无论是社会组织的内部运行机制还是外部监管机制,制度效率都是建立和完善治理机制过程中必须重视的一个极其重要的因素。

六、双重属性与治理机制的回应

(一)慈善信托绝对公益性特质与合法性机制

在任何国家和地区,慈善事业的主要参与者都是各类慈善组织,它们对慈善事业的发展起着关键作用。尤其是在发达国家,慈善事业的发展较为迅速、稳定、成熟,慈善组织的核心枢纽作用也越来越凸显。而且,仰赖于健全的法律制度体系和深厚的慈

---

〔1〕 林毅夫:《关于制度变迁的经济学理论:诱致性变迁与强制性变迁》,载[美]罗纳德·H.科斯等:《财产权利与制度变迁:产权学派与新制度学派译文集》,刘守英等译,格致出版社、上海三联书店、上海人民出版社2014年版,第262页。

善文化底蕴,发达国家和地区的慈善组织的公信力一般都较高,公益性获得社会公众的普遍认可。

在我国,慈善事业自改革开放后逐渐进入发展时期,慈善组织的数量逐年增加,相应的慈善捐赠资金数额也逐渐增多。根据2018年的《慈善蓝皮书:中国慈善发展报告(2018)》的统计,我国社会捐赠总量在2017年度约为1558亿元,增长率为6.86%。较之于2016年度实际捐赠额1458亿元、2015年度实际捐赠额1215亿元,保持了持续增长的态势。不过令人意想不到的是,伴随社会捐赠总量的持续增长,我国慈善组织却在2016年《慈善法》颁布实施之后陷入一段较长的"瓶颈期",一系列相继爆发的慈善丑闻如"慈善诈捐""慈善诈骗""虐童"等事件,给慈善事业带来极坏的影响。我国慈善事业的发展面临新的挑战,根本原因在于,慈善组织的合法性机制遭到破坏,其社会公信力出现问题,未能获得社会公众的认可。主要体现在:

以"郭美美事件"为代表的慈善丑闻事件相继爆发,引发了社会公众对慈善组织公信力的强烈质疑,慈善组织的公信力明显下降,日益成为社会公众关注和质疑的焦点。恶化的公信力和负面声誉严重影响了社会大众对慈善事业的支持和理解。

现阶段我国慈善事业处于发展初期,慈善组织存在治理机制不完善、监督机制不健全、信息披露不完整等问题,导致我国慈善组织效率不高、公信力缺失。

慈善组织的公信力在社会公众中下降至一定程度,声誉机制的负能作用凸显;慈善组织的公益性作用逐渐被削弱,会严重影响慈善组织的生存和发展。社会公众对慈善组织的公信力不认可,慈善组织的公益性作用也就无从实现。根据社会承认逻辑,在此情况下,慈善组织的合法性机制也就遭到破坏,亟须修复。慈善信托作为慈善组织的一种新的组织形式,若要得到社会公众的承认,势必需要增强其公信力。合法性机制迎合了慈善信托的这一发展需要。慈善信托必须主动接纳和适应制度环境,采纳具有合法性的结构、形式和行为,以期获得社会承认,不断提高组织的社会地位和名誉,进一步促进组织发展和资源流动。

(二)慈善信托财产营利性要求与效率机制

在普遍意义上,信托具有财产保全功能和增值功能。信托本身对信托利益的利润最大化追求,是其营利性的体现。当然,信托机构在成立时表现为公司形式的天然属性,也是营利性的体现。这种信托公司和信托财产的营利性,势必与效率机制结合,必然要求其组织结构、管理制度和运行方式等方面符合效率机制的要求,从而实现效率最优化。在一定程度上可以说,营利性与效率机制是天然的搭档,营利性的实现必然要求效率机制发挥作用。

慈善信托在运行过程中，在合法性机制的前提下，如果进一步追求信托行为的营利性，实现慈善信托财产的增值和利润最大化，应当考虑其组织结构、管理制度、运营方式等方面的效率机制构建，通过完善效率机制，实现慈善信托财产的安全、高效增值，更好地实现慈善功能和公益性作用。

（三）治理机制对双重属性的回应

制度学派理论认为，任何一个组织都必须取得“合法性”或者说具备合法性机制，适应制度环境，才能生存和发展。因此，慈善信托也不例外。作为一种以信托为外在表现的特殊的慈善组织形式，慈善信托的双重属性决定了其治理机制既不能完全照搬信托公司的治理机制，也不能完全照抄慈善组织的治理机制。慈善信托的双重属性给其治理机制带来了挑战，如何兼顾公益性和营利性，或者说其治理机制如何回应，是我们研究慈善信托时应当着重考量的问题。

一些慈善组织或者慈善信托在运行过程中，往往会进行一些宣传性的慈善活动，如花费巨额广告费进行媒体宣传或者远距离下乡送温暖等，这些活动一般花费较大成本，动辄数万元甚至数十万元。从经济角度来讲，巨额广告费用或者多人集体花费的宣传或者差旅费用加上其他开销，往往远大于本次实际支付的慈善活动费用。比如，假设一个情形，中央级或者省级的慈善组织的负责人带着记者和工作人员一行七八个人，不远千里坐飞机来到一个较偏远的贫困地区的小学，给 5 位贫困学生每人资助 A 元学费和生活费，合计 B 元，但是实际上他们一行人来回差旅花费合计 C 元，C 远大于 B，还不计算地方接待费用。如果从狭义的效率机制的角度来看这一现象，这明显是形式主义，浪费资源，很多人会认为这种行为是低效率。但是，从慈善组织的角度来看，包括慈善信托在内的慈善组织不仅是要从事慈善、扶贫救弱，还要让政府部门和社会公众知道它的尽职尽责和工作业绩，获得社会公众认可，以取得合法性。这种有悖于效率机制的行为恰恰是合法性机制的产物，有利于组织适应制度环境的压力和要求，这是从合法性机制的角度来分析的。换个角度进一步分析，效率机制也可以解释这一现象。从成本交易学派的角度来看，效率机制并不是看组织花费了多少成本，而是看它效用最大化的目标是什么。慈善组织之所以选择这种形式上的活动，一定是因为这种行为会给组织本身带来某种收益，或许是这种收益往往比较隐蔽，一般人不容易发现和理解。因此，我们不能武断地说，这种形式上的慈善活动是没有效益的，要看“效益对谁而言”。效益一定是对决策者而言的，它很可能只对当事者有效。社会普通公众认为没有效益的行为，在决策者看来可能是有价值的或者有效率的，比如，决策者因此获得职业声望、表彰或升迁。效率机制在此意义上，可以说是假定行为人有自己的目标,认为如此行动对他来说是有收益的、有价值的。问题在于,行为人为什么选择这种行为而不是其他行为?这就是合法性机制发挥作用的地方。政府为什么采取扶贫救弱的方式,而不是采取炫耀权力或者武力的方式获得社会认可?这也是因为合法性机制在起作用。从这一角度来分析,合法性机制与效率机制并不是完全矛盾的,而在一定程度上是互补的。同时,组织面临"信息不对称"问题。[1] 假定一个规模巨大的慈善组织,其内部结构复杂,那么其组织内部的信息传递就要经过多个程序和部门结构,传递链条曲折漫长。与此同时,在信息传递的过程中,也不能保证上级结构的所有信息能够完整、准确、及时地传递到下级结构。这是因为,每个结构的部门或个人在得到上级结构的信息后,都会有意识或者无意识地根据自身的利益或立场对信息进行重新解读之后才会传递,这一过程中必然会存在组织机构失灵和执行过程出现偏差等问题。所以,组织上层到下层,存在严重的信息不对称问题。信息失灵问题在组织内部很难解决,必须借助外部的力量,比如社会公众的监督。就慈善扶贫而言,通过一定的慈善活动的宣传,如果社会公众从新闻媒体的宣传上知道政府部门尤其是上级政府部门在极力倡导扶贫活动,那么上级政府部门的扶贫意图就会很直接地被基层政府部门领会,社会公众也自然参与监督,从而减少信息传递失误、被人干预利用的问题。如果这种"大张旗鼓"的行为传递出了上级部门的明确意图,从而带动下面各级部门相应的行动和资源,那么那些"大张旗鼓"的"劳民伤财"的看似不经济的行为,实际上可能收到事半功倍的效果,这在深层次上符合效率机制。因此,对于慈善信托等慈善组织来说,合法性机制和效率机制不单是对立矛盾的,也是在一定程度上互补互进的,其治理机制应当兼顾合法性机制和效率机制,实现公益性和营利性的平衡和统一。

[1] 周雪光:《组织社会学十讲》,社会科学文献出版社 2003 年版,第 105 页。

第六章 内部治理机制：权义平衡与精准配置

慈善信托的有序、高效、安全实施和运营根基于其本身的组织运行机制，良好且完善的组织运行机制的基础是平衡高效、不断优化的内部治理机制。

论及慈善信托的内部治理机制，首先需要明白的是，慈善信托本身会受制于其信托受托人的主体组织的治理机制的影响，而且这种影响是框架性的、直接性的影响。对于慈善信托而言，其组织结构中组织人员和工作场所是“非独立性”的，仰赖于其信托受托人配置的人员和场所，在一定程度上可以说是“借用”其信托受托人的组织人员和场所来实现的。那么，慈善信托受托人的组织人员和场所，作为其组织治理机制的一部分，必然会影响慈善信托的内部治理机制。慈善组织或者信托公司均可以作为慈善信托的受托人，也可以二者共同作为受托人，其中信托公司单独作为慈善信托受托人的比例达到84%，如果包含共同作为受托人的部分，则比例达到96%。[1] 慈善组织是以公益性或慈善性为首要目标和发展宗旨的，慈善性或公益性是其首要属性。基于此，慈善组织的组织结构、运行模式等都体现着公益性或慈善性的表征，极力追求合法性，基本会忽略市场经济中的竞争与效率机制。而且，我国很多慈善组织主要管理人员来自政府部门任命，如红十字会等，其组织结构和运行模式还具有官僚化和保守化特征。与此相反，信托公司作为市场经济中充分竞争机制下优胜劣汰发展起来的营利性组织，其组织结构和运行模式都完整地、直接地体现着竞争性与效率性。除了践行最基本的企业社会责任以外，以股东利润最大化为宗旨的信托公司更多关注的是营利性，而非公益性或慈善性。因此，慈善组织和信托公司的设立宗旨、组织机构、运行模式等都完全不相同，对市场机制的接受与适应也完全不同，相应地，其各自的治理机制也体现出较大的差异性。

具体于慈善信托而言，应当区分三种情形：第一种情形是，如果慈善信托的受托人

---

〔1〕 参见本书第一章的数据统计。

是慈善组织,则慈善信托在运行过程中势必受到作为受托人的慈善组织的自身治理机制的影响,如理事会、监事会、秘书处等组织内部机构的完整性、效率性、合法性,以及其功能的完善性的影响。而且,慈善信托对于作为受托人的慈善组织而言,也只是其业务范围和功能领域的一小部分,能否引起足够的重视并形成完善的制度体系和治理机制也存在较大不确定性。目前,我国慈善组织的治理结构存在一些较为突出的问题,如内部组织结构不完善、治理机制缺失、信息公开不透明等。慈善组织应当构建权力机构、决策机构、执行机构、监察机构等权责明晰、互相制衡的治理结构,对慈善组织的决策权、经营权和监督权进行制度上的分离和制衡。第二种情形是,如果慈善信托的受托人是信托公司,则慈善信托在运行过程中势必受到作为受托人的信托公司的自身治理机制的影响,信托公司的治理机制一般意义上仍然是传统的公司治理的范畴,追求的是利润最大化和效率最大化。对于以慈善为宗旨的慈善信托而言,如何兼顾慈善信托的慈善性和非营利性,协调信托公司利用其充分参与市场竞争的效率性来实现慈善信托财产的保值和增值,对信托公司的治理提出了较大的挑战。与此同时,相对于传统的营利性信托业务而言,慈善信托的单数和资金量在信托公司的整体业务中占比极小,而且大多数慈善信托似乎不那么“有利可图”,监管又相对严格,所支付的人员成本和其他成本又相对较高,作为信托受托人的信托公司的积极性可能存在一定的问题。第三种情形是,慈善组织和信托公司共同作为信托受托人。慈善组织属于慈善事业领域,追求公益性;信托公司属于企业组织领域,追求营利性。两个组织机构和宗旨几乎完全不同的信托受托人的治理机制、发展理念、监管目标等均存在较大的差异,如何协调慈善组织和信托公司对慈善信托事务的共同管理,完善慈善信托治理机制,更需要慎重考虑。

因此,对于慈善信托而言,无论是信托公司还是慈善组织作为信托受托人,抑或二者共同作为信托受托人,慈善信托对它们组织自身而言都属于较新的业务形态,在我国《慈善法》颁布实施之前并未有过实践经验。当然,不可否认的是,信托公司在公益信托方面还是有一些实践的,但是极少。如果是慈善组织作为管理慈善信托事务的信托受托人,则慈善组织本身的治理机制亦对慈善信托的治理机制产生影响。慈善组织应当完善自身的治理机制,并针对其作为慈善信托的受托人这一特殊业务身份进行适当合理的补充和优化。具体而言,慈善组织应当在组织内部增设慈善信托管理委员会和投资决策委员会,加强信托业务的学习和实践,加强和信托公司的信息交流和合作,增强信托业监管的学习和对接,提高金融风险防范能力等。如果是信托公司作为管理慈善信托事务的信托受托人,则信托公司本身的传统的公司治理机制亦对慈善信托的治理机制产生影响。目前,慈善信托的受托人大部分都是信托公司,极少数是慈善组织，还有部分是慈善组织和信托公司共同作为信托受托人。信托公司作为营利性的公司组织体，应当在完善公司治理机制的同时，针对其作为慈善信托受托人这一特殊业务身份进行适当合理的补充和优化。如信托公司应当在公司内部增设慈善信托管理委员会等专门性机构，加强和慈善组织的交流与学习，提高信托公司对慈善事业的认识；将慈善信托与其他信托业务严格区分并隔离，设立专门的慈善信托投资专员或者投资委员会，并根据实际情况加强慈善信托的投资监督，增强慈善信托财产的安全性。

根据内外因辩证关系的相关理论，可以认为，一方面，慈善组织或信托公司作为慈善信托的受托人，它们原本的治理机制因其管理慈善信托而对慈善信托的治理机制产生框架性、外界性的影响；另一方面，慈善信托的内部治理机制才是慈善信托发展的根本性基础。慈善信托的内部治理机制首先仰赖于慈善信托当事人各方权利义务的明确界定和科学设置，这是慈善信托内部治理机制最为重要和核心的方面。毋庸置疑，慈善信托也具备信托的属性，信托当事人是指“与信托有直接利害关系或者权利义务关系的人，他们是实施信托活动的主体，具体包括委托人、受托人、受益人和信托监察人等”〔1〕。在实际经济生活中，信托因信托目的不同而种类不同。不同种类的信托，其信托当事人之权利义务的约定和配置也不完全相同，这种不同在法律法规上也有一定的体现。鉴于慈善信托不但具有一般信托的营利性和效率性，还具有特有的慈善属性，即其独有的双重属性，其各方当事人的权利和义务安排必然不完全等同于一般私益信托。因此，在慈善信托各方当事人的权利义务配置方面，既要考虑与其他信托的共同之处，如委托人资格、权利与义务，受托人的资格、权利与义务及责任，受益人的权利与义务等；也要考虑因慈善性而应当特殊配置的独有之处——如何对慈善信托的当事人进行特殊的权利义务配置，以兼顾合法性和效率性。

一、慈善信托委托人

信托制度中的委托人是指“设立信托，为了让受托人依照一定的目的对信托财产进行管理、处分等行为的人”〔2〕。换言之，“信托委托人是信托财产的提供者，也是信托目的的设定者，是信托结构的发起者”〔3〕。

（一）慈善信托委托人的资格

我国《慈善法》并未在慈善信托的章节中具体规定慈善信托的委托人资格，仅有第

〔1〕 徐孟洲：《信托法》，法律出版社2006年版，第25页。
〔2〕 王泽鉴：《民法总则》（修订版），中国政法大学出版社2007年版，第80页。
〔3〕 赵廉慧：《信托法解释论》，中国法制出版社2015年版，第257页。

2 条的一个概括性规定,“自然人、法人和其他组织开展慈善活动以及与慈善有关的活动,适用本法”。我国《信托法》第 19 条规定:“委托人应当是具有完全民事行为能力的自然人、法人或者依法成立的其他组织。”从现有法律规定来看,我国立法对慈善信托的委托人资格没有进行特别的严格规定和限制。在此问题上,英美法系和大陆法系的信托和慈善法律制度基本上没有对慈善信托的委托人资格规定特殊性要求,相关立法保持一致。作为慈善信托关系的发起者,各国法律制度并没有因为慈善信托的特殊性而规定慈善信托的委托人需要具备什么特殊资格,是否需要特殊审核;委托人只要依法具备相应的法律行为能力,即“具备法律行为成立的要件权利能力、行为能力以及转移信托财产的权利”[1],便可作为慈善信托合法有效的委托人。由于设立慈善信托的行为是法律行为,关于慈善信托的委托人的行为能力的有关事项,除了《慈善法》和《信托法》中的相关规定之外,还应当适用我国民法制度中关于法律行为能力的规定。在英国信托法律制度中还有关于民事行为能力受限的特殊群体即未成年人的特有规定,如专门规定了未成年人在生存者之间进行的财产授予行为,虽然未成年人不具备法定的完全的民事行为能力,但是该行为“属于可以撤销的信托,并非是完全否定”[2]。而我国于 2017 年 7 月 26 日颁布实施的《慈善信托管理办法》第 8 条规定的内容,可以看作是对慈善信托的委托人资格的“具备完全民事行为能力的”限制性规定,除此之外,我国现行法律法规并无其他限制性规定。

(二)慈善信托委托人的权利与义务

信托委托人的权利与义务,是指委托人在信托成立以后的信托法律关系之中所享有法定的或者约定的权利与义务。对于慈善信托而言,其委托人与私益信托等一般信托的委托人的权利义务既有相同之处,也有体现差异性的特殊之处。

包括慈善信托在内,任何信托的委托人在信托成立以后依据信托法律关系不再对信托财产享有任何财产性质的权利。所谓不享有财产性质的权利,即信托委托人对信托财产不再享有管理权、处分权和收益权等权利。即使有些私益信托的委托人在特别约定的情况下也可能成为信托受益人而对信托财产享有受益权,但是这是基于信托受益人之身份而享有信托财产受益权,而非信托委托人。在此情况下,委托人身份发生了法定的转换而变成了信托受益人。特别需要注意的是,慈善信托的委托人原则上是不能成为慈善信托的受益人的,几乎所有国家的慈善和信托相关法律制度都有类似的禁止性规定。因此,与私益信托完全不同,慈善信托的委托人不能像私益信托的委托

---

〔1〕 谢哲胜:《信托法》,台北,元照出版有限公司 2009 年版,第 225 页。

〔2〕 何宝玉:《英国信托法原理与判例》,法律出版社 2001 年版,第 55 页。

人那样在特别约定的情形下可以成为信托受益人而享有信托财产的受益权。否则,则可能导致该慈善信托设立无效。

任何形式的信托,包括慈善信托,虽然委托人在信托财产转移给受托人之后对信托财产不再享有财产性质的权利,但是信托毕竟是基于信托委托人的意愿由其主动发起设立的。在信托法律关系中,委托人处于不可或缺的、天然的重要地位:信托设立由委托人主动发起,信托目的是基于委托人的意思表示或者意愿而产生和确定的,信托的实施与委托人之间也具有不可分割的利害关系。因此,信托委托人基于其在信托法律关系的地位享有一定的权利。根据权利产生的依据,信托委托人的权利可以分为法定权利和约定权利,约定权利也被称为保留权利。信托委托人法定权利,是指委托人根据《信托法》《慈善法》等法律的明确规定而直接享有的权利。信托委托人保留权利,是指委托人在设立信托时通过在信托文件中明确约定的、在信托成立之后依据信托文件规定为自己保留的、不违反法律禁止性规定的一些相关权利。对于信托委托人的权利而言,无论是法定权利,还是保留权利,在法律性质上都属于身份权,而非财产权。换言之,这些权利是基于信托委托人的独特身份而产生的,委托人因其身份而享有此类权利。根据一般信托法原理,任何形式的信托,包括慈善信托在内,其委托人的权利在内容上基本限于监督权的范围,即信托委托人对受托人管理信托财产、处理信托事务的监督,包括更换信托受托人或者信托监察人之类的权利,都属于监督权的范围。

根据信托法一般原理,在信托依法成立之后,委托人原则上对受托人和受益人等当事人不承担任何法定的义务和责任。可以从以下两个方面来理解:一方面,在信托成立之前,按照信托当事人的约定,委托人负有将信托财产及时、完全转移给受托人的义务,如果不履行此项义务,应当承担继续履行、赔偿损失等不利法律责任。另一方面,信托成立之后,委托人即与信托财产脱离财产关系,法律并未规定委托人负有任何法定义务和责任。但是,若是在信托文件中明确约定了委托人在信托成立之后的存续期间承担具体的约定义务,则委托人应当依据信托文件的规定履行约定义务,否则应当承担相应的责任。信托当事人可以在信托文件中约定的由信托委托人承担的约定义务一般可以概括为以下四种:(1)支付受托人报酬的约定义务。无论何种情形,信托当事人如果在信托文件中明确约定由委托人按照约定条件支付受托人的报酬不是由信托财产中支取,那么委托人应当严格按照信托文件的约定履行支付受托人报酬的义务。(2)补偿受托人费用的约定义务。信托受托人的合理费用请求权是由我国《信托法》第 37 条规定的。也就是说,信托受托人在处理信托事务过程中产生的必要费用或债务可以从信托财产中优先受偿。如果在信托文件中明确约定,前述费用是由委托人承担而非由信托财产中支出,那么委托人应当按照约定履行补偿受托人损失的义务。(3)更换、补充信托财产的约定义务。在信托文件中,明确约定信托委托人在一定情况下对不符合信托文件规定的信托财产负有更换、补充的义务。(4)回购信托财产或受益权。在结构化信托业务中,其信托文件中一般会有委托人应当在约定情况下承担回购信托财产或受益权的义务。对于慈善信托的委托人而言,前述四种约定义务除了按照信托文件约定支付受托人报酬的义务在少数情况下会存在,其他三项义务因属于私益信托业务范围而基本上不会发生。具体到慈善信托,在社会实践中,绝大多数慈善信托的受托人的报酬是由信托文件规定,从信托财产中按照一定合理标准支付或者受托人基于支持慈善事业之目的而不领取报酬。慈善信托委托人在完成信托财产的转移使得慈善信托合法成立之后,原则上就不再负有任何法定义务和约定义务,对于捐赠性慈善信托而言更是如此。

二、慈善信托受托人

所谓信托受托人,是指在信托法律关系中基于委托人的信任而接受委托,秉持善良、忠实和谨慎的原则,依照信托目的和信托文件约定,为了信托受益人的权益而管理和处分信托财产的人。与信托委托人一样,信托受托人在信托法律关系中的地位也是不可或缺的。信托受托人的权利是信托法律关系中极其重要的一环,尤其是在英美法系的信托法律制度中,信托受托人还依法对信托财产享有一定形式的所有权——衡平法所有权。

根据信托法一般原理,信托受托人权利是指受托人根据信托法律制度的直接规定或信托文件的书面约定而享有的一系列权利。受托人作为信托关系中重要的一方当事人,其管理信托财产、处理信托事务的能力和效率直接受到一系列权利配置和设定的影响。故此,各国信托法律均对信托受托人的权利作出相应的规定,以使其行为有所遵循。即使以判例法著称的英美法系国家,关于信托的成文法也越来越多,并将信托当事人的权利义务作为其立法的重点。传统的信托理论认为,受托人的权利源于两个方面:一方面,源于有关信托制度的法律、法规的直接规定;另一方面,源于信托文件中的书面约定。信托制度经过数百年发展,相关理论和立法不断完善,“体现的是将信托的合法性调整和对信托自由的尊重相互结合的精神:一方面,强调信托目的的合法性,力图抵销信托规避法律的消极影响;另一方面,则充分尊重当事人的意思自治,允许当事人依照自由意志设立信托并设计信托的具体内容”。[1] 对于慈善信托来说,因

---

〔1〕 徐孟洲:《信托法》,法律出版社2006年版,第92页。

其鼓励慈善具有独特的双重属性，更是这种精神的集中体现。

（一）慈善信托受托人的一般权利

1. 信托事务处理权

对于信托受托人来说，对信托财产进行管理和处分的权利是最基本的权利，即信托事务处理权。在一定程度上可以说，信托受托人的其他信托权利都是基于信托事务处理权而派生出来的，信托事务处理权是其最重要的基础性权利，没有之一。慈善信托亦是如此。

信托事务处理权包括哪些权利内容，两大法系的相关立法规定不尽相同。具体而言，在英美法系的信托法律制度中，信托受托人的相关权利主要是通过制定法和法院判例共同来明确和阐释。例如，在信托制度发源地英国，其《1925 年受托人法》中就明确规定了信托受托人的具体权利，并采用兜底性条款——“因正当事由委托他人处理信托事务的权利”[1]——来保障和完善信托受托人的权利。

相较于英美法系国家和地区的信托法律制度和司法判例，大陆法系国家和地区关于信托受托人权利的立法则明显不同，其相关法律制度一般仅作原则性规定，对受托人处理信托事务的权利内容未作出具体例示。我国信托法律制度也没有明确规定或者列举受托人处理信托事务的权利，仅有《信托法》第 25 条的原则性规定，并未体现出具体权利范围及其内容。即使在信托法律制度移植较早的日本，其《信托法》也未有信托受托人权利的具体规定，仅在第 1 条中将其概括为“本法所称信托，是指办理财产权的转移或其他处理，使他人遵从一定的目的，对其财产加以管理或处理”。虽然前述这些立法规定可以作为信托事务处理权的法律依据，但是受托人享有哪些具体的权利，在法律制度中并未有明确的规定或列举。通过对大陆法系相关立法的比较分析，我们可以认为，信托受托人对信托财产正当行使管理和处分的权利，原则上不被干预和限制，除非有违法或者违反信托目的之行为。

2. 投资权

投资权，是信托受托人管理和处分信托财产的核心权利，尤其是在大陆法系法律制度中受托人不享有信托财产所有权的情况下。一般认为，投资权是指依照信托法律

---

[1] 英国《1925 年受托人法》第 2 章规定：受托人享有下列一般权利：（1）出卖、拍卖信托财产的权利；（2）按折旧条件出卖信托财产的权利；（3）开收据的权利；（4）通过互让解决债务的权利；（5）通过出卖、抵押等方式筹措资金的权利；（6）对信保险权利；（7）运用保险金的权利；（8）寄存证名文件的权利；（9）期待权与对信托财产的酌情处理权；（10）聘用代理人的权利；（11）同其他人保持一致的权利；（12）因正当事由委托他人处理信托事务的权利。

的规定和信托文件的约定,信托受托人对信托财产进行管理和利用使其保值增值的一种权利。受托人的投资权本质上是信托事务处理权利的一种。在现代信托制度下,信托财产投资增值是信托业的基本模式,也是信托业蓬勃发展的根本原因。关于受托人投资权的权利来源,一般认为主要是依据委托人在信托文件中的明确约定,而相关的成文立法是另外一个重要的权利来源。例如,英国,作为信托制度发展的起源地,在早期,受托人权利完全是源于委托人在信托文件中的约定授权。如果信托文件中没有投资权的相应授权约定,那么受托人就不得将信托财产用于任何形式的投资。这一时期的信托制度重在财产保值。后来,英国关于信托的制定法逐步主动赋予信托受托人以投资权。信托立法史上,英国《1859 年财产法(修正)》首次明确规定信托受托人享有有限的投资权,可以将信托财产投资于少数几个特定的投资项目。经过一个世纪的发展,为了适应本国信托的实际发展,英国《1961 年受托人投资法》在《1859 年财产法(修正)》规定的基础上增加了投资权的权限和范围,进一步对投资权进行了扩大规定。至此,在英国,信托受托人依据信托文件的书面约定而享有相应的投资权;倘若信托文件没有具体投资权的书面授权或者授权不明确,那么原则上受托人享有《1961 年受托人投资法》中规定的投资权利。当然,英国《1961 年受托人投资法》中规定的信托受托人投资权并不是完全的、自由的,而是有投资范围和项目限制的。该法采用了列举方式来明确和限定信托投资的范围和项目,即信托投资的"法定投资目录"。与此同时,英国《1961 年受托人投资法》还规定了一些其他限制性内容,要求受托人在行使投资权时必须遵守。例如,信托受托人在将信托基金进行投资时,首先,应当将信托基金均分为二,分别投资;其次,应当绝对保证两个部分的资金相互独立,避免风险交叉。信托受托人必须将其中一半资金投资于安全信用高、风险较低的如政府债券、银行存款等领域;另一半资金则可以投资于股票证券、公司债券等风险较高的领域。不过值得注意的是,英国《1961 年受托人投资法》中关于信托投资时规定的 50∶50 的划分比例,后来因为规定过于谨慎和僵化而逐渐被批评和抛弃。英国 1986 年的修改法案将信托投资比例修改为 25∶75 的划分比例,其中"受托人可以将 75% 的信托基金投资于风险较大的公司债券和其他债券"。[1] 这些由信托法律制度明确规定的信托财产投资的限制性规定,我们可以称之为"法定投资限制规则"。

在信托业同样发达的美国,相关立法也规定了信托受托人的投资权,同样是以信托文件约定为主,以信托法律规定为辅。美国的信托法律制度还明确规定了信托受托人在进行信托财产投资时应当遵守的一系列规则。这一系列规则往往体现为受托人

---

〔1〕 何宝玉:《信托法原理研究》,中国政法大学出版社 2005 年版,第 231 ~ 232 页。

的应尽义务,如《美国信托法重述》中的受托人之"谨慎义务",即"在没有信托条款明确约定或成文法另有规定的情况下,信托受托人在进行投资时应当并且只能如同一个谨慎的人将自己的财产进行投资时那样进行谨慎投资,并合理注意信托本金的安全性和投资收益的幅度和频率"。后来,1992 年《第三次美国信托法重述:谨慎投资人规则》首次系统、全面地阐述了"谨慎投资人规则"及其内容。[1] 1994 年,美国《统一谨慎投资人法》颁布实施,该法对于谨慎投资人规则规定的内容更加具体和细化。在该法中,谨慎投资人规则要求信托受托人在进行信托投资时必须谨慎、合理、充分地考虑多种因素。[2] 谨慎投资人规则是美国信托法中专门规制受托人投资行为的规范体系,是美国信托法中投资部分的主导性规范和重要指南,其核心内容已为美国绝大多数州立法所采纳。谨慎投资人规则是由美国信托法律制度独创的一种信托法律规则,与两大法系的信托法律制度均有所不同,本质上是一种防范金融市场系统性风险、适应信托业务高速发展需求的自我监管模式,属于独一无二的信托法律制度设计。相较于之前的法定投资限制规则,谨慎投资人规则自然有很大的进步和优势:(1)谨慎投资人义务不但针对某个具体单个投资行为,而且是基于信托财产投资的整体;(2)谨慎投资人规则要求受托人首先应当对信托财产的全部投资的风险和收益进行合理的全面的衡量;(3)投资权限和投资范围不再有限制,信托受托人遵守谨慎投资人规则的要求,可以自由进行信托财产投资;(4)谨慎投资人规则要求,信托受托人应当保持信托财产投资的多样性和分散性;(5)允许信托受托人在保证信托财产安全的前提下,必要时可以转委托他人,将信托财产的投资和管理权限授予他人。概括而言,谨慎投资人规则是要求信托受托人应当如同一个谨慎的投资人那样,运用合理的"注意"、"技能"和"审慎"来管理和投资信托财产。谨慎投资人规则制度将传统的信托投资的善良管理人的注意义务从抽象的、弹性的规范转化为系统化、制度化的具体规则,逐渐发展为两大法系信托法律制度共同认可的关于信托财产投资的最重要的一个规则。

在大陆法系,信托受托人的投资权并没有直接规定在信托法律制度中,大都采用在信托文件中明文约定的方式明确投资权。不过,我国银保监会制定的相关监管法规对受托人的投资权有所涉及,主要是部分原则性的规定,如《信托公司管理办法》第 18

---

[1] 《第三次美国信托法重述:谨慎投资人规则》中明确规定,信托受托人对受益人负有一个谨慎投资人的义务,即信托受托人应当按照法律相关规定,依据信托目的、信托条款、分配要求和其他情形,对信托财产进行谨慎管理和投资。

[2] 这些因素包括:(1)总体经济情况;(2)通货膨胀或通货紧缩可能产生的影响;(3)投资决策或投资策略可能产生的税收后果;(4)每一项投资或投资行为在总体投资组合中的作用;(5)预期的总收益;(6)受益人的其他生活来源;(7)资产流动性的要求等。

条有部分原则性的规定,但没有明确投资权限和投资范围。[1] 我国《企业年金基金管理办法》中的相关类似规定,可以作为信托投资尤其是慈善信托的财产投资时风险规制的考量和参考依据。[2]《企业年金基金管理办法》中第46~48条和第53条对企业年金基金的投资作出了明确的严格的限制,如果企业年金作为信托财产是以信托投资的方式进行投资增值,那么这种谨慎投资的限制规定,采取的是"限量监管"的方式,即法律法规事先确定信托财产可投资的范围、类型、投资比例、改正规则和绝对禁止投资范围,并严格要求受托人遵循和执行。

我国《信托法》对于受托人的谨慎义务的规定也是原则性的。"但仅限于点到为止的宣言式规定,并没有明确规定'谨慎'的判断标准,因此在实践中缺乏可操作性。"[3] 具体到慈善信托,《慈善信托管理办法》也仅仅规定了基本的投资原则,即第30条表明:"慈善信托财产运用应当遵循合法、安全、有效的原则,可以运用于银行存款、政府债券、中央银行票据、金融债券和货币市场基金等低风险资产,但委托人和信托公司另有约定的除外"。并且特别规定:"不得借慈善信托名义从事非法集资、洗钱等活动。"

3. 报酬取得权

(1)报酬取得权的内容

报酬取得权,是指信托受托人因管理委托事务而取得的请求支付合理报酬的权

---

[1] 《信托公司管理办法》第18条规定:"信托公司可以根据市场需要,按照信托目的、信托财产的种类或者对信托财产管理方式的不同设置信托业务品种。"

[2] 《企业年金基金管理办法》第46条规定:"企业年金基金投资管理应当遵循谨慎、分散风险的原则,充分考虑企业年金基金财产的安全性、收益性和流动性,实行专业化管理。"第47条规定:"企业年金基金财产限于境内投资,投资范围包括银行存款、国债、中央银行票据、债券回购、万能保险产品、投资连结保险产品、证券投资基金、股票,以及信用等级在投资级以上的金融债、企业(公司)债、可转换债(含分离交易可转换债)、短期融资券和中期票据等金融产品。"第48条规定:"每个投资组合的企业年金基金财产应当由一个投资管理人管理,企业年金基金财产以投资组合为单位按照公允价值计算应当符合下列规定:(一)投资银行活期存款、中央银行票据、债券回购等流动性产品以及货币市场基金的比例,不得低于投资组合企业年金基金财产净值的5%;清算备付金、证券清算款以及一级市场证券申购资金视为流动性资产;投资债券正回购的比例不得高于投资组合企业年金基金财产净值的40%。(二)投资银行定期存款、协议存款、国债、金融债、企业(公司)债、短期融资券、中期票据、万能保险产品等固定收益类产品以及可转换债(含分离交易可转换债)、债券基金、投资连结保险产品(股票投资比例不高于30%)的比例,不得高于投资组合企业年金基金财产净值的95%。(三)投资股票等权益类产品以及股票基金、混合基金、投资连结保险产品(股票投资比例高于或者等于30%)的比例,不得高于投资组合企业年金基金财产净值的30%。其中,企业年金基金不得直接投资于权证,但因投资股票、分离交易可转换债等投资品种而衍生获得的权证,应当在权证上市交易之日起10个交易日内卖出。"第53条规定:"企业年金基金证券交易以现货和国务院规定的其他方式进行,不得用于向他人贷款和提供担保。投资管理人不得从事使企业年金基金财产承担无限责任的投资。"

[3] 于海涌:《论信托财产的所有权归属》,载《中山大学学报(社会科学版)》2010年第2期。

利。报酬取得权不是信托受托人因信托设立后当然享有的权利,需要通过信托文件予以确认。早期的信托一般不以支付受托人报酬为原则,随着社会经济的发展,受托人取得报酬是其盈利和发展的一种基本方式。目前,一般来说,无论英美法系还是大陆法系的国家,商事信托中受托人收取合理的报酬是合法的、通行的做法。如日本《信托法》通过间接规定的方式确定了营业信托受托人的报酬取得权,第35条规定,"受托者除作为营业而承受的信托外,非有特殊约定的不得取得报酬"。我国《信托法》也有类似规定,其中第35条规定了受托人按照信托文件约定或者通过当事人协商而获得报酬的权利。[1]

现代各国信托立法都本着意思自治原则,允许信托当事人在信托文件中就有关报酬的具体事项予以约定。综观各国信托立法,信托受托人报酬取得权的来源一般有三种:

第一种为信托文件明确约定。信托当事人通过事先友好协商,可以在信托文件中就受托人的报酬等有关信托事务作出明确具体的约定。我国《信托法》第9条规定,首先明确了信托文件中应当载明的法定事项,其次进一步明确了信托当事人可以自由选择的载明事项,即信托财产的管理方法、受托人的报酬、新受托人的选任方式等其他事项。[2] 从此条规定可以看出,受托人的报酬事项是信托文件的选择条款,信托当事人意思自由,可以约定也可以不约定。

第二种为信托存续期间信托当事人协商追认。这种情形发生在信托依法成立之后,如果受托人报酬事项在信托文件中未作具体的预先约定或者约定不明确的,那么信托当事人可以在信托存续期间的任何时候就报酬事项另行协商。经过信托当事人协商同意后达成一致意见的,对信托受托人的报酬可以作出补充约定。我国《信托法》第35条规定的内容即是如此。

第三种为法院的裁决。在英美法系国家和地区,信托受托人的报酬取得权除了基于信托文件的约定之外,很大程度上还受到法院判决的直接影响。英美法系的法院在信托受托人报酬取得这一问题上享有较大的裁判权力。在美国,根据相关司法判例,如果信托受托人在处理信托事务的过程中遭遇不可抗力因素或者不可预料的困难,法

---

[1] 我国《信托法》第35条规定:"受托人有权依照信托文件的约定取得报酬。信托文件未作事先约定的,经信托当事人协商同意,可以作出补充约定;未作事先约定和补充约定的,不得收取报酬。约定的报酬经信托当事人协商同意,可以增减其数额。"

[2] 我国《信托法》第9条规定:"设立信托,其书面文件应当载明下列事项:(一)信托目的;(二)委托人、受托人的姓名或者名称、住所;(三)受益人或者受益人范围;(四)信托财产的范围、种类及状况;(五)受益人取得信托利益的形式、方法。除前款所列事项外,可以载明信托期限、信托财产的管理方法、受托人的报酬、新受托人的选任方式、信托终止事由等事项。"

院有权根据受托人的申请而依法裁定直接增加报酬或者给予一定的额外报酬。与此相对应的是，如果信托受托人违背信义义务等有不当行为的，法院有权根据受益人或者第三人的申请而依法裁定降低或者剥夺受托人的报酬。与英美法系不相同，在大陆法系国家和地区，法院原则上不会干预信托受托人的报酬取得权利，除非信托文件有明确约定。

(2)报酬取得权的行使

信托受托人享有取得报酬的权利后，向谁请求支付报酬，各国立法不尽相同。日本《信托法》对受托人报酬的支付义务人未作明确规定，仅就第 37 条规定“受托人应从信托财产中取得报酬时，其报酬准用前条的规定。受托人应从受益人取得报酬时亦同”。我国信托立法上对此也未作明确规定，仅规定对于信托受托人报酬的支付义务人和支付方式由当事人自行约定。根据我国《信托法》第 9 条和第 35 条的规定，信托当事人可以在信托文件中协商约定受托人报酬、支付义务人等相关事项。与日本和我国的立法类似，美国《信托法重述》(第 2 版)中虽然也规定了信托受托人的报酬取得权，但是同样未明确规定报酬支付义务人。就其第 242 条规定的具体内容来看，仅是规定受托人基于其提供的信托服务而有权从信托财产中获得报酬，信托文件另有规定的除外，并未规定具体的支付义务人和支付标准及方式。[1]

虽然各国的立法并未明确规定信托受托人的报酬的支付义务人，但是根据传统信托理论，信托关系中受托人的报酬的支付义务人一般有四类：

第一，信托财产支付。这是各国普遍的通行做法，在信托文件中明确约定信托报酬由信托财产支付。在这种情形下，信托受托人根据信托文件的明确约定，自行从信托财产中获得报酬。与此同时，为防止信托受托人不当获取报酬，各国立法都对其进行监管和限制。例如，我国《信托法》第 36 条规定了信托受托人有不当行为时不得获取报酬。[2] 这是从维护受益人权益角度考量。

第二，委托人支付。各国立法对于信托受托人的报酬取得及其支付一般都秉持自由约定原则——由信托当事人自行协商确定相关事项并记载于信托文件之中。如果信托文件中约定委托人是信托报酬的支付义务人，那么受托人有权向委托人请求按照约定支付报酬；如果信托委托人在信托存续期间死亡的，受托人还有权向委托人的继承人在其继承的财产范围内请求支付。值得注意的是，根据继承法律相关规定，如果

[1] 美国《信托法重述》(第 2 版)第 242 条规定：“受托人有权就其担任受托人提供的服务，从信托财产中支取报酬，但信托条款另有规定，或者受托人同意不收取报酬或同意放弃报酬的除外。”

[2] 我国《信托法》第 36 条规定：“受托人违反信托目的处分信托财产或者因违背管理职责、处理信托事务不当致使信托财产受到损失的，在未恢复信托财产的原状或者未予赔偿前，不得请求给付报酬。”

继承人放弃继承信托委托人财产的,信托受托人的信托报酬支付请求权则无法行使。

第三,受益人支付。同理,如上所述,如果信托当事人自由协商在信托文件中约定信托报酬的支付义务人为信托受益人,那么信托受托人有权向受益人请求按照信托文件约定支付报酬。但是,如果信托受益人放弃信托受益权或拒绝信托利益,那么受托人就不能直接向受益人行使报酬支付请求权;在这种情况下,应当由信托当事人进行协商并变更约定。

第四,受托人选择支付义务人。信托文件中明确约定了信托报酬的其他事项,但没有明确约定信托报酬支付义务人的,受托人可以要求委托人或受益人支付报酬,也可以从信托财产中提取信托报酬。

(二)慈善信托受托人的一般义务

国内关于信托受托人的义务的研究较多,如周小明认为,信托设立后,受托人享有几乎完全的自主的管理权利,委托人和受益人原则上不介入信托财产的管理和运营。[1] 显而易见,在受托人与受益人之间的法律关系中,受托人的权利与受益人的风险成正比,受托人享有的权利越大,就越处于强势地位,受益人因此遭受权益损害的风险越大。因此,为了防止受托人滥用其充分的信托财产权牟取不当利益,确保受托人始终遵守信托文件,切实维护受益人利益,信托法律制度中自然为受托人规定了严密苛刻的义务。余卫明认为,“与英美法系国家不同,大陆法系国家在研究一项法律制度时,首先要解决的问题就是对其定义进行准确的界定,然后再顾及其他”[2]。在《信托受托人研究》一书中,余卫明对信托受托人的资格和种类、确立和更换、权利义务与法律责任进行了全面研究。根据信托法一般原理,慈善信托的受托人在处理信托事务时,和其他种类的信托受托人一样,应当遵循信托受托人的一般义务。而且,慈善信托的受托人还应当负有一些有别于私益信托的特殊的义务,这是由慈善信托的双重属性决定的。至于慈善信托受托人应当负有的有别于一般私益信托一般义务的特殊义务如何界定和解读,值得学者们更进一步研究。

英国信托法学者潘纳(Penner)教授认为,信托受托人的义务应当合理地区分为信义义务与其他义务。信义义务有时候也称为忠实义务。对于信托受托人来说,并不是所有的违反信托义务的行为都是违反信义义务。二者有很多不同之处,信义义务和信托的约定义务之间的关系值得研究。[3]

---

〔1〕 周小明:《信托制度比较法研究》(第2版),法律出版社1997年版,第152页。

〔2〕 余卫明:《信托受托人研究》,法律出版社2007年版,第1页。

〔3〕 J. E. Penner, *The Law of Trusts*, 4th edition, Oxford University Press, 2005, p. 22.

一般来说,慈善信托受托人的一般义务包括亲自管理义务、分别管理义务与忠实义务。

1. 亲自管理义务

慈善信托的受托人管理、处分信托财产既是一项权利,也是一种义务。慈善信托的受托人依据信托文件取得并持有信托财产,按照信托文件约定和法律规定管理、处分信托财产,而且通常情况下这种义务应当亲自履行,非经信托文件同意和法律规定一般不得擅自转委托第三人,这是慈善信托受托人的"亲自管理义务"。当然,随着社会分工的细化和信托运行的专业化,在追求效率性的前提下,亲自管理义务并不是绝对的。大陆法系国家和地区的相关法律制度中都有信托受托人亲自管理义务的例外规则,允许信托受托人在一定条件下将处理信托事务的权利转委托给适格的第三人。亲自管理义务的例外规则一般认为有三种类型:一是信托文件中明确约定信托受托人委托第三人执行信托事务的授权;二是实际中存在信托受托人执行信托事务的障碍且经过受益人同意的;三是在其他情况下为了受益人利益或信托目的,信托受托人的临时转委托行为。临时转委托在我国《信托法》第 30 条中有规定,即信托受托人可以委托他人处理信托事务并对委托行为承担责任。[1] 在英国,《1925 年受托人法》第 23 条和第 25 条都规定了受托人为了实现信托目的,可以转委托第三人执行信托事务,并且进一步规定,如果受托人转委托的行为是善意的,对转委托代理人的过失行为不用承担不利责任。本书认为,基于慈善信托的特殊性,为了保证慈善信托财产的绝对安全,提升慈善信托的社会公信力,增强其慈善性,无论是信托公司还是慈善组织作为受托人,都应当严格履行亲自管理义务,原则上不应当转委托,除非慈善信托委托人事先在信托文件中明确约定或发生法定情形。这既是对慈善信托委托人的尊重,也是慈善信托合法性机制的基本要求。

2. 分别管理义务

根据一般的信托法原理,信托财产具有完全的独立性。相较于一般信托财产,慈善信托财产更是被赋予了慈善属性和社会期待,因此,鉴于慈善信托的公益性,慈善信托受托人更应该保证信托财产的独立性。这种独立性不但要保证信托财产与委托人、受托人和受益人各自固有的自有财产相互独立、相互分离并且不被第三方债权追索,而且还要保证与受托人管理的其他信托财产严格区分、相互独立。慈善信托受托人在对信托财产进行管理和处分时,应当严格遵守信托目的,将慈善信托财产与其他信托

[1] 我国《信托法》第 30 条规定:"受托人应当自己处理信托事务,但信托文件另有规定或者有不得已事由的,可以委托他人代为处理。受托人依法将信托事务委托他人代理的,应当对他人处理信托事务的行为承担责任。"

财产进行严格的独立区分而分别进行管理和处分。此项义务也称为“分别管理义务”，譬如，我国《信托法》第29条[1]和我国台湾地区“信托法”第24条都有“分别管理”的相关规定。[2]

3. 忠实义务

忠实义务，也称为信义义务，是传统信托法原理中的一个极其重要的义务，是维系信托法律关系的基石。所谓忠实义务，是指信托受托人负有的在执行和处理信托事务过程中的全部行为和意图，都必须是为了信托受益人的权益，在任何情况下都不得有违背信托目的或者其他利益冲突的意图和行为。我国台湾地区学者叶赛莺在其著作《信托法专论》中对忠实义务有专门论述:“受托人对受益人负严格责任，负有唯一的为受益人利益而管理信托事务的义务，限制受托人的执行权力，一旦执行就要忠实的不能有任何错误的执行，不能与委托人的任何合理期待相违背，严禁受托人从信托管理中为自己或者第三人谋利的义务。”[3]日本《信托法》中也明确规定了忠实义务，其第8条规定:“受托人除作为受益人可以享有信托利益外，不得以任何人的名义享有信托利益。”第30条规定:“受托人必须为受益人忠实处理信托事务。”换言之，日本《信托法》在法律条文中直接使用的是“忠实”的概念。不过，忠实义务并未直接规定在我国《信托法》中，而使用的是“诚实、信用”的概念。虽然我国《信托法》没有直接使用“忠实义务”这一术语，但可以从《信托法》第25~28条归纳出该原则。我国《信托法》中这几条内容明确了信托受托人执行和处理信托事务的原则是应当“为了受益人的最大利益”，受托人应当“诚实、信用”，不得取得信托利益并且禁止将信托财产以任何方式转变为固有财产。更严格的是，我国《信托法》第26条明确规定信托受托人不得因处理信托事务而取得利益，除非在信托文件中有信托报酬的具体约定。对于忠实义务的内涵，日本信托法学者四宫和夫从三个层面进行了阐释:第一个层面是信托受托人不得使信托财产的利益与个人利益处于相冲突的地位上;第二个层面是信托受托人在处理信托事务时不得谋取自身利益;第三个层面是信托受托人在处理信托事务的时候不得为第三人谋取利益。[4]因此，忠实义务的最直观的要求是信托受托人不得为自己或者他人谋取信托利益或者私人利益。

---

[1] 我国《信托法》第29条规定:“受托人必须将信托财产与其固有财产分别管理、分别记帐，并将不同委托人的信托财产分别管理、分别记帐。”

[2] 我国台湾地区“信托法”第24条规定:“受托人应将信托财产与其自有财产及其他信托财产分别管理。信托财产为金钱者，得以分别记账方式为之。”

[3] 叶赛莺:《信托法专论》，台北，新学林出版股份有限公司2013年版，第56页。

[4] [日]四宫和夫:《信托法》(新版)，有斐阁1989年版，第231页。

忠实义务是一种严格责任，在法律后果上体现的是"无过错归责"的举证规则——信托受托人只要存在违背忠实义务的行为，无论何种形式，都不需要信托受益人举证证明信托财产或信托利益因此遭受损害。进一步来说，违背忠实义务的行为导致的利益冲突或利益损害是否真正存在并非充分必要条件，有时候利益冲突或利益损害实际上并未发生，只要有合理理由认为存在这种可能性、倾向性或者危险性，那么受托人违背忠实义务的责任就会成立。再进一步来说，即使信托受托人在从事某些行为的时候是善意和诚实的，也不能以此抗辩。显然，这是一种无过错责任，信托受益人等其他相对方不承担证明责任。

(1)忠实义务的突破

根据传统信托法原理，忠实义务要求信托受托人必须为且只能为信托受益人的利益处理信托事务，信托受托人在任何交易中获得事实上的或者潜在的利益都被认为是违反了"只为受益人的利益"规则，而不管此交易实际上对受益人的权益是否更加有利。因此，忠实义务一般禁止"自我交易"(自己代理)和"双方代理"[1]。无论英美法系还是大陆法系，禁止自我交易规则几乎可称为信托法律制度中的一项绝对性规则，不管信托受托人是否利用其受托人地位，只要受托人自己参与信托财产的交易，该规则就适用。不过，禁止自我交易规则也是建立在某种实际困难之上的，绝大部分情况下，法院很难证明受信托人在购买信托财产过程中是否利用了他的受托人地位，受益人更难以证明。

不可否认的是，有时候，信托受托人处理信托事务的行为在使信托受益人受益的同时也能够使受托人自己获利。因此，我们应该重新审视忠实义务规则，该规则的本质目的应该是"为了受益人的最大利益"，而不是"仅仅为了受益人的利益"。因此，应当在有限程度范围内容许利益冲突行为的正当性。我国《慈善信托管理办法》第31条也明确规定了禁止"自我交易"和"双方代理"，但是也有但书规定。[2] 该项规定对信托传统的禁止"自我交易"和"双方代理"的规则有一定突破和创新，尊重信托当事人的自由选择，更加注重慈善信托的效率性和营利性。

(2)忠实义务的规制

①归入权

我国《信托法》规定信托受托人是为了信托受益人的利益管理财产，除了通过信托

---

〔1〕 此处的"双方代理"，是指同一信托受托人名下或管理的多个信托财产之间进行交易。

〔2〕《慈善信托管理办法》第31条规定："受托人不得将其固有财产与慈善信托财产进行交易或者将不同委托人的信托财产进行相互交易，但信托文件另有规定或者经委托人同意，并以公平的市场价格进行交易的除外。"

文件约定的方式取得信托报酬以及根据第28条但书条款保留部分利益之外，不得以任何方式利用信托财产在任何时候为自己谋取私人利益。如果信托受托人在管理和处分信托财产的过程中违反此规定，其获得的相应利益应当全部归入信托财产。对于慈善信托而言，其受托人更应当严格遵守忠实义务，在任何时候不得以任何方式因管理信托事务而牟取私人利益。如果受托人因管理慈善信托事务而获得私人利益，都应当及时、全部归入慈善信托财产。慈善信托对于受托人忠实义务的要求应当比一般私益信托更加严格，这是由慈善信托的慈善性决定的。只不过，需要注意的是，我国《信托法》并没有规定归入权的主张主体、行使对象以及程序方式等具体举措，缺乏相应的配套执行规则。《慈善法》等相关法律法规对此亦无规定。

②赔偿责任

负有义务即存在责任。“在违反义务的法律效果上，大陆法系倾向于强调违法义务的法律后果——法律责任，英美法系侧重于权利受到侵害时的救济。”〔1〕对于信托受托人违背忠实义务而言，“违背信托的受托人所应承担的责任与受到损害的受益人所应得到的救济在本质上是一个问题的两个方面，因为受托人的行为所产生的损失直接影响到受益人的利益”。〔2〕对于违背忠实义务而产生的赔偿责任问题，美国信托法律制度规定的较为详细，值得借鉴。违反信托的相关赔偿责任的规定主要存在于美国《第三次信托法重述》及《统一信托法典》之中，且二者在赔偿责任的具体内容上相同。〔3〕美国《第三次信托法重述》中将赔偿责任形式区分为“金钱赔偿”和“特定财产返还”两种类型。对于信托受托人违反谨慎投资人规则的赔偿责任的法律性质，美国在《第三次信托法重述：谨慎投资人规则》和《统一谨慎投资人法》中都未能予以明确。对于信托受托人违反信托的赔偿责任的法律性质，我国学者的基本共识是其属于过失责任。张淳教授认为，尽管各国的信托法并未明确规定，受托人只有在因过失违反与管理信托财产有关的义务的前提下才承担赔偿责任，但其在事实上均将过失责任原则确立为受托人违反信托的赔偿责任的归责原则。〔4〕日本中野正俊教授和我国张军建教授也认为，信托受托人承担赔偿责任的基本要件之一是其管理或处分信托财产时存在故意或过失。〔5〕

---

〔1〕程燎原、王人博：《权利及其救济》，山东人民出版社1998年版，第349页。

〔2〕高凌云：《被误读的信托——信托法原论》，复旦大学出版社2010年版，第122页。

〔3〕姚朝兵：《美国信托法中的谨慎投资人规则研究》，法律出版社2016年版，第192页。

〔4〕张淳：《试论受托人违反信托的赔偿责任——来自信托法适用角度的审视》，载《华东政法学院学报》2005年第5期。

〔5〕［日］中野正俊、张军建：《信托法》，中国方正出版社2004年版，第173页。

对于赔偿范围,张淳教授认为,信托受托人的赔偿责任涉及直接损失和间接损失。所谓直接损失,一般是指信托受托人在处理信托事务的过程中违反信托义务的行为致使信托财产本身遭受的实际损失。间接损失则包括两种类型:一种间接损失类型是信托受托人在处理信托事务的过程中违反信托义务时自己或他人所获得的利益;另一种间接损失类型是信托财产正常情况下能够产生的合理的预期利益,即在处理信托事务的过程中,受托人违反信托义务的行为导致原本预期由信托财产在正常情况下合理派生出的利益减少或者未发生。换言之,如果信托受托人依法正常、谨慎、忠实地管理信托事务,不存在违反信托义务的行为,那么信托财产就能够派生出合理的预期利益。对于违反信托义务的赔偿责任的范围,美国《第三次信托法重述》第 100 条规定,"受托人违反信托应就下列事项承担责任:(a)恢复信托财产及其收益的价值至如果受到违反信托影响的那部分被适当管理时的数额;或者(b)受托人违反信托所获得的任何个人利益"。并且该条的评论部分对上述两项赔偿的选择作了进一步的明确:"如果按照当时的情形允许在上述两项赔偿之间进行选择,此种选择的基本要求是其对信托和受益人而言更加有利。"美国《统一信托法典》中规定了类似的条款,第 1002 条(a)规定:"违反信托的受托人对受影响的受益人所承担的责任为下列项目中金额较大者:(1)恢复信托财产及其收益的价值至如果未发生违反信托时其所应处于的状态;或者(2)受托人因违反信托所获得的利益。"

(三)慈善信托受托人权利义务的特殊规制

前文业已论述,慈善信托具有不同于一般私益信托的双重属性,其受托人的权利义务虽然立足于一般信托的规则基础,但是基于双重属性的特殊性,内部运行机制对受托人的权利义务具有特殊规则的因应。

1. 限量监管原则和宗旨相关原则

对于慈善信托来说,由于其特殊的双重属性,应当区分其不同主体形式下的信托受托人的权利范围。当慈善信托的受托人为慈善组织时,慈善组织在自身运营和处理信托事务的过程中,必然遵守非营利组织和慈善领域的相关规则,其作为受托人的权利亦自然受到前述相关规则的影响。当慈善信托的受托人为专业的营利性的信托公司时,受托人的权利并不能完全等同于私益信托的受托人的权利,并不能完全按照信托公司的投资规则来管理和处分慈善信托财产。基于慈善信托的慈善属性,慈善信托财产的安全性应当被置于绝对高度。慈善信托的受托人在对信托财产进行管理和投资时,应当综合衡量信托财产的增值、保值和风险,严格遵守基本的信托投资规则和一些特殊的限制性规则。这些限制性规则主要表现为"限量监管原则"和"宗旨相关原则”。

我国《慈善法》第54条规定，慈善财产进行投资时应当严格遵守合法、安全、有效的投资原则以及收益全部用于慈善目的等原则。[1]《慈善组织保值增值投资活动管理暂行办法》第3条规定了慈善组织开展投资活动时应当以社会慈善为宗旨，所得收益必须全部用于慈善目的，并且应当遵守合法、安全、有效的投资原则。[2] 具体到慈善信托，《慈善法》关于慈善财产投资相关规定自然可以适用，我国《慈善信托管理办法》更进一步作了细化规定，其中第30条明确了慈善信托财产在投资运用时应当严格遵守合法、安全、有效的投资原则，并规定了低风险资产的投资范围。[3] 同时还特别规定："不得借慈善信托名义从事非法集资、洗钱等活动。"

对于慈善信托等慈善组织来说，其用于投资的财产范围、投资方式、投资范围均有法律规定和限制。《慈善组织保值增值投资活动管理暂行办法》第4条规定，对慈善组织的投资方式进行了界定；[4]第5条规定了慈善组织投资时可以投资的财产和禁止投资的财产类别；[5]第6条规定了慈善组织在进行财产投资时应当遵守防范投资风险原则和"宗旨相关原则"；[6]第7条规定了慈善组织在进行财产投资时应当遵守的禁止

---

[1] 《慈善法》第54条规定："慈善组织为实现财产保值、增值进行投资的，应当遵循合法、安全、有效的原则，投资取得的收益应当全部用于慈善目的。慈善组织的重大投资方案应当经决策机构组成人员三分之二以上同意。政府资助的财产和捐赠协议约定不得投资的财产，不得用于投资……"

[2] 《慈善组织保值增值投资活动管理暂行办法》第3条规定："慈善组织应当以面向社会开展慈善活动为宗旨，充分、高效运用慈善财产，在确保年度慈善活动支出符合法定要求和捐赠财产及时足额拨付的前提下，可以开展投资活动。慈善组织开展投资活动应当遵循合法、安全、有效的原则，投资取得的收益应当全部用于慈善目的。"

[3] 《慈善信托管理办法》第30条规定："慈善信托财产运用应当遵循合法、安全、有效的原则，可以运用于银行存款、政府债券、中央银行票据、金融债券和货币市场基金等低风险资产，但委托人和信托公司另有约定的除外。"

[4] 《慈善组织保值增值投资活动管理暂行办法》第4条规定："本办法所称投资活动，主要包括下列情形：（一）直接购买银行、信托、证券、基金、期货、保险资产管理机构、金融资产投资公司等金融机构发行的资产管理产品；（二）通过发起设立、并购、参股等方式直接进行股权投资；（三）将财产委托给受金融监督管理部门监管的机构进行投资。"

[5] 《慈善组织保值增值投资活动管理暂行办法》第5条规定："慈善组织可以用于投资的财产限于非限定性资产和在投资期间暂不需要拨付的限定性资产。慈善组织接受的政府资助的财产和捐赠协议约定不得投资的财产，不得用于投资。"

[6] 《慈善组织保值增值投资活动管理暂行办法》第6条规定："慈善组织在投资资产管理产品时，应当审慎选择，购买与本组织风险识别能力和风险承担能力相匹配的产品。慈善组织直接进行股权投资的，被投资方的经营范围应当与慈善组织的宗旨和业务范围相关。慈善组织开展委托投资的，应当选择中国境内有资质从事投资管理业务，且管理审慎、信誉较高的机构。"

事项,即不得进行投资的范围和行为。[1]

以上这些对慈善组织投资的相关规定,对于作为慈善组织类型之一的慈善信托来说,应当遵循。法律法规对于慈善信托在内的慈善组织的财产管理和投资的监管和规制,既有投资的基本原则要求,也有机构资格的要求和投资范围的限定,更有投资的"宗旨相关原则"要求和禁止投资范围规定。同时,还着重强调了"政府资助的财产和捐赠协议约定不得投资的财产"这两类特殊的慈善财产是被严格禁止用于投资的。这些规定既有传统信托投资的基本要素,也有别于传统信托投资的原则和要求,其内核实际上是慈善信托双重属性的体现。

2. 零利益规则

随着现代信托业的发展,信托受托人越来越具有专业性和壁垒性,受托人的权利也越来越扩张。因此,对于信托受托人的忠实义务要求也就越来越严格,忠实义务和谨慎投资人规则越来越处于信托法律关系的核心地带。忠实义务的一个重要表现就是零利益规则,这是法律施加给信托受托人的一项强制性的义务。一般理论认为,该原则就是要求信托受托人在处理信托事务的过程中,不能为自己或者他人谋取除了明确约定的报酬以外的任何利益。这主要是因为,信托受托人的主体身份具有双重属性,体现在:一方面,在英美法系,信托受托人是信托财产的普通法上的法定所有权人,受益人仅享有衡平法所有权——是形式意义上的所有权;在大陆法系,信托受托人是法律明确规定的信托财产的实际控制人和管理人,受益人仅享有信托利益的债权。另一方面,信托受托人必然有自己的私有财产,是自己私有财产的所有权人,势必要追求和维护自己独立的利益。我们假定,信托受托人在处理信托事务的过程中,信托利益和自身利益出现冲突,那么,信托受托人很可能利用双重身份的属性和优势地位在受益人和委托人不知情的情况下为自己或他人谋取私利,甚至会损害受益人的信托利益。在一定程度上,对于信托受托人来说,零利益规则的主要目的不是禁止受托人不当得利,而是事先杜绝受托人任何谋取私利的企图,避免出现自身利益和信托利益出现冲突的局面。因此,零利益规则的重心是事先防范,而不是事后救济,以期匡正和强化信托受托人在信托法律关系中的角色定位和义务。基于慈善信托的双重属性,其绝对公益性尤为重要,为了切实保障和维护受益人的权益,增强慈善信托的公信力,"零利益规则"在慈善信托中显得尤为重要。对于慈善信托的受托人而言,尤其是以信托

---

[1] 《慈善组织保值增值投资活动管理暂行办法》第7条规定:"慈善组织不得进行下列投资活动:(一)直接买卖股票;(二)直接购买商品及金融衍生品类产品;(三)投资人身保险产品;(四)以投资名义向个人、企业提供借款;(五)不符合国家产业政策的投资;(六)可能使本组织承担无限责任的投资;(七)违背本组织宗旨、可能损害信誉的投资;(八)非法集资等国家法律法规禁止的其他活动。"

公司为受托人的，应当严格恪守“零利益规则”，建立完整的慈善信托财产隔离制度和保护制度，维护慈善信托受益人的权益，同时也能够增强慈善信托的社会公信力。

3. 增值损害赔偿规则

所谓增值损害赔偿规则，慈善信托受托人违反慈善信托的义务时，应当对在没有这种违反信托行为的情形下信托财产将合理增加的利益部分承担赔偿责任。美国《第三次信托法重述》中规定，“增值损害赔偿规则已然成为一种原则而非例外”[1]。增值损害赔偿规则的合理性是显而易见的，一方面能够约束慈善信托受托人严格遵循谨慎投资人规则，保持忠诚和信义，最大限度地为受益人的利益服务；另一方面也能威慑慈善信托受托人不要怠于管理信托财产，在合法性压力下追求信托效率和社会承认。正如美国学者哈尔巴赫(Halbach)所指出的，“增值损害赔偿规则的目的在于确保运用了不适当的投资策略而忽略重要信义义务的受托人在信托财产本应获得利益却并未获得时，不会仅因为其投资项目在市场显著上升的时期避免了价值损失而获得免责”[2]。这一规则也是《第三次信托法重述》第 100 条评论(a)所追求的“使信托及其收益获得完全弥补”的制度实现。增值损害赔偿是“补偿充分性”及“强化对信托受益人的保护”的体现。[3] 换言之，仅仅恢复信托财产本身的价值至该财产被适当管理时的状态尚不能实现“完全弥补”，还应当恢复信托财产收益的价值至其被适当管理时的状态方能达到“补偿的充分性”。对于慈善信托而言，慈善信托财产的安全性因其绝对公益性而应当被放置在第一位，如果受托人有任何违反慈善信托目的或者违背忠实义务的不当行为，应当适用增值损害赔偿规则，对在没有这种违反信托行为的情形下信托财产将合理增加的利益部分承担赔偿责任。

三、慈善信托受益人

信托受益人，是指“根据委托人在信托文件中的指定而享受信托利益的人”[4]。换言之，信托受益人就是在信托设立的时候委托人自愿将信托利益主动给予的对象，是信托法律关系中享有信托受益权的人，但是一般不需要承担义务。信托受益人经常被提及，与受托人相对应。“在信托关系中，受托人对受益人负有不可削减的义务，并

---

[1] See C. Boone Schwartzel, *Is the Prudent Investor Rule Good for Texas ?*, Baylor Law Review 701, 2002, p. 812.

[2] Edward C. Hallbach, *Trust Investment Law in the Third Restatement*, *Real Property*, Probate and Trust Journal 407, 1992, p. 459.

[3] 徐卫：《信托受益人利益保障机制研究》，上海交通大学出版社 2011 年版，第 171 页。

[4] 陈大钢编著：《中国信托法与信托制度创新》，立信会计出版社 2004 年版，第 7 页。

且该义务可以由受益人强制执行。”[1]受托人对受益人的这种义务是信托法律关系的核心,至关重要。这是因为,“如果受益人不享有对受托人强制执行的权利,那么信托就不会存在了”[2]。长期以来,无论是在英美法系还是在大陆法系,公益信托或慈善信托的受益人一般不承担义务的原则得到普遍认可。两大法系的信托法律制度中基本上都没有对公益信托或慈善信托的受益人的资格、义务等方面作出限制和规定。公益信托或慈善信托的受益人既可以是不特定的自然人,也可以是法人或非法人的社会团体组织,甚至是特定的物或者行为。而且,公益或者慈善信托的受益人在法律上是被动的、被选择的,只要受托人选定的具体的受益人是严格按照信托文件之规定确定的,那么受益人有无行为能力也无关系。另外,基于慈善信托目的的公益性,“英国还规定受益人可以是物或者特定目的,如动物保护、环境保护等”。[3] 因为受益人在慈善信托设立时还是不特定的社会公众,是不具体、不确定的,所以在慈善信托法律关系中,受托人与受益人之间的关系也就演变成为受托人与不特定的社会公众之间的关系,“进一步说则是演变为受托人与公众之间的关系,或者说是受托人与一般社会的关系”[4]。

(一)慈善信托受益人的权利

慈善信托制度,在英美法系和大陆法系不同的制度环境中,有不同的法律渊源、传统文化和制度变迁。因此,慈善信托的受益人权利的范围和界定在两大法系中略有不同。

1. 英美法系慈善信托受益人的权利

在英美法系国家和地区,梳理分析相关信托法律制度,信托受益人在信托法律关系中享有信托受益权,是信托财产在衡平法上的所有者。根据传统信托法原理,信托受益人在一般情况下对受托人管理信托事务的行为无权干预,除非信托文件有明确约定。不过,为了保障信托受益权,信托受益人有权要求受托人正当、谨慎、忠实地处理信托事务,在必要的情况下还有权要求强制实施信托。只不过,由于慈善信托受益人的不确定性和分散性,部分信托受益人的权利在慈善信托法律关系中无法体现,更无法实施。

根据英美法系信托法律制度的相关规定,依照传统信托法原理,信托受益人享有

---

[1] 夏雨:《比较法视野下的慈善信托》,中国社会科学出版社 2017 年版,第 117 页。

[2] [英]D. J. 海顿:《信托法》(第 4 版),周翼、王昊译,法律出版社 2004 年版,第 169 页。

[3] 中国信托业协会编著:《慈善信托研究》,中国金融出版社 2016 年版,第 84 页。

[4] [日]四宫和夫:《信托法》(新版),有斐阁 1989 年版,第 308 页。

的一般权利包括但不限于以下几种:

(1)要求受托人维持信托财产的独立性并分别管理的权利。

(2)查阅信托账目,不定期检查监督信托财产运行状况及要求受托人对相关问题予以解释的权利。

(3)对受托人违反信托义务或者受托人有其他明显错误、重大过失的行为提出异议的权利。

(4)要求受托人对违反信托义务的行为进行改正和补救的权利。

(5)要求受托人因其违反信托义务而承担相应信托利益损失赔偿的权利。

(6)向法院申请解除受托人和变更受托人的请求权;请求法院给予特别指导或代为管理信托事务的权利。

(7)对恶意第三人的诉讼权利——信托受益人可以依法起诉有过错的侵权第三人,并且将受托人列为共同被告来维护自己的权益。"如果信托受托人存在为谋取私利而恶意处理信托财产或其他违反信托义务的行为,第三人明知或者应当知晓的情况下仍然为受托人提供帮助或协助,那么信托受益人有权起诉第三人,要求受托人和第三人承担共同连带责任。"[1]

(8)在特殊情况下,假定信托受益人是确定的,而且具有完全民事行为能力,那么所有的信托受益人取得集体一致同意后有权终止信托,并有权要求信托受托人按照受益人集体意思表示之决定来处理信托财产。这种特殊的权利可以称为"受益人集体意志信托终止权"。公益信托、慈善信托一般除外。

(9)在信托成立以后存在一些具备受益人条件,但是受益人不确定或者民事行为能力受限的潜在的信托受益人的情况下,如果所有的实际受益人基本同意,那么它们有权代为申请法院依法变更信托文件。"受益人可以代表那些潜在的受益人要求法院改变信托文件中的某些条款内容。"[2]

(10)在信托文件没有限制或者未违反法律禁止性规定的情形下,信托受益人对信托受益权享有自由处置的权利,即信托受益人有权将其享有的信托财产受益权进行出售、赠与或进行其他方式的处置。

(11)对信托财产享有法定的追索权。在英美法系中,当信托受托人违反信托义务将信托财产处分给第三方且第三方为善意的、已完成支付相应合理对价的时候,信托受益人"有权追踪受托人转让的信托财产,并从信托财产或其追踪物品中获得相当比

〔1〕 Fishman J. J, *The Faithless Fiduciary and the Quest for Charitable Accountability*, Carolina Academic Press, 2007, p. 36.

〔2〕 [日]赖源河、王志诚:《现代信托法论》(增订3版),中国政法大学出版社2002年版,第148页。

例的衡平法相关利益"[1]。

信托受益人除了享有法律制度和判例规定的上述权利之外,还能够享有一些其他权利,具体而言,"受益人的信托利益还可以由委托人以其自由意识表示而定"[2]。

慈善信托在形式上也属于一种信托类型,受益人具备享有上述列举的信托受益人之一般权利的正当性,这是信托法律关系所决定的。但是,由于慈善信托的受益人是不特定的,受益人的信托利益受到侵害时,不特定的社会公众作为受益人,是无法集体或者单个行使上述受益人权利来维护自己的信托权益的。因此,在慈善信托法律关系中,如果发生受托人违反信托义务或者受益人的信托权益被侵害的情形,一般由国家机关出面以特殊方式如公益诉讼等来行使救济权利。在英国,英国慈善委员会是代表慈善信托受益人行使权利的主要机构,英国皇家检察总长也可以代表慈善信托受益人行使权利。在美国,根据其相关信托法律制度,各州总检察长是代表慈善信托受益人行使权利的法定机构。这类机构是法律直接规定的、具有慈善信托监管职责的专门机构,在公益信托或慈善信托受益人权益被侵害时,有权代表不特定的社会公众行使信托受益人的相关权利,直接向法院提起诉讼要求救济。

比较研究后发现,在英美法系国家和地区,慈善信托法律制度原则上不允许某个受益人或若干个受益人行使受益人权利直接向法院提出诉讼。笔者认为,主要原因可能有三个:一是因为慈善信托的最终受益人是社会公众,范围是不特定的。"慈善信托的受益人仅仅相当于一种媒介,信托受益通过他们最终流向社会公众,社会公众才是真正的受益人。"[3]二是因为慈善信托受益人处于一种弱势法律地位。传统信托法律关系中,与委托人、受托人相比,信托受益人始终处于一种消极的、弱势的法律地位。这种消极的、弱势的地位在慈善信托中体现得更加明显,慈善信托的受益人因其不特定性和分散性而更加难以积极地行使受益权和救济权。在慈善信托法律关系中,慈善信托受益人不具有主动性,仅仅是处于一个等待分配信托利益的位置上;而且慈善信托具体的受益人在慈善信托成立之时并不确定,其信托受益人身份的选定和信托利益的分配都是被动的。与此同时,在慈善信托受益人存在"信息不对称"、法律地位弱势、自身法律意识不全等先天劣势的情形下,单独的或部分慈善信托受益人也不能有效地主张和实施权利。三是因为效率机制的正当性要求。从权益平衡的角度来分析,慈善信托受托人在管理和处分信托财产、处理信托事务的过程中,也需要法律规则来保障

---

〔1〕 周小明:《信托制度比较法研究》,法律出版社 1996 年版,第 86 页。

〔2〕 方嘉麟:《信托法制理论与实务》,台北,月旦出版股份有限公司 1996 年版,第 86 页。

〔3〕 Keeton G. W. & Sheridan L. A, *The Modern Law of Charities*, Northern Ireland Legal Quarterly, Vol. 25, No. 3(June 1992).

其受托人权利的合法、高效行使。唯有如此，才能够充分发挥慈善信托受托人在信托财产增值保值过程中的作用，保障和增加受益人的信托利益。这如同一枚硬币的两面，慈善信托受益人的权利固然重要，受托人的权利同样重要。为了保证“效率机制”的顺利运行，法律不能过度干预慈善信托受托人处理信托事务、管理和处分信托财产的权利。正是鉴于慈善信托受益人是范围不特定的社会公众或社会公众的一部分，立法上才不允许某个受益人或若干个受益人行使受益人权利直接向法院提出诉讼。假定在慈善信托法律制度中有规则规定任何一个慈善信托的受益人都有直接向法院起诉的资格，对受托人或者第三人提起相关诉讼，那么可以推论的是，我们就无法避免慈善信托的受益人因为各种各样的目的或利益而滥用诉讼权利，慈善信托受托人可能面临应接不暇的、各种不合理的甚至恶意的诉讼的干扰，进而严重影响慈善信托的运营和管理，阻碍慈善信托的慈善效应和公益性作用的发挥。同时，这种情形也是对司法资源的极大浪费。

2. 大陆法系慈善信托受益人的权利

通过梳理分析大陆法系的国家和地区相关信托法律制度，我们发现慈善信托受益人的权利与英美法系中的权利稍有不同。这主要是基于大陆法系法律制度中所有权制度和债权制度的不同。一般而言有以下几个方面：

(1)“向受托人主张信托利益的债权请求权”[1]。信托受益人的此项请求权主要包括：①信托财产被非法强制执行，向法院提出异议的执行异议请求权。②信托财产取回权。当信托受托人破产或者终止时，受益人有权请求取回信托财产。③撤销权。如果信托受托人违背信托义务而对信托财产有不当处分行为，受益人有权向法院请求撤销受托人的具体处分行为。④损害赔偿请求权，即信托受托人在管理信托事务过程中违反信托义务或者信托目的而造成信托财产损失或信托利益损失，受益人有权要求受托人恢复原状或者赔偿全部损失。

(2)信托受益权。一般是指信托受益人根据信托文件约定对信托财产享有信托利益的相关权利，即“有权要求受托人依照信托文件管理、运用、处分信托财产，并向其支付信托利益”[2]。

(3)信托强制履行请求权。当信托受托人未按照信托文件的约定处理信托事务或者有任何形式违背信托义务的行为时，信托受益人有权向相关机构请求强制受托人正确、完整、及时地履行信托义务。

(4)当慈善信托的受托人对信托利益的处理方法损害了受益人的权益或者不利于

---

〔1〕《英国信托法：成文法汇编》，葛伟军译，法律出版社2012年版，第56页。

〔2〕《英国信托法：成文法汇编》，葛伟军译，法律出版社2012年版，第60页。

实现慈善信托的慈善目的时,受益人对于受托人的信托利益的管理方法有变更请求权,即有权向法院或者主管机关提出请求,由它们直接变更或者要求受托人变更。

(5)监督权,即信托受益人对受托人处理信托事务的过程有权监督和检查。

(6)知情权,即信托受益人对信托财产和信托账目等信息和资料有权查阅和复制,有权要求受托人对相关问题予以解释和说明。

(7)解任请求权,即信托受益人在受托人违反信托义务或者侵害其权益时,有权直接向法院申请依法解任受托人,取消其受托人资格。

(8)撤销权,即在受托人违反信托义务而不当处理信托财产时,受益人有权向法院请求撤销其处分行为。并且,受益人有权向非善意第三人追踪信托财产。

需要特别说明的一点是,与英美法系的信托法律制度不同,大陆法系的信托法律制度中确立了一种完全不同的"信托监察人"制度。根据大陆法系的立法传统,在公益慈善领域,慈善信托的监察人根据法律规定直接享有很多原本属于信托受益人的权利,并且由信托监察人代替受益人行使上述权利。在此法律关系中,为了维护受益人的权益,保障慈善信托的正常运行,信托监察人有权以自己的名义来直接行使法律规定的相关权利,如参与诉讼等;如果信托文件另有特别规定的,按照信托文件的规定行使权利。

比较分析可知,无论是英美法系还是大陆法系的国家和地区,慈善信托相对于私益信托而言,其受益人的权利事实上是受到一定程度的限制的。这其中的根本原因在于慈善信托兼具公益性和营利性双重属性。慈善信托受益人相对于私益信托受益人受到的限制主要体现在以下方面:(1)慈善信托的潜在受益人在未被受托人按照信托文件规定选定为实际享有信托利益的确定受益人之前,无权要求受托人向其支付信托利益,也不享有监督权、撤销权等权利。(2)受益权受限,主要是指受益权的处置权受到一定的限制。信托受益人对于受益权的转让或处分行为,主要有三个方面限制:一是慈善信托文件有明确的禁止性规定,不允许受益人转让或者处分受益权。二是法律法规对慈善信托所规定的特别禁止事项。如依据公序良俗原则,慈善信托受益权如果是维持特定弱势群体的基本生活、医疗、教育的捐赠资金,那么受益人原则上不得随意转让。三是慈善信托特别约定特定受益人,基于该特别约定不能转让受益权,也即信托委托人在信托文件中虽然没有禁止受益权的转让或处分,但是明确规定了受益人必须是具有某种特定身份的人,不具备该特定身份则不能享有信托利益。基于特定身份的限制,受益权的取得、转让、承继等行为都必须限定为信托文件规定的特定身份的人。因此,在此情形下,受益权实质上是受限的,是不能转让或清偿债务的。

3. 我国慈善信托受益人的权利

慈善信托受益人应该享有哪些具体权利在我国《慈善法》中没有明确规定，这是比较遗憾的。因此，慈善信托受益人的权利可以参考我国《信托法》中关于受益人的相关规定。其中第49条内容可以视作原则上规定了受益人的基本权利，[1]受益人可以行使委托人享有的权利，即信托财产知情权，信托财产管理方案的调整权、监督权、撤销权，财产返还或者赔偿的请求权，解任受托人的权利，受益权，受益权的转让、处分和继承权利等。整体而言，我国《信托法》和《慈善法》对信托受益人的权利规定得不够全面，尤其是没有明确规定慈善信托受益人的权利，更没有具有可实际操作性的配套规定。立法缺失之处总结如下：

(1)我国《信托法》并未规定信托受益人对信托财产享有追踪权的救济方式。不同于英美法系信托财产的双重所有权，大陆法系的国家立法囿于"一元所有权"的限制，只能够将受益人的权利视为对受托人的债权。尽管信托财产是独立的，但是受益人不享有信托财产的所有权，只能够向受托人行使请求支付信托利益的权利。我国作为社会主义法系国家，与大陆法系的立法规定类似；在信托法律关系中，信托受益人不享有信托财产的所有权，其权利仅视为一种特殊的债权。

(2)我国《慈善法》第47条只规定了委托人解任和变更受托人的权利，没有考虑到当委托人不能或者怠于行使相关权利时，受益人是否有权依据明确的程序和规则来解任受托人或者请求变更受托人。

(3)我国《慈善法》并未明确慈善信托受益人行使权利的程序。我国现行的信托法律法规没有明确规定，在慈善信托受益人权利受到侵害时由国家机关代表受益人以公益方式行使权利。这个问题目前是含混不清的，受益人和监察人是否可以根据诉讼法程序向法院请求行使权利尚不得而知。更何况，慈善信托受益人在未被明确受益身份并被受托人选定为实际受益人之前，本质上是不确定的。因此，在慈善信托受益人未被确定之前，慈善信托的信托受益权也是处于一种无主的、不确定的状态。当然，我们似乎可以说还有慈善信托监察人制度可以依赖，信托监察人似乎有权根据慈善信托文件的约定来行使受益人的相关权利，但关键还要看慈善信托文件中对此有无规定、如何规定。而且，目前我国慈善信托是否设置信托监察人也是委托人的自由选择，如果没有设置信托监察人，慈善信托受益人则更显无助和尴尬，其权利也更显得苍白无力。

(4)慈善信托受益人身份和范围的界定存在不合理的限制。慈善受益人的确定在我国《慈善法》第58条中有相关规定，确定的基本原则是公开、公平、公正原则和利害

---

[1] 《信托法》第49条第1款规定："受益人可以行使本法第二十条至第二十三条规定的委托人享有的权利。受益人行使上述权利，与委托人意见不一致时，可以申请人民法院作出裁定。"

关系人禁止原则[1],《慈善信托管理办法》第10条进一步强化了利害关系人禁止原则:"慈善信托的委托人不得指定或者变相指定与委托人或受托人具有利害关系的人作为受益人。"从《慈善信托管理办法》的立法本意来看,第10条规定明确了慈善信托受益人的一个绝对性的排除范围:任何与委托人、受托人具有利害关系的人都不能成为慈善信托的受益人。从内容上看,此项规定立法本意是好的,但是过于绝对化,缺乏一定的科学合理性:

一方面,"利害关系"这一术语本身就存在模糊内涵,有很大的解释和操作空间。举一个简单的例子,类比"亲属关系"可以分为"直系亲属关系"和"旁系亲属关系",我们可以将"利害关系"再分为"直接利害关系"和"间接利害关系"。如此一来,关于"利害关系"的解释、理解和界定在慈善信托实践中都会存在争议和阻碍。如若是为了鼓励慈善信托的发展、践行扶贫救弱的慈善宗旨和本质目的,那么立法上和实践中就不应当过多地排除利害关系有一定模糊程度或者过于间接的群体。而且,巧合的特殊性还存在于,有些潜在的受益人具有双重身份——也许与委托人或受托人具有利害关系的人,恰好是需要救助的病人或者生活贫困人群——包含在慈善信托的目标人群范围内。如果依据法律规则排除对此类双重身份关系人群的平等救济,则明显违背公平原则和人道主义。

另一方面,慈善信托的一个重要特征是在设立时没有明确的受益人,其受益人是不特定的社会公众,需要受托人在信托设立后依据信托文件的规定来选定具体的、实际的信托受益人。在慈善信托设立时,委托人其实是无法指定或者变相指定具有利害关系的人作为受益人的,这是因为,一旦委托人指定或者变相指定了"利害关系人",也就意味着慈善信托的受益人在信托设立时已经明确化、具体化了,此时已经从根本上违背了慈善目的,该信托不再是慈善信托。

(二)慈善信托受益人权益平衡——受益人的义务扩张

基于慈善的本质,各国的慈善法律制度或信托法律制度都承认慈善信托受益人只享有权利而无须承担法定义务。但是,慈善信托受益人是否承担"意定义务"[2]在两大法系国家和地区的相关法律制度中都没有明确规定。慈善信托在设立的时候并不涉及受益人的权利义务,只需要委托人和受托人之间达成一致意思表示形成信托文件

〔1〕《慈善法》第58条规定:"慈善组织确定慈善受益人,应当坚持公开、公平、公正的原则,不得指定慈善组织管理人员的利害关系人作为受益人。"

〔2〕意定义务一般也可以称为约定义务。它不是基于法律规定产生的义务,而是基于当事人自愿约定产生的义务。

即可。按照民法的基本原理，如果在信托文件中为委托人和受托人以外的第三人（受益人）设定义务，则该义务必须经过第三人（受益人）同意。据此逻辑，虽然慈善信托的受益人没有法定义务，但是可以承担一定的意定义务，至少这一点是没有与之相反的禁止性规定的。如果慈善信托文件中明确规定了信托受益人要承担或履行一定的义务方能享受信托利益时，那么该项规定应当经过受益人同意后才对受益人具有约束力。只不过，笔者的这种观点仅仅是作为法学理论上的探讨，尽管法律规定没有明确禁止慈善信托的委托人和受托人在信托文件中给受益人设定义务，但是实际中几乎不存在慈善信托要求受益人承担约定义务的情况。政府部门和社会公众似乎都默认慈善信托本质就是从事慈善活动，是单方性的、直接性的扶贫救弱，纯粹付出而不应附加义务。换言之，慈善信托的受益人本身就处于"被慈善"的社会弱势地位，只要符合受益人资格并接受信托利益，法律制度就不应该要求他们在接受信托利益之前再履行任何义务。

从英国起源发展至今，慈善信托都是以受益人无须承担任何法定义务和意定义务的方式运行。但是，随着社会经济发展，整体的巨大进步和局部的差异化，慈善信托的发展已经具有要求受益人承担一定义务的新趋势。当然，这种趋势的动向很细微，目前还未进入公益信托尤其是慈善信托的主流研究领域，实践中也几乎不可见。不过，受益人义务的扩张在很大可能性上会成为慈善信托和公益信托将来发展的一个新趋势。尽管慈善信托的受益人本身就处于社会弱势地位，不应该再要求他们在接受信托利益之前再履行任何义务，只要符合受益人资格并接受信托利益即可。但是，如果慈善信托的受益人不是处于社会弱势地位的社会公众，而是其他社会组织和团体，那么是不是还无须承担任何约定义务？这值得我们进一步思考和分析。

据笔者考察，近些年一些特殊的慈善项目已经开始规定慈善受益人应当承担和履行一定的义务，只有承担了规定的前置义务，才可以接受和享有慈善利益。具体来看，要求受益人承担一定义务的情况主要集中于文化教育和疾病救治等领域。例如，比较常见的是那些救济和资助贫困家庭儿童上学的慈善信托项目，通常会明确要求家长只能专款专用，全部用于孩子的生活和教育，原则上禁止挪作他用。这种约定本质上就是一种约定义务。对于那些针对特殊人群疾病救治的慈善项目，一般也会规定相应的专款专用的约定义务。又如，一些国际慈善组织倡导的"肾源交换计划"[1]，或者一些通过公益途径接受器官移植的患者，往往也会签订一份自己死亡后无偿捐献器官的协

---

〔1〕 该计划是指不同家庭的亲属之间进行肾脏互换，帮助彼此需要肾脏移植的亲属。该计划的核心理念就是肾病患者在接受非亲属人士捐献的肾脏时，同时必须承担一项义务——本人的家属向其他不特定患者也捐献一个肾脏。该计划旨在提高配型概率，拯救更多的有需求的病人。

议，这种无偿捐献器官的行为，既是一种慈善爱心的公益行为，也是一种受赠移植器官后的约定义务。这些实践中的事例表明，在慈善信托设立和发展过程中，委托人和受托人可以根据慈善目的和实际情况，要求受益人履行一定的约定义务，受益人承诺履行义务是其获得信托利益的前提条件。当然，慈善信托文件中规定的受益人应当履行或者承诺履行的义务不得违反法律规定和慈善目的，也不得对慈善信托受益人获得信托利益造成实质阻碍。

慈善信托受益人义务的扩张，是受益人权益平衡机制的构建之一，能够维持受益人的权利义务平衡，促进受益人的权益平衡。一般而言，慈善信托受益人承担一定的约定义务，一方面，能够增强慈善信托的“合法性机制”，因为这种意定义务符合社会公众的道德要求，受益人在接受慈善信托的信托利益后承担一定的合理义务反哺社会，能够让社会公众对慈善事业产生更强的认同感，强化“社会承认逻辑”；另一方面，能够促使更多的人参与慈善事业，尤其是受益人自身也参与到慈善事业中，更能带动社会公众参与公益事业，促进慈善事业的发展。

第七章 我国慈善信托监管机制的不足与域外监管模式

一、我国慈善信托监管机制的不足

基于慈善信托立足于社会公众又服务于社会公众的慈善性、公益性,并兼具一定的创新性和风险性,政府势必要加强慈善信托的监管,在我国《信托法》和《慈善法》中均有明确规定[1],《慈善信托管理办法》第 6 条也规定,"国务院银行业监督管理机构及其派出机构、国务院民政部门及县级以上地方各级人民政府民政部门根据各自法定职责对慈善信托实施监督管理"。我国信托业在发展历程中先后经历五次较大的整顿和改革,一个重要原因在于监管体系不完善、不成熟,传统监管面临一些问题。慈善信托有不同于其他信托的特殊性,其监管面临以下问题:

(一)监管机构分离

我国对慈善信托的监管涉及两个部门:一个是主管社会组织工作的县级以上各级人民政府中的民政部门;另一个是国务院银行业监督管理机构及其派出机构,我们日常通称的各级银保监会。我国慈善信托,一方面依据《慈善法》之规定需要接受各级民政部门的监管;另一方面依据《信托法》的规定也要接受国务院银行业监督管理机构及其派出机构的监管。与此同时,慈善信托受到带有行政色彩的《信托法》及相关法规规章和带有社会法色彩的《慈善法》及相关法规规章的双重调整。本书将这种情形概括

---

〔1〕《信托法》第 62 条规定,"公益信托的设立和确定其受托人,应当经有关公益事业的管理机构(以下简称公益事业管理机构)批准。未经公益事业管理机构的批准,不得以公益信托的名义进行活动"。还可参见《信托法》第 64 条、第 67 条等规定。《慈善法》第 50 条规定:"慈善信托的设立、信托财产的管理、信托当事人、信托的终止和清算等事项,本章未规定的,适用本法其他有关规定;本法未规定的,适用《中华人民共和国信托法》的有关规定。"

为慈善信托的双重属性中的一个表现形式——双重监管。由于存在部门利益和责任之间的博弈,两个分离独立的部门对同一个社会组织进行监管,这种双重监管在一定程度上很可能导致"监而不管"。根据笔者在西南地区几个信托公司的调研资料,对于慈善信托的监管,一方面,无论是慈善组织作为受托人还是信托公司作为受托人,主要是民政部门在设立监管,银行业监管机构几乎不参与。一个重要的因素是处于起步阶段的慈善信托的资金量都很小,根本不入银行业(信托业)监管机构的"法眼"。另一方面,对于信托公司担任受托人的慈善信托,民政部门存在"信息不对称"的天然恐惧,"担心担责"而"慎之又慎"。民政部门对信托公司的逐利性持天然怀疑态度,在实际工作中将慈善信托"备案主义"变为事实上的"审批主义",对信托资金超过100万元的信托公司担任受托人的慈善信托采取"局长办公会"集体讨论、审核,导致登记时间延长、登记成本增加。根据某信托公司提供的材料,其申请设立慈善信托历经10个月都未能完成登记。事实上的"监而不管",严重影响了慈善信托委托人捐赠财产、设立慈善信托、从事慈善活动的积极性,给慈善信托的发展和慈善事业的形象带来负面影响,也与国家提倡的"全民慈善""慈善自由"的慈善精神背道而驰。

我国慈善信托一改《信托法》中对公益信托的审批制原则而实行备案制,实践操作上较为灵活,实用性强,具有许多优点。但是,我国备案制也存在较为明显的问题与疏漏。

第一,备案是否为慈善信托设立的有效要件。我国《慈善法》第45条的规定,并未明确慈善信托若未经备案是否设立有效这一重要问题,仅规定"应当"向民政部门备案,不备案的后果是"不享受税收优惠"。这是一种原则性规定,比较笼统。如果慈善信托的受托人没有依法备案,那么慈善信托的设立效力就存在争议。换言之,慈善信托受托人没有依法备案,慈善信托的设立可能具有否定性的法律后果。根据我国《慈善信托管理办法》第52条的规定,结合《慈善法》第45条的备案规定,可以认为,虽然第45条没有明确规定未经依法备案的慈善信托设立无效,但是可以推导出未经备案的慈善信托不属于合法有效设立的慈善信托,不能以"慈善信托"名义开展活动,更不能享受税收优惠。在这一点上,和其他大陆法系国家和地区的相关规定相比而言,我国慈善信托备案制度比行政许可制度似乎宽松一些,但在法律后果上应该说是一致的:未经备案或许可,慈善信托设立无效或者不合法。而且,这种理解也和我国《信托法》关于公益信托的登记规定相符合。

第二,备案制度的变更登记存在苛刻的时间限制和重复要求的悖论等问题。《慈善信托管理办法》第18条规定了申请备案时应当提交的备案材料,其中包括"委托人身份证明(复印件)和关于信托财产合法性的声明"。对于慈善信托设立后,慈善信托委托人连续不断增加的慈善信托或者资金不断增加的募集性慈善信托来说，如果慈善信托受托人严格按照《慈善信托管理办法》第 19 条和第 38 条的规定，对于每增加一位新的委托人，或者增加一部分新的信托财产，慈善信托就应当按照相关法律规定及时进行一次备案变更登记，那么慈善信托受托人似乎有着做不完的备案和无限制的成本支出。更加不合理的是，慈善信托变更事项的备案登记是一种强制性的义务规定，不但要求应当进行变更登记备案的义务性，而且还要求变更登记的及时性，最长期限为 40 天。《慈善信托管理办法》中关于慈善信托委托人和信托财产变更备案登记的规定，对于委托人和信托财产固定或者数量少、委托人和信托财产新增量小的慈善信托来说，几乎不存在现实操作中的问题。但是，对于慈善信托成立后运行过程中委托人数量新增较大和信托财产数额不断增加（尤其是现金捐赠性）的慈善信托来说，每增加一个新的委托人或者每增加一笔新的信托财产，其变更备案登记的及时性以及可操作性就明显存在缺陷、问题，至少理论上如此。而且，这也明显有悖于效率机制的要求。这些问题和疏漏需要相关法律制度进一步明确以及监管机关在实践中予以及时反馈和灵活监管，以免阻碍慈善信托的发展。

（二）持续监管存在缺陷

慈善信托的监管涉及从信托设立到运行以及终止清算全过程，是持续性的。我国目前在慈善信托运行过程中的持续监管机制尚不完善，存在一些较为明显的缺陷，主要有以下几点。

第一，《慈善法》和《慈善信托管理办法》均规定了慈善信托的监察人由委托人根据实际情况自行选择设置，是非强制性的非义务性的规定，但是《信托法》却规定公益信托必须设置监察人，是一种强制性的义务性的规定。与此相悖的是，我国《慈善法》规定慈善信托属于公益信托，公益信托的范围包括慈善信托，而慈善信托在是否设置信托监察人这一方面存在争议。相应地，慈善信托监察人对信托运营过程中的监督职能也无法完全体现，无法保证持续监管。

第二，我国现有的《慈善法》《信托法》《慈善信托管理办法》等相关法律法规对慈善信托监察人的任职资格、人数、选定与变更、议事规则、权利义务、法律责任等均没有明确的详细的规定，因此，政府部门对此方面的相应监管无从谈起。

第三，慈善信托运行过程中的变更登记监管存在缺陷，我国慈善信托设立登记实行备案制度，《慈善信托管理办法》第 18 条规定了申请备案时应当提交的备案材料，其中包括“委托人身份证明（复印件）和关于信托财产合法性的声明”。委托人身份证明及财产合法性声明在慈善信托初次设立登记时进行备案毋庸置疑，但是在实践中，对于一个公开存续、慈善信托委托人连续不断的或资金募集性的慈善信托来说，根据《慈善信托管理办法》第19条[1]和第38条[2]的规定，每增加一位新的委托人，或者增加一部分信托财产，慈善信托按照相关法律规定即应当进行一次备案变更登记。根据笔者的调研资料，对于委托人不断增加、信托财产不断更新的慈善信托来说，一是进行变更备案登记费时费力，甚至不可能完成，因为有些慈善信托的委托人成百个、成千上万个地不断增加。如果委托人的财产是现金捐赠，可能存在今天增加5万元、明天增加5元、后天增加1元的情形，即使按照"如当月发生两起或两起以上变更事项的，可以在下月10日前一并申请备案"的规定，也存在立法规定脱离实际的情形。二是这种似乎不切实际的备案变更登记，不仅直接导致时间和费用增加，提高了慈善信托的运行成本，而且还在某种程度上对慈善信托的设立和运行造成实质阻碍。假如一开始就预想到对于委托人和财产的变更备案如此烦琐和苛刻，委托人和受托人也许就不情愿在慈善信托成立后的运行过程中再不断允许增加委托人和财产，相当于间接禁止了社会公众对于某些慈善信托的捐赠，极大打击了社会公众从事慈善事业的热情，不利于慈善事业的宣传和发展。

第四，缺乏现场检查及权责划分。我国现行《慈善法》和《信托法》基本没有对慈善信托管理和运行过程中的现场检查进行规定，由此导致了民政部门基本上只负责备案登记，信托监管机构象征性地附带关注，双重监管机构"监而不管"的情形存在。现场检查制度能够强化民政部门和信托业监管部门对慈善信托运行的过程进行持续监管，各司其职，防微杜渐，避免监管失灵问题。

（三）税收监管和引导机制不够完善

慈善信托享受税收优惠政策具有正当性。我国《慈善法》和《慈善信托管理办法》均对慈善信托规定了税收优惠政策，因此，税务机关对慈善信托在一定程度上进行监管有其正当性和合理性。

但是，目前我国慈善信托的相关税收优惠的规定，在相关法律法规中仅仅是概括性的、原则性的规定，在法律制度层面缺乏明确可执行的制度规定和配套措施，更未能

---

[1] 《慈善信托管理办法》第19条规定："备案后，发生第三十八条规定的部分变更事项时，慈善信托的受托人应当在变更之日起7日内按照第十八条的规定向原备案的民政部门申请备案，并提交发生变更的相关书面材料。"

[2] 《慈善信托管理办法》第38条规定："根据信托文件约定或者经原委托人同意，可以变更以下事项：（一）增加新的委托人；（二）增加信托财产；（三）变更信托受益人范围及选定的程序和方法；（四）国务院民政部门和国务院银行业监督管理机构规定的其他情形。"

和财税法律制度实现完美衔接。在现实环境中，慈善信托和公益信托的税收优惠虽然有法律明文规定，但在实际操作中面临诸多问题，根据笔者的调研资料，以下几个问题较为突出：(1)信托公司作为慈善信托的受托人情形，信托公司不具备开具慈善捐赠发票的资格，捐赠人(委托人)无法获得慈善捐赠发票而凭票享受税收优惠，导致捐赠人要么选择放弃慈善信托委托，要么将捐赠资金先捐赠给慈善组织，再由慈善组织委托委托人选定的信托公司进行慈善信托获得，此种“曲线救国”方式不但对慈善信托的设立形成实质障碍，直接增加了相应的时间成本和费用成本，而且还对委托人的捐赠积极性造成极大打击。(2)相对于捐赠资金的慈善信托而言，其他财产尤其是不动产，在进行转移登记的时候，尚未有税收优惠的执行规定和实际操作。这也涉及信托财产中不动产转移登记时，我国不动产登记机构无权办理房屋信托登记，因为《房屋登记办法》中并无房屋信托登记的规定，由此导致税务机关也无法对信托财产中不动产的转移进行税收优惠核定。这种法律制度层面不协调、不衔接的窘境，严重阻碍了以不动产和资金以外的其他固定财产为捐赠对象的慈善信托的设立和发展。

(四)合规管理监管不够健全

合规管理，是市场主体组织以有效防范和化解合规风险为目的，以组织内部成员的经营管理行为为主要对象，开展包括制度制定、风险识别、合规审查、风险应对、责任追究、考核评价和合规培训等有组织、有计划的管理活动。经济全球化步入新时代新阶段，全球合规监管日趋严格，各个国家、国际组织都密集出台关于市场公平竞争、反舞弊与反腐败、环境保护等方面的合规监管规定及指引。合规管理在本质上是组织内部治理机制的重要组成部分，也是组织为了适应制度环境要求、不断追求社会承认的表现。因此，在一定意义上，合规管理就是社会组织的内部控制机制，塑造着组织的合法性形象。监管机构对社会组织合规管理的监管，也称为“内部控制监管”或“内控机制监管”。所谓“内控机制监管”，即对内部控制的监管，涉及两个概念：“内部控制”和“内控监管”。“内部控制”作为一个理论术语，最早起源于现代企业管理领域，后来逐渐适用于市场风险复杂的金融机构管理领域，成为该领域中的一个特定术语，但是其概念定义并不统一。后来在1994年，美国反虚假财务报告委员会下属的发起人委员会(The Committee of Sponsoring Organizations of the Treadway Commission，COSO)对内部控制的概念界定成为较为权威的定义，即“内部控制是为了保证和实现经营效率与效果、财会的可靠性、规章制度和法律的遵守等目的，组织内部不同层次的人员和结构互相影响、互相作用的过程"[1]。巴塞尔银行监管委员会在1988年的报告中首次引入了内部控制制度,将内部控制与风险管理有机结合,并着重强调金融公司和银行等金融机构的董事会和高级管理人员对内部控制的影响和作用,同时认为内部控制应当被引申为一种稳定的结构和环境。因此,"内控监管"就是根据本国社会经济尤其是金融业和信托业发展的实际状况,为了防范系统性金融风险,政府监管机构引导、监督信托机构建立并实施内部控制机制,规范和保障信托业安全发展。例如,我国台湾地区在其"信托业内部控制及稽核制度实施办法"第2条中明确规定,信托公司应当建立和完善其内部控制制度,制度内容包括组织规章制度和相关作业手册,并应当涵盖内部全部职能和一切业务活动。2004年12月,我国银行业监督管理委员会颁布了一个专门文件——《内控管理通知》,[2]但是目前已经失效。而且,在当时历史条件下,姑且不论其效力涵盖的范围和作用,单看其条文仅有9条,我们就会明白这仅仅是一个规定比较原则化、法律效力位阶较低且制度安排不具系统性的文件。后来,银监会虽然颁布了多个关于商业银行等金融机构内部控制的相关文件,但是依然缺乏较高的效力性、整体性、系统性。

因此,梳理相关法律文件,我国信托业"内控监管"制度至少存在以下三点不足:

(1)内部控制制度和内控监管机制尚缺乏统一的明确的法律规定。如前所述,目前只有银行业监督管理委员会颁布的一些相关的内部控制管理通知等文件,这些文件规范既不全面也不系统,而且部分已经失效,未能搭建起我国金融机构尤其是信托机构内部控制和内控监管的框架和体系。在我国成立国务院金融稳定发展委员会之后,银监会和保监会也已经完成重组合并,现在我们应当着手进行金融领域内统一的内部控制和内控监管制度的相关立法工作。

(2)"内控机制监管"的范围尚未明确和统一。由于内部控制理论的概念与外延并无刚性标准和统一理论,如何对内部控制进行监管也存在相当大的难度。相关监管法规文件中对内控监管范围的界定存在不一致的情形,则是该问题的集中体现。例如,

---

[1] 李勇:《信托业监管法律问题研究》,中国财政经济出版社2008年版,第186页。

[2] 该通知要求进一步加强信托投资公司(以下简称信托公司)内部控制管理。信托公司应分别建立自营业务和信托业务的授权体系,明确界定各部门的目标、职责和权限,确保自营业务和信托业务各部门及员工在授权范围内行使相应的职责。应按规定分别对自营业务和信托业务制定业务流程、操作规程和风险控制制度,保证各项业务的前中后台相对独立。要按照职责分离的原则设立相应的工作岗位,保证公司对风险能够进行事前防范、事中控制、事后监督和纠正,形成健全的内部约束机制和中台、后台对前台的反映和监督机制。

根据《信托公司管理办法》第45条规定的内容[1]，我们可以得出一个结论：内控制度和各项业务管理制度是并行的平行的两类制度。通过进一步分析，可以得出，对内控制度的监管与对各项业务管理制度的监管应当是相互独立的、区分的。但是，目前相关的立法和实践在一定程度上都存在混淆性和模糊性。例如，《内控管理通知》的相关规定强调了内控制度的监管要点在于财产隔离和业务独立，《信托公司治理指引》第45条规定的内部控制机制的内容却又包括了业务管理。[2]

(3)内控机制的监管偏重于实质内容。从《内控管理通知》等文件来看，相关规定主要是以设定具体内容的规则为主，对内控负责部门和人员资格的规定较少。虽然规定了信托公司必须设立独立的内控稽核部门，但是对于其地位、运作机制、任职要求等几乎未作规定。换言之，如果监管者的主要精力集中于为信托机构设计内部控制，而忽视对内控实施机制的安排，结果看似完美无缺的内控制度很可能因为缺乏实施机制和程序而无法发挥其应有的功能和效用。

因此，内控机制监管制度不是信托公司的内控制度，而应当与其他监管制度协同运作，共同形成合力。对于内控监管的制度设计方面，应当秉持市场需求调节引导的理念，以制定专门规章和发布指导意见相结合的方式，完善有关主体的法律权利义务内容，形成完整的实施机制和制衡机制，体现奖励和惩罚相辅相成的经济法规制特色。由于我国慈善信托的受托人绝大多数都为信托公司，作为受托人的信托公司的内控机制，尤其是合规管理方面，也应当受到监管机构的重视并加强监管，这对慈善信托的法律治理机制而言也具有重要意义。

二、域外监管模式

鉴于慈善信托在慈善财产的保值增值、实现慈善目的、促进慈善事业等方面的巨大优势和重要地位，世界各国一方面通过立法和政策鼓励、促进慈善信托的发展，另一方面也不断完善相关法律制度对其进行规范和监管。无论是作为慈善信托起源国家的英美法系国家和地区，还是作为慈善信托移植国的大陆法系国家和地区，关于慈善信托的监管经验和监管机制，都值得我们比较分析和借鉴。

---

[1] 《信托公司管理办法》第45条规定："信托公司应当按规定制订本公司的信托业务及其他业务规则，建立、健全本公司的各项业务管理制度和内部控制制度，并报中国银行业监督管理委员会备案。"

[2] 《信托公司治理指引》第45条第1款规定："高级管理层应当根据公司经营活动需要，建立健全以投资决策系统、内部规章制度、经营风险控制系统、业务审批及操作系统等为主要内容的内部控制机制，并报中国银监会或其派出机构备案。"

(一)英国监管机制模式

作为慈善信托的发源地,英国的慈善信托经历了至少400年的发展。英国的慈善信托监管制度和经验对于世界各国的慈善信托乃至整个信托业的监管都产生了直接而深远的影响。影响广泛的英国《1601年慈善用益法》中并没有明确规定专门性的全国性的慈善监管机构,直到英国《1853年慈善信托法》,才明确规定了“慈善团体委员会”作为专门性的慈善监管机构,对包括慈善信托在内的所有慈善组织进行监管。“慈善团体委员会”的职权在英国《1853年慈善信托法》中有明确规定,包括但不限于对受托人进行调查和传唤,要求受托人提供真实、完整的财务报告和其他资料等权利。经过一个多世纪的发展,英国《1960年慈善法》扩大了“慈善团体委员会”的职权,在原来的职权范围内增加了“管理权”[1]、“建议权”[2]、“调查权”[3]、“准司法权”[4]等权力。英国《1993年慈善法》则在《1960年慈善法》的基础上,进一步完善了“慈善团体委员会”的职权,强化监督慈善信托是其首要职能。后来,英国《2006年慈善法》改革并重新建构了英国慈善信托监管体制,将“慈善团体委员会”的名称改成“慈善委员会”。作为一个独立的、专门性的政府机构,慈善委员会的职能是对慈善信托进行统一登记和监管,在法律上仅对英国议会负责。至此,英国建立起综合性的慈善委员会制度,确立了独特的统一监管模式。

英国慈善委员会的宗旨是“努力使慈善作用最大化,确保受托人履行义务,促使慈善事业提高效率,捍卫慈善的公共利益性”[5]。其职权主要有:(1)注册登记。英国实行登记主义,慈善信托的设立、变更和终止均需要到慈善委员会进行注册登记。[6](2)调查权。慈善委员会有权根据需要对慈善信托受托人的信托行为进行调查,有权查阅和复制相关资料并要求受托人提供相关材料,有权公开调查结果报告。(3)变更权。变更权包括依法对慈善信托的名称、受托人等进行变更或者直接变更的权力。在符合法律规定的特定情形下,英国慈善委员会有权要求慈善信托变更名称。名称变更

---

〔1〕 慈善团体委员会有权对慈善信托受托人发出命令和指导,监督慈善财产的管理,调解受托人之间的争端等。

〔2〕 慈善团体委员会有权对慈善信托受托人提出合理的信托财产管理建议。

〔3〕 慈善团体委员会有权对慈善信托的财务账目、财产的使用和管理、营利性投资比例等进行调查,并根据调查结果给出具体意见。

〔4〕 在“力求近似原则”确立的情况下,慈善团体委员会有权任命、变更慈善信托受托人或者变更慈善信托的目的。

〔5〕 赵磊:《公益信托法律制度研究》,法律出版社2008年版,第187页。

〔6〕 The Charity Act of 2011, p. 29 – 30.

的特定情形包括：其一，容易引起社会公众误解的名称；其二，容易引起混淆的名称，即与在先登记的其他名称相同或近似；其三，有歧视、侮辱等其他不当行为的名称；其四，容易被认为与国家、地方政府存在一定联系的名称。与此同时，慈善委员会在符合法定的情形下有权对受托人进行撤销和变更，有权直接对受托人予以重新任命。这是源于英国《2006 年慈善法》的明确规定，根据其第 19 条的补充规定，为了保护受益人权益，实现慈善目的，如果慈善信托受托人或其雇员存在违背信托目的或信托义务的不当行为，慈善委员会调查核实后可以依法中止和解除其职务，同时有权重新确定受托人并予以直接任命。(4)准司法权，即英国慈善委员会有权根据法律规定而适用"力求近似原则"的权力。在其他国家和地区，"力求近似原则"原本是一项法院享有的司法权，《2006 年慈善法》将此权力赋予了英国慈善委员会。英国《2011 年慈善法》对慈善委员会的监管职能进一步完善和明确，监管机制更加合理有效。[1] 同时，《2011 年慈善法》也根据实际发展需要而对慈善委员会的部分职能进行了合理限制，即"慈善委员会不得行使任何慈善信托受托人职能，或者其他直接涉及慈善信托运行的职能"[2]。

在慈善委员会作为专门性的慈善监管机构的统一监管体制下，在一定程度上，英国的法院、检察院和税务机关等机构对慈善信托也都具有一定的监管职权。英国《2006 年慈善法》颁布实施后，为了解决与慈善委员会有关的争议，英国随之设立了专门性的"慈善特别法庭"。慈善特别法庭的受案和审理范围是特定的，一般只能是不服慈善委员会决议事项而提起的各种诉讼。此外，慈善特别法庭还具有一项特殊的职权——负责对慈善委员会和首席检察官提供咨询和指导意见。在英国，皇家检察总长被当作社会公共利益的看护人，有权监督慈善信托的运行，在一定条件下配合慈善委员会的工作，行使一些涉及慈善信托诉讼的权利；对于受托人的严重违法行为，负责向法院起诉追究责任。同时，根据英国《1993 年慈善法》的授权，慈善委员会与检察总长协商，也可以提起诉讼或终止诉讼。

(二)美国监管机制模式

美国的慈善事业，在移植慈善信托制度的同时进行了本土化改造，形成了以"基金会"为主要形式的慈善信托事业和慈善文化。由于政治体制的不同，在慈善信托监管模式和机制方面，美国并没有采取英国慈善委员会式的统一监管模式，而是采用各州

---

〔1〕"慈善委员会在行使其权利时，应当采用最为合适的方式，尽量与其目标相适应；应当以最为有效、经济的方式利用慈善资源；应当采用最优的监管原则，保证监管活动成正比例、可问责性、一致性、透明性。"The Charity Act of 2011, p. 16.

〔2〕The Charity Act of 2011, p. 20.

检察总长负责制,由各州检察总长代表社会公共利益,作为“公共利益保护人”,对慈善信托进行监管。同时,美国的国税部门作为一个权力广泛、监管全面的政府机构,对慈善信托也有相当程度的监管权限。因此,美国的慈善信托监管机制是各州检察总长监管和国家税务机关监管并行的模式,两者监管的领域和范围不同,各有侧重。

各州检察总长监管慈善信托的主要职责是:负责慈善信托的设立、变更和终止登记;拒绝、撤销或者中止慈善法人或受托人的登记;信息管理和信息公示;对慈善信托进行审计和调查;监督慈善信托相关人员的行为,并有权视情况起诉。“为了总检察长更好地履行职责,部分州设立了慈善信托登记处、审计监督处等管理机构,辅助总检察长履行慈善信托监督管理职责。”〔1〕美国国家税务机关对慈善信托的监管主要体现在慈善信托的慈善税收优惠资格认定方面,间接地对慈善信托的慈善性进行审核和确认,并对慈善信托运行过程中保持慈善性的资格进行持续性的长期监管。换言之,慈善信托的税收优惠资格认定由美国国家税务机关进行,这种资格认定是每年都存在的,必然要求慈善信托在时间维度上一直符合慈善性要求,以保证慈善目的的纯粹性和连续性,否则,可能被取消税收优惠资格甚至补缴税费。事实上,这对慈善信托形成了强有力的监管。税务机关还有权对不符合税收优惠的行为进行区分,区别纳税,并对滥用税收优惠的行为进行惩处,对不符合税收优惠的慈善信托予以撤销税收优惠资格。

(三)日本监管机制模式

作为大陆法系的代表国家,日本是较早引入慈善信托制度的国家。由于大陆法系在物权法律制度上的“一元所有权”理论的限制,英美法系“双重所有权”的制度优势在大陆法系信托监管方面无法得以体现。因此,日本首先创设了信托监察人制度,以期强化慈善信托的监督机制,增强对受益人权益的保护。在此情况下,日本慈善信托的监管主体既包括各类公益事业主管机关,也包括信托监察人,逐渐形成了以公益事业主管机关分别监管为主、以信托监察人监督为辅的监管模式。根据日本相关法律规定,慈善信托设立时采用行政许可制,但是并没有规定统一的注册登记机关,而是按照慈善目的的不同,由相应的政府部门分别主管。根据不同的慈善目的,申请人在设立慈善信托时需要向不同的公益事业主管机关申请设立审批,并接受该公益事业主管机关的监管。不同慈善目的慈善信托,就会由不同的公益事业主管机关来审批许可并依此对应进行分别监管。如果慈善目的是教育方面,则教育部门是慈善信托的法定主管

---

〔1〕 陈向聪:《信托法律制度研究》,中国检察出版社2007年版,第311页。

机关;如果慈善目的是医疗卫生方面,则医疗卫生部门是慈善信托的主管机关;如果一个慈善信托具有多个慈善目的,则每个慈善目的相对应的主管机关均有权进行监管。在日本,慈善信托的受托人一般是信托银行,因此,对慈善信托的监管,也主要体现在信托银行的监管方面。

日本慈善信托的监管模式既不同于英国的统一监管模式,也不同于美国的分散监管模式,它以公益事业主管机关分别监管为主导,同时建立信托监察人制度,协助公益事业主管机关进行监管,有其自身独特的创新性和合理性。韩国和我国台湾地区的信托制度也借鉴了日本的监管体制,引入了信托监察人制度。其中,我国台湾地区的信托监察人制度较之日韩还有进一步的完善和创新。

第八章

行政规制机制:治理绩效与机制创新

在新制度经济学派看来,根据均衡和演化路径依赖理论,制度变迁有其内在的驱动力,这种驱动力包含长期制度均衡推动力和边际制度均衡推动力,在一定历史条件下,二者合力作用。一般而言,制度变迁长期的总体的方向是由长期制度均衡推动力决定的。从宏观层面上看,市场经济全球化、一体化发展的内在需求是目前全球范围内各国政治经济体制改革以及重建国际社会政治经济秩序长期的、直接的趋势推动力。从微观层面上看,“边际制度均衡推动力则是和制度改革所处的具体时空下的各种环境变量有关。这些变量影响着制度的选择和制度决定者关于制度变革的成本效益综合决策函数”[1]。制度变迁的长期总体的方向被认识并确定之后,决定制度变迁的具体的演化路径的关键因素是边际制度均衡推动力。林毅夫教授在理论上更进一步指出,根据“需求—供给”二分法范式,典型的制度变迁的边际推动可以分为需求方诱致性边际推动和供给方强制性边际推动。“强制性变迁是由政府命令和法律引入并实行的一种制度变迁模式,主要特点在于其边际推动力来自于政府,社会中微观个体的作用是从属的。”[2]供给方强制性边际推动,一般是基于国家立法或者政府政策从上而下主导的强制性而言的。与之相反,诱致性边际推动是基于社会中一部分个人和组织的自发性而言的。这种制度变迁模式的内涵是,基于一种潜在的新制度的利益预期,一部分个人和组织为了响应和获取这种获利机会就会自发倡导并积极组织实施制度创新,自下而上地影响政府并由政府通过立法和制定政策来正式确立和实施新制

---

[1] [美]诺斯:《制度变迁的理论:概念与原因》,载[美]R. 科斯、A. 阿尔钦等:《财产权利与制度变迁——产权学派与新制度学派译文集》,上海三联书店 1991 年版,第 266 ~ 294 页。

[2] 林毅夫:《关于制度变迁的经济学理论:诱致性变迁与强制性变迁》,载[美]罗纳德 · H. 科斯等:《财产权利与制度变迁:产权学派与新制度学派译文集》,刘守英等译,格致出版社、上海三联书店、上海人民出版社 2014 年版,第 262 ~ 265 页。

度。诱致性变迁模式的主要特点是边际制度均衡推动力是微观层面的，源于自下而上的市场作用，其主体是微观主体即市场中的个人或者组织。在这一过程中，政府的作用不是主动的、主导性的，而是被动的、从属性的。

具体到信托业监管，不同法系的监管模式也各有不同。作为信托制度发源地的英美法系国家和地区，其信托监管体系的形成一般是自下而上的。作为信托制度移植地的大陆法系国家和地区，其信托监管体系的形成大部分是自上而下的，只有极少部分是例外。根据林毅夫教授上述"需求方诱致性边际推动和供给方强制性边际推动"理论，对于英美法系信托监管体制的演化和发展而言，可以总结为是一种自下而上的制度变迁，是典型的诱致性边际推动导致的制度变迁。此种信托监管体制是由市场发展的内在需求诱致而形成和变迁的。明显相反的是，大陆法系信托监管体制的形成和发展是一种自上而下的制度变迁，是典型的政府强制性边际推动导致的制度变迁。国家移植引入并强力推动信托制度的发展，是一种政府主导的战略性行为。具体到我国，信托监管体制从无到有，发展历程先后经历了混业经营监管时期、分业经营监管时期、集中监管时期。在监管机制模式上，早期中央银行实行的是"全能监管"模式，后来发展为银监会、保监会和证监会三会分别设立与分别监管。目前的模式是成立国务院金融稳定发展委员会作为协调金融监管的主导机构，撤销了原来的保监会，由银保监会和证监会"二会并立"、分别监管。从信托业草莽发展到20年进程中五次强力整顿改革，从银监会、保监会、证监会"三会分立"到银监会和保监会合并且成立更高级别的国务院金融稳定发展委员会，都体现出政府的主导性的强制推动力。

一般认为，国家介入社会治理的模式在一定程度上是国家力量与社会经济之间相互作用、相互影响的互动关系模式。这种互动关系模式也可以进一步概括为政府与市场之间的管理互动模式：统制型、放任型和调节型。从政府的角度而言，统制型治理模式是指国家和政府从宏观领域到微观层面对社会经济进行全方位的管制和干预，用国家计划来衡量、指导和管理一切社会经济活动。此种统制类型曾流行于计划经济国家，目前基本销声匿迹。所谓放任型，是指在特定时期或者特定环境下，政府信奉绝对自由主义市场经济，国家主要负责制定符合市场经济发展需要的基本的民商事法律规则，对于市场经济的发展不作任何政府管制和干预。此种放任型流行于早先的自由资本主义时期和现今的开曼群岛等少数"避税天堂"地区。所谓调节型，也称干预型，是如今世界各国大多数采用的模式，是指政府在尊重市场经济发展规律的基础上，根据本国社会经济发展的基本状况和国情，在不同时期和不同层面对社会经济采取不同形式、不同内容、不同程度的国家干预，包括但不限于市场规制、政府参与、宏观调控等。

信托业是传统的三大金融行业之一，处于国家力量和社会经济之间的核心地位，国家力量和市场机制对信托业的作用也可以分为三种类型:统制型监管、放任型监管和调节型监管。我国信托业在20世纪初期未能走上正轨便中断,之后的20年发展过程中我国信托业又误入“第二银行”的歧途,国家进行了强力改革,方使信托业在世纪之交重新上路。慈善信托作为一种利用信托形式开展慈善活动、发展慈善事业的“历久但弥新”的慈善组织形式,在我国的发展处于刚刚起步的阶段。对慈善信托外部治理相关的行政规制机制而言,主要内容和关键领域都在监管机制方面。如何完善和加强外部行政规制机制尤其是监管机制,笔者认为,应该总结和分析两大法系国家和地区的慈善组织监管和信托业监管的制度变迁和经验,借鉴国外关于信托业监管和慈善组织监管的合理规则并进行本土化改造,取长补短,因地制宜。具体而言,应当做到:(1)慈善信托的法律监管机制是行政规制机制的基础,法律制度作为激励和规制手段是直接的、强制的,具有威慑力效应。因此,应当完善慈善信托的相关法律制度。(2)在法律监管机制方面,要改进我国慈善信托的备案登记制度,简化备案登记手续,完善备案登记制度的救济机制,进一步加强慈善信托的法律监管。(3)法律监管机制存在信息不对称现象,法律激励作用的发挥还受制于执法水平、执法效率以及执法威慑力等因素。慈善信托监察人制度对行政机关法律监管是一个重要的补充。因此,应当完善慈善信托监察人制度,充分发挥慈善信托监察人的作用。(4)慈善信托具有绝对的公益性,对慈善信托的行政规制,应当侧重于对慈善信托财产增值保值的监管,保障信托财产的绝对安全以维护其社会公益性。因此,应当科学确立规范慈善信托对外投资的路径和模式,明确对外投资的基本原则,强化税收激励引导模式的作用,完善慈善信托投资的监管和引导。(5)法律监管机制功能的有效发挥仰赖于充分的、完整的、准确的组织信息,组织信息的传递需要信息公开制度的保障。各国在立法上都对慈善组织的信息公开作出强制性的义务规定。信息公开制度是行政规制机制的一个重要内容,是慈善信托等慈善组织之法律治理机制的根本要素之一,其他治理机制的功能发挥和改进在很大程度上都依赖于信息公开制度。无论是备案登记及其监管,还是信托监察人履行监察职责,或者是行政机关或信托监察人对慈善信托财产的投资进行监督管理,都需要强化信息公开机制。概括而言,上述五个方面是慈善信托外部治理方面行政规制机制的主要组成部分,彼此之间是相辅相成、彼此影响、互相促进的关系;它们彼此协同发挥治理作用,能够提升行政规制机制的治理绩效。

一、慈善信托备案主义制度的改进

笔者对西南地区数家信托公司的调研材料显示,目前我国慈善信托实行的备案主义制度存在较为严重的缺陷,如信托财产登记制度不完善、慈善税收减免以及信托公司的慈善税收优惠发票开票主体资格缺失等实质障碍。因此，虽然《慈善法》创新地规定了备案主义制度，但是在慈善信托的发展过程中，仍需要不断具体分析，加以改进。

（一）我国备案制度的不足之处

我国慈善信托一改《信托法》中对公益信托的审批制原则而实行备案制，是适应时代发展和慈善事业实际需求的立法改进。备案制原则上较为灵活，实用性强，具有许多优点。但是，我国备案制也存在较为明显的问题和疏漏，具体可概括为两个方面：

1. 备案是不是慈善信托设立的有效要件

在大陆法系国家和地区，慈善信托的许可主义制度表明未经审批的慈善信托，即使满足实质要件也不是有效设立的。我国《慈善法》第 45 条的规定并未明确慈善信托若未经备案是否设立有效这一重要问题，仅规定“应当”向民政部门备案，不备案的后果是“未按照前款规定将相关文件报民政部门备案的，不享受税收优惠”。这是一种原则性的规定，比较笼统。以下从两个方面来解读我国慈善信托备案的法律效力问题。

（1）备案在《现代汉语词典》中的含义是指义务人向主管机关报送材料和事由并存案以备查考。备案也是一个法律专业术语，体现在很多法律规范中，但是却没有统一明确备案的概念、内涵及相应程序。目前，关于备案的相关规定，主要体现在《立法法》和《法规规章备案条例》中。一般意义上，备案的核心内涵是指义务人应当依据法律法规之规定按时按程序向主管机关报送相关材料和事由，并由主管机关进行形式审查后按照相应程序登记和保存相应文件资料，以备公示和查考。就其本质而言，备案实质上是一种事实行为，事实行为则表明就法律效力而言，备案的结果不会对需要备案的事项产生负面影响，不具有否定的效力。只不过，在我国目前的法律规范体系下，行政备案的内涵早已突破了“报送资料以备查考”的初始含义，其效力和内涵伴随着行政权力的扩张而不断扩张，“承载的功能也越来越多”〔1〕，远非当初本义。

目前，学术界未能足够重视备案的理论研究，对于备案的概念、内涵、外延等都未有明确的统一的界定。一个重要的原因在于，现行法律规范体系中大多数法律文件都没有对“备案”作出明确的概念界定，只有极少数法律文件根据自身领域内的具体情况对“备案”作出了特定界定。备案的效力伴随着行政权力的扩张而扩张，承载的功能也越来越多，备案制度的含义和效力在法律规范意义上具有多元性。鉴于此种多元性，对于备案制度的学理研究尤其是相关概念的科学界定，理论界观点纷呈，并不统一，各

---

〔1〕 朱最新、曹延亮：《行政备案的法理界说》，载《法学杂志》2010 年第 4 期。

自都有一定范围内的合理性。梳理相关理论后发现,一般有“许可说”、“登记说”[1]、“审批说”、“监督说”[2]等。备案制度在一定程度上可以说源于行政许可,又脱离于行政许可。因此,备案制度也就有了不同的类型:

一是行政许可意义上的备案。随着政府职能改革的进程,根据《行政许可法》的相关规定,之前采取严格审批制的许多事项,都改为适用备案制。审批制改为备案制当然属于政府管理和社会治理的进步。只不过,现实中政府职能部门在放权和扩权上的矛盾实践,叠加理论上对备案制度的认识误区,导致现实生活中部分人员和部门不能正确认识备案制度,倾向于认为备案制其实也是一种行政审批,只是相应程序更加简化、适用范围略有不同而已。因为,大多数情形下备案制度具有否定效力,其效力表现为备案义务人只有按照相关规定在主管机关完成备案之后,才能够取得从事某项活动的资格或条件,否则就不具备某项资格或者条件。在此意义上,这种备案制度也可以称为行政许可意义上的备案,其备案行为实质上是一种行政许可行为,只不过是将备案程序作为后续行政许可的前置性程序,将备案完成作为行政许可的前置性条件。当然,相较于纯粹的行政审批许可制,此类备案制度中的当事人权利明显扩张、义务明显缩减,行政干预力度也相应减小。但是,行政许可意义上的备案制度与行政许可制度在法律层面和行政管理领域的效力和作用完全一致,“并没有本质差别,只不过披了一层备案的外衣,在性质上都属于行政许可”[3]。二者都具有否定性的法律效力;义务人未依法完成备案要承担否定性的法律后果。

二是行政确认意义上的备案。除了那种与行政审批许可制本质相同的备案制度,还有一些备案制度是在法律上对义务人的行为或事实进行登记存档,其作用是对相应事项进行确认,起到信息公开的作用。行政确认意义上的备案制度并不直接为当事人设定具体的权利义务,而是一种行政确认和公示程序。

三是告知意义上的备案。告知意义上的备案制度的目的并不在于政府的行政干预,其目的是保证和优化行政管理,通过备案制度获取相关信息和资讯,避免信息不完

[1] 该观点认为,行政登记可分为确认式登记、备案式登记和许可式登记;行政登记有时并不意味着主管机关有行政审批权,只需达到其知悉有关情况而有所准备即可。参见崔卓兰、吕艳辉:《行政许可的学理分析》,载《吉林大学社会科学学报》2004年第1期。

[2] 监督说观点认为,备案往往出现在规范性文件的制定程序中,是事实行为,是一种监督机制。参见应松年:《行政法学新论》,中国方正出版社2004年版。

[3] 例如,根据中华人民共和国信息产业部第十二次部务会议审议通过的《非经营性互联网信息服务备案管理办法》的规定,在中华人民共和国境内提供非经营性互联网信息服务,应当办理备案。未经备案,不得在中华人民共和国境内从事非经营性互联网信息服务。而对于没有备案的网站将予以罚款和关闭。

全性或者不对等性，为自身的行政决策或行政执法提供信息收集和甄别依据。换言之，告知意义上的备案其实是义务人的信息备案，是行政机关避免“信息失灵”的一种非强制性的获取信息的方式。

四是行政监督意义上的备案。顾名思义，行政监督意义上的备案制度的作用主要是实现行政监督。行政机关为了实现对特定事项的管理，根据有关政策和法律规定，对备案义务人报送的备案事由、备案材料进行审查并作出行政要求。一般认为，行政机关在此意义上的审查是一种形式审查，仅依据义务人提交的书面材料对备案材料的完整性、真实性与合法性等进行形式上的审查。一方面，行政机关对符合备案要求的予以存档备查。另一方面，行政机关对于不符合备案要求的则要求备案义务人及时补充相关材料或者及时改正。若备案义务人有过错或者拒不履行行政机关改正要求，行政机关还可以依法给予其行政处罚或行政处分。行政监督意义上的备案制度主要体现在事后监督，行政机关通过此种备案制度来实现和强化行政管理过程中的行政监督作用。

通过分析以上四种备案类型，结合我国《慈善法》第 45 条的规定和《信托法》第 62 条的规定，可知我国慈善信托的备案更接近于行政许可意义上的备案。

（2）在《慈善法》第 45 条规定中，“应当”的含义表明该条规定是强制性规范，相关内容为义务性规定，“具有确定性和命令性”〔1〕。如果慈善信托的受托人没有依法备案，那么慈善信托的设立效力就存在争议。换言之，慈善信托受托人没有依法备案，慈善信托的设立可能具有否定性的法律后果。也有部分学者认为“备案是慈善信托设立的必要条件，但不是从事慈善事业的必要条件。至于备案是否是慈善信托的充分条件，值得研究”〔2〕。根据我国《慈善信托管理办法》第 52 条的规定〔3〕，结合《慈善法》中第 45 条的备案规定，可以认为，虽然第 45 条没有明确规定未经依法备案的慈善信托设立无效，但是可以推导出未经备案的慈善信托不属于合法有效设立的慈善信托，不能以“慈善信托”名义开展活动，更不能享受税收优惠。在这一点上，与其他大陆法系国家和地区的相关规定相比而言，我国慈善信托备案制度比行政许可制度似乎宽松一些，但在法律后果上应该说是一致的——未经备案或许可，慈善信托设立无效或者不

〔1〕 周旺生：《立法学》，法律出版社 2000 年版，第 635 页。

〔2〕 赵廉慧：《〈慈善法〉中慈善信托的“备案制”问题》，载新浪博客 2016 年 5 月 6 日，http://blog.sina.com.cn/s/blog_4c9062ff0102w9gh.html。

〔3〕 我国《慈善信托管理办法》第 52 条规定：“除依法设立的信托公司或依法予以登记或认定的慈善组织外，任何单位和个人不得以‘慈善信托’等名义开展活动。”

合法。而且,这种理解也和我国《信托法》关于公益信托的登记规定相符合。[1] 慈善信托具有“慈善”和“信托”的双重属性,依据我国《慈善法》规定施行“备案主义”,与公益信托依据我国《信托法》规定施行“许可(审批)主义”相比而言,既有继承,也有突破,凸显了其双重属性的背离和协调。

2. 备案变更登记存在不足

我国慈善信托设立登记实行备案制度,《慈善信托管理办法》第18条规定了申请备案时应当提交的备案材料,其中包括“委托人身份证明(复印件)和关于信托财产合法性的声明”。委托人身份证明及财产合法性声明在慈善信托初次设立登记时进行备案毋庸置疑,但是在实践中,慈善信托运行过程中的变更登记监管则在一定程度上存在缺陷。对于慈善信托设立后,慈善信托委托人连续不断增加的慈善信托或者资金不断增加的募集性慈善信托来说,如果慈善信托受托人严格按照《慈善信托管理办法》第19条[2]和第38条[3]的规定,对于每增加一位新的委托人,或者增加一部分新的信托财产,慈善信托就应当按照相关法律规定及时进行一次备案变更登记,那么慈善信托受托人似乎有着做不完的备案和无限制的成本支出。从效率机制方面来看,这种备案要求是极其不合理的。更加不合理的是,慈善信托变更事项的备案登记是一项强制性的义务规定,不但要求应当进行变更登记备案的义务性,而且还要求变更登记的及时性,最长期限为40日,即原则上不得超过40日。这个最长期限为40日的规定来源于《慈善信托管理办法》第19条的明确规定。[4] 《慈善信托管理办法》中关于慈善信托委托人和信托财产变更备案登记的规定,对于委托人和信托财产固定或者数量少、委托人和信托财产新增量小的慈善信托来说,几乎不存在现实操作中的问题。但是,对于慈善信托成立后运行过程中委托人数量新增较大和信托财产数额不断增加(尤其是现金捐赠性)的慈善信托来说,每增加一个新的委托人或者每增加一笔新的信托财产,其变更备案登记的及时性以及可操作性就难以保证,至少理论上如此。而且,这也明

[1] 《信托法》第62条规定:“公益信托的设立和确定其受托人,应当经有关公益事业的管理机构(以下简称公益事业管理机构)批准。未经公益事业管理机构的批准,不得以公益信托的名义进行活动。公益事业管理机构对于公益信托活动应当给予支持。”

[2] 《慈善信托管理办法》第19条规定,“备案后,发生第三十八条规定的部分变更事项时,慈善信托的受托人应当在变更之日起7日内按照第十八条的规定向原备案的民政部门申请备案,并提交发生变更的相关书面材料”。

[3] 《慈善信托管理办法》第38条规定:“根据信托文件约定或者经原委托人同意,可以变更以下事项:(一)增加新的委托人;(二)增加信托财产;(三)变更信托受益人范围及选定的程序和方法;(四)国务院民政部门和国务院银行业监督管理机构规定的其他情形。”

[4] 《慈善信托管理办法》第19条第2款规定:“如当月发生两起或两起以上变更事项的,可以在下月10日前一并申请备案。”

显有悖于效率机制的要求。

（二）我国慈善信托备案主义的制度改进

通过上文分析我国慈善信托备案制度存在的问题和疏漏，再联系综合许可制和审批制的相关制度经验和优缺点，笔者认为，我国慈善信托备案制度可以从以下几个方面进行改进。

1. 明确违反备案制度的法律责任

英美法系国家一般采用“登记主义”，在登记的过程中采用的是实质审查标准。大陆法系国家和地区一般采用“许可主义”，在许可过程中采用的也是实质审查标准，若未经过主管机关的许可批准，即使已经满足了其他全部设立要件，也不能合法成立。我国的备案制度相较于登记制度和许可制度，更加灵活和宽松，采用的审查标准是形式审查标准。除了不享受税收优惠以外，我国《慈善法》并没有明确规定未依法进行备案有何不利的否定性的法律后果。如果慈善信托的备案申请人违反规定未履行义务或者经责令改正后仍然拒不履行义务，那么如何处理慈善信托或其受托人？笔者认为，应当完善相关的法律法规，明确规定未经依法备案的慈善信托设立无效，不得以慈善信托名义运行；明确规定慈善信托运行过程中的不履行备案义务的，主管机关有权责令及时改正。同时，还应当赋予民政部门对备案申请人给予一定严厉程度的行政处罚，并进行相应的社会公示的权力。情节严重构成犯罪的，还应当规定民政部门有权移交公安机关，形成刑罚制度威慑，从制度源头把关，避免慈善信托在实际发展中偏离法制轨道。

2. 简化变更备案登记手续

基于慈善信托备案变更登记存在的缺陷，《慈善信托管理办法》应当与时俱进，及时作出调整。对于成立后运行过程中新增委托人数量较多、新增信托财产较多的慈善信托，其变更备案登记的手续应当合理简化。一个慈善信托在运行过程中新增数万个社会公众的捐赠型委托人，相应的信托财产也随之增加，如果全部事项都需要变更备案登记，委托人就无法核实每一个委托人的身份情况；这不但严重不切实际，而且也无重要的监管意义。这样的规定失去了应有的本义和作用，徒增制度成本和操作障碍。因此，对慈善信托成立后运行过程中的变更备案登记，应当本着合理、有效、简化的原则，对于新增委托人数量较多、新增信托财产较多的情形，可以规定慈善信托受托人在每一年度末的某一具体月份进行一次完整的变更备案登记，而不是要求每个月份都进行关于委托人和信托财产的变更备案登记。

3. 完善备案制度的救济机制

一般来说，法律规范可以分为强行法和任意法。强行法又可以称为绝对法或者强制法，翻译源于拉丁文“Jus Cogens”，最早可以追溯到罗马法时期。在著名的《学说汇纂》中，罗马法奉行一条准则——“私人之间所订协议不能改变公法”。公法在罗马法中包含两个层面的含义：一是公共法律规范的集合体，主要规范社会政治结构与制度、行政行为、税收、刑罚、参政议政等领域；二是强行规范的集合体，既包括前述严格意义上的公法，还包括私法规则。民法学家史尚宽认为强行法可以分为“效力规定”和“取缔规定”。[1] “效力规定”的目的是否认行为的法律效力，偏重于法律行为价值，是对行为人从事的某些法律行为的法律效力给予评判的法律规范。“取缔规定”的目的是通过法律规范禁止该行为，偏重于事实行为价值，是对行为人从事的某些法律行为由于违反法律法规的禁止性规定而给予取缔的法律规范。我们可以假设的是，慈善信托的备案申请人在申请备案的时候，在一定程度上面临民政部门权力的滥用、寻租等潜在风险。如果行政备案机关的行为造成了备案申请人的权益损害，按照现代法治原则，备案申请人就有权申请救济，就应当有健全的救济机制。一般说来，目前我国社会中的救济途径有监察救济、立法救济、复议救济和诉讼救济。对于慈善信托来说，慈善信托的备案属于我国《行政复议法》第6条规定的“认为行政机关的其他具体行政行为侵犯其合法权益的”的涵盖范围，如果民政部门认为慈善信托的备案申请不符合审查标准而不予以备案，备案申请人不服的应当可以依法申请行政复议。只不过，行政备案行为并不属于我国《行政诉讼法》第12条规定的可诉的具体行政行为，备案申请人不服的也不能够进行行政复议和诉讼。如果我们把行政备案理解为行政许可，那么行政备案就完全属于《行政诉讼法》第12条第3项规定的可诉的具体行政行为。但是，根据《慈善法》的立法精神，慈善信托的备案登记并不能完全等于行政许可，二者还是有所不同的。因此，直接援引《行政诉讼法》第12条的相关规定也似乎不妥。进一步分析发现，我国《行政诉讼法》第12条有一项兜底规定[2]，似乎可以作为将行政备案纳入人民法院受案范围的逻辑依据，只是具体实践需要法院依法行使自由裁量权。诉讼救济作为所有救济途径中最有力的途径，也是最后的保障。但是，《行政法》和《行政诉讼法》并未明确“行政备案”这一种行政行为的具体适用。随着慈善信托的快速发展，再考虑其他经济主体和社会发展的需要，以及服务型政府的转型改革发展，行政备

---

〔1〕“可认为非以为违法行为之法律行为为无效，不能达其立法目的者，为效力规定；可认为仅在防止法律行为事实上之行为者，为取缔规定。”参见史尚宽：《民法总论》，中国政法大学出版社2011年版，第127页。

〔2〕“除前款规定外，人民法院受理法律、法规规定可以提起诉讼的其他行政案件。”

案制度作为一种新型的行政行为，在社会经济生活中呈现快速增长的态势，应用场景越来越多，应用领域越来越广，需要我国《行政法》和《行政诉讼法》在今后的修改和解释时，能够对行政备案制度及其司法救济机制作出更进一步的明确具体的规定。

二、慈善信托监察人制度的完善

我国《信托法》颁布以来很长时间内未作修订，早已被认为是落后于我们现在的社会经济发展，存在一些不足。其中，有关信托监察人制度的规定是我国《信托法》诸多缺陷中一个比较突出的缺陷。信托监察人制度在我国《信托法》中并没有设置专门章节予以规定，仅存在于公益信托部分中。也就是说，信托监察人的设置不是整个信托领域里的强制性规定，仅适用于公益信托领域。具体到慈善信托，我国《信托法》第64条规定了我国所有的公益信托都"应当"设置信托监察人，并规定了信托监察人的确立方式：一是由委托人和受托人在信托文件中明确约定，二是如果信托文件未作约定或者约定不明的，由公益事业管理机构依照职权指定。[1]《信托法》第65条还明确规定了信托监察人享有以自己名义提起诉讼等相关权利。[2]不难发现，我国公益信托的信托监察人是必须具备的条件，是"应当设置"，是义务性规定。如果没有设置监察人或者设置的监察人不合格，则面临否定性的不利法律后果——审批核准不能通过而无法完成公益信托的设立。但是，我国《信托法》毕竟是2001年颁布实施的，内容过于老旧。2016年我国颁布实施了《慈善法》，首次通过专章规定确立慈善信托制度，并随后针对慈善信托这一全新领域颁布了配套规范——《慈善信托管理办法》。两部法律规范中的相关规定与《信托法》有些不同，《慈善法》第49条规定了信托监察人的确定是由慈善信托的委托人根据需要自由决定的。[3]根据该条规范内容，一方面，慈善信托监察人的确定是选择性的，是自由决定，可以设置也可以不设置，没有强制性要求；另一方面，慈善信托监察人的确定主体仅限于慈善信托委托人，没有规定其他人和其他机构能够有权确立信托监察人，其他人和其他机构更是无权干涉。同时，《慈善信托管理办法》作为配套实施规则，其中关于信托监察人的规定和《慈善法》中的内容基本上一致，存在一些不足之处。在《慈善法》和《慈善信托管理办法》中，信托监察人的设置

---

[1] 我国《信托法》第64条规定："公益信托应当设置信托监察人。信托监察人由信托文件规定。信托文件未规定的，由公益事业管理机构指定。"

[2] 我国《信托法》第65条规定："信托监察人有权以自己的名义，为维护受益人的利益，提起诉讼或者实施其他法律行为。"

[3] 我国《慈善法》第49条规定："慈善信托的委托人根据需要，可以确定信托监察人。信托监察人对受托人的行为进行监督，依法维护委托人和受益人的权益。信托监察人发现受托人违反信托义务或者难以履行职责的，应当向委托人报告，并有权以自己的名义向人民法院提起诉讼。"

不是成立的必备条件，不是强制性义务规定，而由委托人根据需要自由决定是否确定，可以设置，也可以不设置，是选择性规定。只不过，通过进一步分析，我们发现一个矛盾之处，我国慈善信托在《慈善法》中被明确规定为属于公益信托的一种。换言之，公益信托是上位概念，包含慈善信托。关于信托监察人制度，我国《慈善法》和《信托法》的规定并不一致：《信托法》规定公益信托的信托监察人是应当设置的，是强制性义务要求。《慈善法》规定慈善信托的信托监察人是选择性设置的，不是强制性义务要求；是否设立信托监察人由委托人自由决定，不具有强制性也不具有否定性法律后果。我们可以看出，二者规定是不一致的，甚至是矛盾的。对于慈善信托的现实操作来说，只能遵循"从新原则"，即慈善信托的信托监察人设立与否由委托人自行选择和决定。我国《慈善法》和《慈善信托管理办法》对于慈善信托监察人的设置采用委托人自由选择的模式，与大陆法系其他国家和地区略显不同，其立法本意也许是为了更好促进慈善信托的设立和发展，但是效果和作用能够在多大程度上实现，是否适得其反，值得商榷。

（一）信托监察人的功能

信托监察人在不同的国家和地区的称谓有一定不同，即使在大陆法系国家和地区也不完全相同。日本在进行信托法移植和立法时将信托监察人称为"信托管理人"，韩国信托法律制度承袭了日本的经验，也将信托监察人称为"信托管理人"。我国台湾地区的信托制度虽然也是承继和借鉴了日本的信托法立法经验，但是有所改进和突破，称之为"信托监察人"。我国《信托法》在立法时选择使用的也是"信托监察人"概念，之后的《慈善法》也保持一致。尽管信托监察人在各国的称谓不尽相同，但是其内涵却基本相同。所谓信托监察人，是指依信托法律规定或者信托文件约定，为了维护受益人的权益，监督受托人的信托行为，"代表受益人行使权利的人，或者说，是对受益人的权利或利益具有管理权的人"[1]。我们可以确定的是，信托监察人承担的是监督和保护职责；信托监察人的权限在性质上是一种监督权，并不直接涉及信托管理权范围。为了与信托受托人的管理权相区分，信托监察人的概念则比信托管理人更加准确，更加符合规范。

关于信托监察人的立法设置，各个国家和地区的信托法律制度一般都会根据信托性质和种类的不同，通过不同的法律规范明确加以区别对待。从公益和私益的区分角度来看，各个国家和地区几乎都通过法律规范明确要求公益信托应当设置信托监察

〔1〕 周小明：《财产权的革新——信托法论》，贵州人民出版社 1995 年版，第 129 页。

人，属于强制性规定；与此相反，各个国家和地区几乎都规定私益性信托监察人的设置，但并不是强制性要求，而是由当事人自由决定、自行选择。只有我国 2016 年的《慈善法》和 2001 年的《信托法》在立法上出现了脱节，存在一定矛盾之处。

关于信托监察人的功能，具体有以下几点。

1. 保护受益人

信托监察人的首要功能，即是维护和保障信托受益人的权益。一般认为，为确保信托受托人履行信义义务，忠实、谨慎地处理信托事务，在世界各国的信托立法中，信托受益人都会当然被赋予多种权利以维护其权益。不过，为了保证信托受托人的独立地位及其权利行使，信托受益人的这些相关权利在本质上都是消极性的。在英美法系国家和地区，根据特有的“双重所有权”理论，虽然受益人对信托财产享有衡平法上的所有权，但是此种形式意义上的所有权不同于受托人享有的普通法上的法定所有权。在双重所有权理论框架下，当信托受托人违背信义义务或者违反信托目的而不当处分信托财产时，信托受益人基于对信托财产便享有衡平法上的所有权，既可以直接向信托受托人要求赔偿，更有权直接追索信托财产，要求第三人返还。与英美法系不同，大陆法系国家和地区的物权法立法都是严格承袭“一元所有权”或者“绝对所有权”理论。在这种绝对的单一所有权理论框架下的信托法律关系中，受托人对信托财产享有法律意义上的所有权，受益人的受益权在法律上仅相当于债权形式。在此情形下，当信托受托人违背信托义务对信托财产有不当的处分行为时，受益人只能够行使撤销权，请求法院予以撤销，而没有权利直接向第三人追及信托财产。相对而言，在对信托受益人和信托财产的保护方面，大陆法系信托法律制度肯定没有英美法系信托法律更加直接和有效。根据大陆法系中的传统信托法理论，大多数人认为信托受益人的受益权在本质上属于债权，而不属于所有权。虽然信托受益人对信托受托人在一定程度上有部分监督权利，但是信托受益权属于债权的消极性致使信托受益人处于不能享受所有权保护的天然劣势，信托受益人的监督权利基本很难发挥作用。对于慈善信托而言，其信托监察人是为了保护慈善信托利益、监督信托受托人而确立的，是作为不特定的慈善受益人的“保护人”。

此外需要注意的是，慈善信托监察人只是维护慈善信托受益人的权益，并不是信托受益人的代理人。这是因为：(1) 慈善信托受益人是不确定的社会公众，在慈善信托设立时是不明确、不具体的状态。在慈善信托受益人都还没有被受托人按照信托文件的规定而明确选定的前提下，受益人是否有代理人根本无从谈起。(2) 一般而言，慈善信托监察人是由委托人根据实际需要在信托文件中自由确定的，其他人无权干涉。有些国家和地区的相关立法还规定慈善信托监察人可以由法院依据申请而依法选任。

故此，慈善信托监察人的选择与确定并不是由法律直接规定，也不是由慈善信托受益人来选任，这与代理人的产生机制完全不同。(3)大多数国家和地区的信托法律制度中都会明确规定慈善信托监察人的相应权利，除了监督权利之外，更重要的是能够以自己名义而非慈善信托受益人的名义来行使诉讼权利。但是根据法律规定，代理人从事授权范围内的法律行为时，只能以被代理人的名义而不能以自己的名义。

2. 监督受托人

信托财产是信托的基本设立要件。在大陆法系国家和地区，信托设立后，信托受托人成为信托财产的法定所有权人，信托受益人对信托财产不享有任何形式的所有权，受托人对信托财产享有所有权和控制权，并按照信托目的和信义义务进行管理和处分。因为慈善信托受益人不享有信托财产的所有权，也因其不特定性、分散性和社会弱势地位而无法享有和行使信托监督权利，所以需要确立慈善信托监察人来对慈善信托受托人进行监督。信托监察人承担的一项基本职责就是监督信托受托人。对于慈善信托而言，根据相关法律规定，慈善信托的委托人和受益人都对信托受托人拥有一定的监督权利。但是，慈善信托委托人和受益人的这种监督权利具有消极性和受制性。这是因为：(1)在慈善信托设立之后，慈善信托委托人在信托关系中是基本脱离的，一般而言，不会主动干预和监督受托人的行为。即使慈善信托委托人在信托文件中约定保留相关权利，其所能保留的权利也是有限的，且受制于信息不对称，并无法真正行使。(2)慈善信托受益人属于社会公众的一部分，具有不特定性和分散性。在慈善信托成立之前，慈善信托受益人个体是不明确、不具体的；在慈善信托成立之后，虽然根据信托文件予以明确选定，但是仍然具有分散性、社会地位天然弱势性等不利特性，更何况慈善信托的受益人一般也不具备信托专业知识和相关法律知识，也无法承担行使监督权利的成本支出。可见，慈善信托受益人的这些天然特性是不利于其有效行使监督权利的。

总之，无论是慈善信托委托人还是慈善信托受益人，都很难积极地、完整地、有效地对慈善信托受托人行使相应的监督权利。为了弥补慈善信托法律关系中的这一严重缺陷，慈善信托监察人制度应运而生。慈善信托监察人可以弥补慈善信托委托人和受益人各自不同的缺陷，和委托人、受益人一起形成对慈善信托受托人的三方共同监督。换言之，慈善信托监察人在慈善信托法律关系中的角色是慈善信托受托人的“监督人”，督促慈善信托受托人坚守信义义务，严格按照信托目的，忠实、谨慎地处理信托事务，防范慈善信托受托人违背信义义务、违反信托目的或其他不当牟利行为，以保障慈善信托目的的完美实现。在慈善信托法律关系中，当慈善信托的受托人违背信义义务或者违反信托目的，或有其他不当处分信托财产的行为时，根据相关信托法律规定，信托监察人有权以自己名义直接向法院提起相应诉讼，或者依法行使其他职权来维护信托受益人的权益。

3. 委托人角色的延伸

关于信托委托人是否有权执行信托以及是否有权监督受托人，争议已久，在英美法系和大陆法系的信托法律制度中也略有不同。

在英美法系中，根据其传统的信托法理论，在双重所有权框架下，信托委托人在设立信托时将信托财产所有权转移给信托受托人，信托成立后由受托人取得普通法上的法定所有权。与此同时，信托委托人在完成信托财产的所有权转移后，即与信托法律关系相脱离，相应的法律制度中原则上没有赋予其对信托具有管理和监督的相关权利。虽然信托法律制度不禁止信托委托人通过信托文件的具体约定来保留信托管理和监督的相关权利，但是通过信托文件约定而保留的这部分权利是不能对信托受托人进行过多的干预和限制的。如果信托委托人通过信托文件保留相关权利而对信托受托人的权利造成较大程度的冲突、干预和限制，那么这与信托法律制度和传统信托原理都是相违背的，该信托在法律上有很大的可能性会被认定为虚假信托。

在大陆法系中，没有双重所有权的框架，受限于物权法上的“一元所有权”理论，信托委托人在信托成立以后仍然是信托关系的当事人之一，并没有脱离于信托法律关系。与此同时，考虑到信托委托人作为该信托的设立者，对信托目的最为熟悉和关注，为了更好地监督信托受托人、维护信托受益人的权益，相关立法上并不严格限制对委托人在信托文件中保留相关权利。只不过，在信托法律关系中，如果信托委托人保留过多的管理和监督方面的权利，过多干预和限制信托受托人的信托管理权利，那么信托受托人就失去了独立性。这种信托委托人和信托受托人之间的权利重叠和冲突，一方面严重违背传统的信托原理，失去了信托制度的本意和功能；另一方面必然导致信托受托人地位不明确、不独立，从而消极履行信托义务，致使该信托不再是法律意义上的“信托”。

慈善信托委托人有权根据自己或者慈善信托的实际需要，自由决定是否设置慈善信托监察人以及自由确定慈善信托监察人人选，并通过信托文件明确约定慈善信托监察人的选定、辞任以及更换等程序。慈善信托监察人的设置能够很好地弥补慈善信托委托人本身监督的不足，形成共同监督慈善信托受托人的制度设计：一方面，可以防范慈善信托委托人过度干预慈善信托管理和运营，影响慈善信托受托人的独立地位；另一方面，还可以弥补慈善信托委托人因游离于慈善信托法律关系之外而不能够有效监督慈善信托受托人行为的不足。一般而言，根据传统信托原理，在不违反相关法律法规的前提下，慈善信托委托人还拥有更换慈善信托受托人、修改慈善信托条款等与慈善信托管理直接相关的较大权利。这些与慈善信托直接相关的权利还可以由慈善信托委托人在信托文件中自由规定,是合法的、合理的。与此同时,慈善信托委托人还可以通过此类规定将相关权利赋予慈善信托监察人代为行使。通过信托文件的明确规定,慈善信托监察人可以获得并行使本应属于慈善信托委托人享有的部分权利,可以强化自身的职权和监督功能,能够更好地维护慈善信托受益人的权益。在此意义上,我们可以说,慈善信托监察人是慈善信托委托人的角色延伸。

(二)我国慈善信托监察人制度的不足

慈善信托监察人的设置在我国《慈善法》和《慈善信托管理办法》中是非强制性的规定,赋权给慈善信托委托人自由选择和自由确定。一方面,这一制度设计本意上是为了增强慈善信托委托人的话语权,尊重慈善信托委托人的自由意志,吸引慈善信托委托人的慈善意愿并促进参与慈善活动;另一方面,也是为了结合我国慈善信托设立时独有的备案制度,尽量简化其设立手续和流程,降低设立和备案的时间成本和费用成本,以期促进慈善信托的设立和发展,进而促进我国慈善事业的快速发展。应该说,这一立法本意是非常好的,也有较强的前瞻性。笔者认为,这在我国目前社会经济发展阶段仍然存在的不足值得商榷。

1. 制度规范衔接脱节

慈善信托监察人设置的相关制度设计,英美法系和大陆法系虽然基本一致,但也各有不同。从我国《慈善法》和《慈善信托管理办法》的相关规定中可以看出,我们采用的是非强制性规定,可以设置慈善信托监察人,也可以不设置慈善信托监察人,这是由慈善信托委托人根据实际情况自由决定的,其他人无权干涉。我国慈善信托监察人设置的非强制义务性规定的制度设计,不但与大陆法系国家和地区的信托法律规定不一致,而且也与我国《信托法》中的相关规定脱节,甚至是相矛盾的——现行《信托法》中对于公益信托监察人设置的规定是强制性的,是“应当”的义务性规范。大陆法系国家和地区的信托法律制度一般都比较重视信托监察人的设置,尤其是在公益和慈善领域。例如,根据日本《信托法》第 8 条的规定,日本法院既可以根据利害关系人的申请来选任信托管理人(监察人),也可以直接依职权来选任信托管理人(监察人);日本法院还有权酌情确定信托管理人的报酬。[1] 韩国信托法律制度对日本《信托法》多有借

〔1〕 日本《信托法》第 8 条规定:“受益者不特定或尚不存在时,法院可根据利害关系人的请求或依职权选任信托管理人,但依信托行为另有指定的信托管理人时不在此限。信托管理人就信托事宜得以自己的名义为前项受益者行使诉讼上或诉讼外行为的权限。法院可斟酌情况从信托财产中付给信托管理人以相应报酬。”如前面正文所述,日本信托法将信托监察人称为信托管理人,与信托受托人并列。

鉴，韩国《信托法》第18条也规定了信托管理人（监察人）可以通过法院来选任，信托管理人（监察人）具有自己名义的诉讼权利和其他权利。[1] 我国《慈善法》和《慈善信托管理办法》取消了慈善信托监察人设置的强制性规定，改由委托人根据需要自行选择和确定，这一制度设计与日本、韩国和我国台湾地区的相关制度规定均不一致。笔者认为，在慈善事业全民化、国际化的潮流趋势下，慈善信托监察人的制度设计存在制度规范脱节，一定程度上会影响我国慈善信托的实际操作和发展，阻碍那些全球性的慈善信托或慈善基金进入我国慈善领域。

2. 制度规范不完善

我国慈善信托监察人制度规范存在规定不完善的缺陷，不能够适应慈善信托的实际发展需要。我国《慈善法》和《慈善信托管理办法》对于慈善信托监察人设置的规定是非强制性的，由慈善信托委托人自由决定和选择。同时，相关法律规定还是一种原则性的规定，仅仅概括性地规定了慈善信托监察人有权对慈善信托受托人进行监督并有权以自己名义享有诉讼权利。我国慈善信托监察人法律制度规范的不完善，与我国慈善信托的实际发展不相适应，甚至在一定程度上限制了慈善信托的发展。这是因为：一方面，根据“慈善中国”官方网站发布的慈善信托资料统计，我国目前已经成立的慈善信托绝大部分都设置了慈善信托监察人，只有极少数数额较小的慈善信托未设置慈善信托监察人。虽然法律并不强制性要求慈善信托必须设置信托监察人，但是大多数慈善信托在设立时本着追求合法性和尽量不出错的原则，都在信托文件中设置了信托监察人，一般是律师事务所或者会计师事务所居多。这不但是慈善信托治理机制的需要，而且是慈善信托展示和提高公信力、增强合法性的需要。另一方面，根据实际调研，多数已经成立的慈善信托虽然设置了信托监察人，但是这种设置有时会面临无法可依、无法评判的状况。慈善信托监察人设置的实际操作中，对于如何确定信托监察人的资格、如何选任和变更、如何设置其权利和义务、信托监察人是否承担一定的责任以及如何确定责任划分，相应的法律法规都没有明确规定，慈善信托委托人、慈善信托监察人和慈善信托受托人甚至主管的民政部门对此都面临无法可依、自身操作的境地。在设置了监察人的慈善信托的法律关系中，慈善信托委托人、监察人和受托人的法律地位、权利和义务的配置和协调，尤其是相应的法律责任的承担，在实践中都是处于“摸着石头过河”的尝试状态。慈善信托监察人的权利义务和责任在法律制度上的

---

[1] 韩国《信托法》第18条规定：“一、无特定或尚没有受益人时，法院须根据有关利害关系人的请求或依职权选任信托管理人。但是依信托行为选任信托管理人的则例外。二、被选任的信托管理人为了前款受益人的利益具有以自己的名义进行与信托有关的诉讼上或诉讼外行为的权利。三、前条第四款的规定准用于信托管理人。”此处的信托管理人也是指信托监察人，只是概念不同，而非信托受托人。

不确定状态,不但给慈善信托的管理和监督带来较大影响,而且还会影响慈善信托的效率机制,进而影响慈善信托的发展;一旦出事,也会给慈善信托的合法性带来负面影响。

(三)我国慈善信托监察人的制度完善

在大陆法系的信托法律制度体系下,信托的设立行为可以和信托的效果行为相分离,信托受益人权益的保护没有英美法系充分,囿于大陆法系物权法理中的"一物一权"原则,移植和借鉴信托法律制度的大陆法系国家和地区对"双重所有权"的物权理论是完全无法移植和引入的。基于此,大陆法系的信托法律制度在架设信托法律关系时,为恪守"一物一权"的传统物权法理,明确规定信托财产需要进行信托登记并由受托人享有所有权。但是,尽管大多数理论认为信托受益人享有的权利在本质上是一种债权,对于信托受益人享有的权利在性质上是物权还是债权,仍不作规定。由于大陆法系中信托受益人的权利性质并不十分明确,当信托受托人违反信托目的或者违背信义义务而不当处分信托财产时,法律并没有直接规定信托受益人享有信托财产追及权——直接依法向第三人追及信托财产的权利,仅仅只是规定受益人享有撤销权——向法院申请撤销受托人处分行为的权利。需要注意的是,这种大陆法系中信托受益人享有的债权性质的撤销权与英美法系"双重所有权"下的信托受益人的物权性质的追及权相比而言效力弱了许多。在英美法系的信托法律制度中,信托财产上依法同时存在"双重所有权",信托受益人的受益权属于所有权形式,是一种物权属性的权利。在"双重所有权"理论框架下,当信托受托人不当处分信托财产时,基于衡平法上的所有权,受益人维护权益的方式有两种选择:一种选择要求受托人赔偿其遭受的全部经济损失;另一种选择是直接追及信托财产,要求第三人返还。

因此,由于大陆法系的信托法律制度中信托受益人对信托财产不享有物权属性的权利,基于完善信托受益人权益保护和强化对信托受托人监督的需要,大陆法系国家和地区的立法上设置信托监察人制度更有其现实性和迫切性。尤其对于我国慈善信托而言,信托监察人制度亟须完善。笔者认为,可以从以下几个方面来完善我国慈善信托监察人制度。

1. 扩大信托监察人的设置范围

在我国,无论是传统商业性的信托业还是公益和慈善领域的信托,发展都起伏不定、历经坎坷。传统信托业面临"一放就乱、一管就死"的错综复杂的局面。因此,对于信托业发展和监管而言,倡导并完善信托监察人制度,提高信托监察人的作用和适用范围,是信托业治理机制的一个重要完善和补充。笔者认为,我国《慈善法》和《慈善信托管理办法》中关于信托监察人制度的规定有些原则化和简单化，而且是一种选择性的、非义务性的规定，完全将慈善信托监察人的设置权赋予慈善信托委托人。我国现行慈善法律制度并没有强制规定慈善信托监察人是"应当"设置的，也没有明确规定信托监察人确定的方法、资格、权利和义务、变更程序、议事规则和责任承担等内容。我国慈善信托监察人制度规范不完善，与慈善信托实际发展不适应。一方面，慈善信托设立时，慈善信托委托人面临是否设立、如何设立慈善信托监察人的问题。如果慈善委托人想要设置，却发现没有法律明确规定相应的程序和具体权利义务，必然导致其因为无法可依、模棱两可甚至畏难情绪而不再设立慈善信托。另一方面，如果不设置慈善信托监察人则有可能出现监督不力、监督不全面的问题，慈善信托的治理机制也就出现缺陷，合法性的形式要件存在不足，会给社会公众留下为什么不设置慈善信托监察人的负面疑问；一旦出现负面事故，就会引起各种质疑，可能会给我国慈善信托和慈善事业的发展带来严重的负面影响。因此，笔者认为，鉴于公益信托监察人制度在《信托法》中的规定与慈善信托监察人制度在《慈善法》中的规定不一致，我们应当统筹慈善信托和公益信托的立法衔接和平衡，在今后的《信托法》和《慈善法》立法修订时协调一致，明确规定慈善信托和其他类型的公益信托都应当依法设置信托监察人，并且进一步明确规定信托监察人确定的方法、资格、权利和义务、变更程序、议事规则与责任等内容，以期加强和完善慈善信托内部治理机制。

2. 明确信托监察人的资格与选定方式

我国《慈善法》对慈善信托监察人的规定较为原则化，仅仅在慈善信托监察人的确定方式方面规定了"委托人根据需要，可以确定信托监察人"，并没有进一步规定需要何种任职资格。我国台湾地区的信托监察人制度是比较完善并值得借鉴的。它对信托监察人的任职资格的规定在立法技术上采用的是排除法，通过列举的方式明确规定了不得作为信托监察人的范围——"未成年人、禁治产人和破产人不得作为信托监察人"，这与不得作为信托委托人的范围是完全相同的。以此作为参考，在明确慈善信托监察人的选任职资格时，相关立法上应当综合考量信托监察人的专业性、忠诚度和谨慎性，并明确列举不得作为慈善信托监察人的范围。

与此同时，《慈善法》和《信托法》应当完善慈善信托和公益信托监察人的确定方式。如前所述，《慈善法》中将慈善信托监察人的确定权赋予慈善信托委托人，是脱离慈善信托发展实际的，值得商榷。笔者认为，应当从以下几个方面改进：一是应当修订相关不一致的法律法规，明确规定慈善信托和其他公益信托一样都应当依法设置信托监察人，明确其强制性的义务和法律责任。未依法设置或者存在缺陷的，应当改正并承担不利的法律后果。二是由法律明确规定信托监察人的任职资格和确定方式。对于前一点，这与我国《信托法》中关于公益信托应当设置信托监察人的规定相符，而且也与我国台湾地区“信托法”第75条“公益信托应置信托监察人”的规定相一致。综观当今世界各国信托法关于信托监察人的确定方式，一般主要有三种：第一种方式最为常见，信托委托人在信托设立时通过信托文件明确约定信托监察人，信托委托人既可以自己单独决定，也可以和信托受托人协商约定；第二种方式，是在信托成立以后，相关的利害关系人依法向法院提出申请，法院基于当事人的申请而选任信托监察人；第三种方式，是在特殊的情况下，由法院主动行使职权来选任信托监察人。这三种方式各有优势，也可以同时并存。我国《慈善法》和《信托法》应当借鉴并在法律规定中予以明确信托监察人的确定方式。考虑到我国公益信托和慈善信托处于初步发展阶段，信托监察人的确定方式可以采纳第一种和第二种两种方式，并辅以具体的操作细则。为什么不同时采纳第三种方式？是因为通过法院依其职权主动选任信托监察人的方式比较少见，这种制度规定的立法范式目前主要是日本信托法和韩国信托法中仍然坚守和遵循。笔者认为，我国立法不应采用第三种方式主要是基于以下三个因素考量：一是基于我国特殊的国情。我国人口众多，司法资源普遍紧缺，基层法院事务尤其繁杂。人民法院对于慈善信托等为代表的慈善事业领域存在先天的信息不对称，在实践中不可能主动依职权来确定慈善信托监察人。而且，假如慈善信托因此出了负面影响，人民法院若有此权限还要因此担责。二是人民法院主动启动司法权来选任和确定信托监察人的制度设计，有违法律关系当事人意思自治原则。信托当事人和相关利害关系人都没有主动寻求司法救济，人民法院如何主动行使职权尚需较多配套制度设计。三是法院依其职权选任和信托利害关系人向法院申请选任，就结果而言，都是人民法院依法选任，仅仅是启动机制不同而已。从效率角度来看，二者存在一定程度的重叠和资源浪费。

3. 明确信托监察人的权利、义务与责任

通过梳理相关法律规范，不难发现，大陆法系信托监察人制度的法律规定都比较原则化，立法本意未能充分体现。因此，在完善我国慈善信托监察人制度方面，除了明确慈善信托应当设置信托监察人之外，还应当在立法上明确和规范慈善信托监察人的权利与义务，更要设置合理的法律责任制度，构建完善的慈善信托监察人权利、义务与责任体系，实现信托监察人的制度功能。

(1)慈善信托监察人的权利

依据信托法原理，监察人的权利应当源于信托文件的规定或法院的相关裁定，包括但不限于以下几种权利：

第一，知情权。没有信息就没有行动，任何监督主体履行监督职责、实现监督职能的基础权利都是知情权。所谓慈善信托监察人的知情权，即与信托受托人处理信托事务过程中的全部行为（包括信托财产的管理处分与收入支出，以及其他能够影响信托受益人利益的有关事项）相关的信息和资料的获知、查阅和要求解释的权利。知情权的基础是信托监察人能够获得完整的、准确的、及时的相关信息。法律应当明确规定慈善信托监察人有权知晓慈善信托运营相关的全部信息并以此为基础对慈善信托受托人进行监督。具体而言，慈善信托监察人有权查阅、抄录或者复制信托账目、会计资料及其他文件等全部资料，有权要求慈善信托受托人提供其认为与慈善信托事务相关的其他资料，并且有权就相关资料和相关行为要求慈善信托受托人作出具体的合理的解释和说明。在特殊情况下，如果受托人提供的相关材料过于专业和复杂，受托人的解释和说明存在一定问题，那么信托监察人还有权咨询和聘请第三方专业人士和机构来鉴定和说明；由此产生的费用，视当事人的过错程度分配责任承担范围，由信托受托人或者信托财产来支出。

第二，撤销权。慈善信托不同于传统经营性信托，其信托受益人人数众多且分散，无法及时行使相关权利或者不能完全行使相关权利。当慈善信托受托人有违背信托义务的不当处分行为时，慈善信托受益人可能处于不知情或者不能行使权利的状态，慈善信托监察人的作用即得以体现——有权以自己的名义向人民法院提起诉讼，要求撤销对信托财产的不当处分行为。慈善信托监察人在行使撤销权的同时还可以一并请求法院裁定当事人将信托财产恢复原状，使不当处分行为在法律效果上自始无效。一般而言，信托受益人依法享有撤销权是普遍性的通行规则，而信托监察人是否享有撤销权则不尽相同，我国目前对此没有明确规定。

第三，异议权，也称异议之诉权。根据信托法传统原理，信托财产具有"闭锁效应"，这是信托财产法定的独立性决定的。"除法律明确规定情形之外，委托人、受托人及受益人的任何一方的债权人都不能主张以信托财产偿还债务。"[1]在我国信托财产登记制度存在不衔接和不完善的情形下，信托财产的独立性在法律上也并不充分，慈善信托监察人享有异议权就显得尤为重要。信托监察人异议权是指信托监察人有权以自己的名义，以信托财产被不当强制执行作为异议事由，依法向法院提出异议之诉，请求法院对信托财产强制执行事宜进行审判并依法予以撤销和变更。再则，如果信托财产强制执行程序已经终结，信托财产已被执行完毕，那么信托监察人有权申请法院依法撤销强制执行信托财产时所依据的生效判决或裁定，并请求法院依法进行执行回转，维护信托受益人的权益。信托监察人的异议权在我国台湾地区的"信托法"中是法

---

〔1〕 方嘉麟：《信托法之理论与实务》，中国政法大学出版社2004年版，第3页。

定权利,其“信托法”第 12 条第 2 款有明确规定。

第四,管理方法变更权。管理方法是指信托受托人管理信托财产的方法,“信托财产的管理方法因情势变更致不符受益人的利益时,信托监察人得申请法院变更其管理方法”[1]。也就是说,在信托设立之时可能会存在信托当事人无法预料的因素和事由,在信托成立之后当初设立信托时所依据的相关条件也可能会发生变化,信托当事人对此无论如何都无法完全避免。在此情形下,原本在信托文件中约定的信托受托人管理和处分信托财产的方式方法就有可能影响信托目的的实现,或者有可能不符合信托受益人利益。在此情势变更的情形下,法律应当赋予信托监察人享有管理方法变更权,有权要求信托受托人依法根据实际情况合理变更其管理方法,有权以自己的名义向法院提出申请将信托受托人的管理方法予以强制变更。

第五,损害赔偿请求权。损害赔偿请求权一般属于信托受益人享有,但是当信托受益人不能行使或者不能完全行使相关权利时,尤其是在慈善信托的受益人是不特定的社会公众且存在分散性和处于社会弱势地位的情形下,倘若发生了信托受托人违背信义义务或者违反信托目的不当处分信托财产,或者在信托财产上不当设定权利和不当牟利、变更为自有财产等情形时,法律应当赋予信托监察人损害赔偿权,有权要求信托受托人就其不当行为赔偿信托财产所遭受的全部损失。“受托人未将信托财产与其自有财产及其他信托财产分别管理,或信托财产为金钱时,未分别管理或分别记账,因而获得利益者,信托监察人得请求将其利益归于信托财产,又如信托财产因而致受损害,并得向该受托人请求损害赔偿。”[2]与此同时,信托监察人还有权“请求减免该受托人的报酬,以及将受托人所获利益归到信托财产,甚至在受托人恶意情形下,将附加利息一并归于信托财产之中”。[3] 信托监察人的这一项权利在我国台湾地区“信托法”第 23 条和第 24 条第 3 款有明确规定。

第六,受托人变更权。如果慈善信托委托人在信托文件中明确约定保留信托受托人的变更权利,并明确授权慈善信托监察人行使该权利,那么慈善信托监察人可以按照信托文件的规定行使受托人变更权。主要体现在以下三个方面:一是慈善信托监察人有权根据慈善信托运营的实际情况而增加信托受托人的数量,或者减少信托受托人的数量(在存有多个信托受托人的情况下)。这样做的主要目的是更加有效率、更加合理地处理信托事务和实现信托目的。二是在信托受托人不能继续履行义务的情形下,如因故主动辞任或解散、宣告破产等导致自身终止等,依据信托文件的规定,慈善信托

---

〔1〕 我国台湾地区“信托法”第 16 条第 1 款。

〔2〕 王志诚:《信托法》(增订第 7 版),台北,五南图书出版股份有限公司 2018 年版,第 287 页。

〔3〕 [日]赖源河、王志诚:《现代信托法论》(增订 3 版),中国政法大学出版社 2002 年版,第 171 页。

监察人有权重新选定合适的信托受托人。三是若发生慈善信托受托人违背信义义务或违反信托目的、存在较大过错或重大过失、丧失或部分丧失胜任资格和条件，或者基于其他因素而不宜继续担任受托人的情形，依据信托文件的规定，慈善信托监察人一方面有权将该受托人予以解任，另一方面也有权重新选定适格的受托人。一般而言，慈善信托监察人享有的受托人变更权源于信托文件的明确约定和授权。如果信托文件没有明确规定慈善信托监察人的受托人变更权，信托监察人应当向法院提起诉讼，要求法院裁定对慈善信托受托人进行解任和变更。

第七，费用请求权。一般而言，慈善信托监察人的费用请求权包括两个方面：一方面，是报酬获得权，慈善信托监察人有权基于其监督行为而获得合理的报酬；另一方面，是因履行职责而合理支出的相关费用或导致的合理损失，慈善信托监察人有相应的损害赔偿请求权。

各国信托法律制度在原则上都不禁止信托受托人的报酬获得权。基于相类似的理由，信托监察人在信托事务的管理和监督过程中必然会付出必要劳动，和受托人一样，也应当被赋予报酬获得权。慈善信托监察人除了信托文件明确约定无偿履行监察职责外，必要的合理的报酬是其履行监察工作的前提，也是提高监察效率的激励机制之一。笔者认为，信托监察人的报酬获得权可以通过与其选任方式相同的路径来确定：一种路径是，如果信托监察人是根据信托文件的规定而选任的，那么在确定信托监察人的同时，信托文件也同时约定信托监察人享有合理的报酬获得权和相应的给付方式。一般而言，信托监察人的报酬数额应当在合理范围内，不能过高，这是慈善信托的公益性内在决定的，否则，报酬数额较大容易引发关于其“合法性机制”的争议。关于慈善信托监察人的报酬数额多少和具体比例，我国暂无明确的法律法规规定。不过，我们可以参照银监会在2008年对公益信托费用的相关规定，即严格规定了年度费用的总额上限——相关报酬和管理费总计不得超过公益信托财产总额的8‰。[1] 慈善信托在确定相关费用时，应当注意相关费用的年度总上限。另一种路径是，如果慈善信托监察人不是基于信托文件的规定而选任的，而是根据当事人申请由法院依职权确定的；或者，虽然慈善信托监察人是基于信托文件约定产生的，但是信托文件中对报酬和给付方式没有约定或者约定不明，那么慈善信托监察人有权申请人民法院依照职权根据慈善信托的基本情况来确定合理的报酬。

除了享有合理报酬获得权之外，慈善信托监察人还享有因履行职责而发生的合理

---

〔1〕《中国银监会办公厅关于鼓励信托公司开展公益信托业务支持灾后重建工作的通知》（银监办发〔2008〕93号）规定：“受托人管理费和信托监察人报酬，每年度合计不得高于公益信托财产总额的千分之八。”

费用和损失相对应的赔偿请求权。毋庸置疑,慈善信托监察人在履行监察人职责的过程中必然会产生一些费用支出,如果这些费用支出是必要的、合理的、合法的,那么慈善信托监察人有权要求从信托财产中拨付相关费用。与此同时,如果慈善信托监察人在正常履行监察人职责的过程中遭受损害或损失,而且这些损害或损失不是因为慈善信托监察人自身原因造成的、不可归责于信托监察人自身,那么信托监察人有权要求从信托财产中获得合理赔偿和补偿。慈善信托在设立时应当充分考虑慈善信托监察人的相关费用请求权,对慈善信托监察人形成制度激励,完善其激励机制,增加信托监察人履行职权的积极性和稳定性。

(2)慈善信托监察人的义务

权利和义务是相互依存、相互成就的。对于慈善信托监察人而言,我们在制度设计时给其配置了什么样的权利,就应当同时配置相匹配的义务。只不过,笔者详细梳理了我国《信托法》《慈善法》《慈善信托管理办法》以及其他相关法规和规章,却发现关于慈善信托或公益信托监察人的法定义务是空白的。也就是说,信托监察人的法定义务在我国立法上并未引起足够关注。

权利、义务与责任应当合理匹配。为了督促慈善信托监察人主动、认真、及时地履行监察人职责,更好地发挥信托监察人的功能作用,形成和完善多方监督机制,在立法上应当合理界定和明确慈善信托监察人的相关义务。一般理论认为慈善信托监察人应当负有以下义务:

第一,注意义务,或称善良管理人注意义务。和信托受托人一样,信托监察人也应当承担注意义务,这在我国台湾地区"信托法"中有相关规定。慈善信托监察人应当具备相应的管理经验和专业知识,严格遵守善良管理人应有的注意标准,谨慎、勤勉地履行监察人职责,对信托受托人处理信托事务以及慈善信托的运行进行全程监督,切实维护慈善信托受益人的权益。

第二,忠实义务,或称信义义务。论及忠实义务,一般首先想到的是信托受托人。"忠实义务是受托人最典型的义务,也是信托中不可减损的义务"。[1] 慈善信托监察人作为信托法律关系人之一,也应当和受托人一样承担忠实义务。因此,信托监察人的"忠实义务",是指信托监察人在履行职责、管理信托事务的过程中,应当避免信托财产利益和信托受益人利益与自身利益产生冲突,不得因履行职权为自身或者第三方牟取任何不当利益。换言之,其概念与内涵的界定是参照信托受托人的忠实义务而定的。对于信托监察人而言,如果自身利益与信托财产利益或信托受益人利益存在冲突

[1] Oakley, *Trends in Contemporary Trust Law*, Oxford University Press, 1996, p. 47.

或者冲突可能性，那么就应当主动将信托财产利益或信托受益人利益置于自身利益之前，完全避免利益冲突。与此同时，参照信托受托人“禁止自我交易义务”的相关规则，立法上应当严格规范信托监察人或其利害关系人与慈善信托财产进行交易。而且，他们与受托人管理的其他信托财产之间的交易原则上也应当被禁止，以避免存在利益交换的情形。我国信托法律制度只明确规定了信托受托人应当负有忠实义务，并没有直接规定慈善信托监察人应当负有忠实义务。但是不可否认的是，慈善信托监察人的职权和职责不但具有“受信”性质，而且还具有“职务影响力”。“受信”性质是针对信托受益人而言，“职务影响力”是针对信托受托人而言。无论是“受信”性质还是“职务影响力”，处于监督地位的信托监察人若不管控其自我交易情形，就可能产生信托监察人和信托受托人合谋牟取不正当利益的情形，损害信托受益人的权益，削弱信托监察人的监督功能，也会使社会公众产生对慈善信托合法性机制的质疑。

第三，公平义务。基于慈善信托的公益性和慈善性，慈善信托监察人须公平地对待所有信托受益人，并监督和保证信托受托人公平对待所有信托受益人。慈善信托监察人应当监督慈善信托受托人严格按照信托文件的明确约定来确定慈善信托受益人，在确定信托受益人范围和资格时，应当坚持公平、公正、公开的原则。慈善受益人选定之后，慈善信托监察人应当积极配合并监督慈善信托受托人，共同采取合理的、公平的方式来保证信托利益在不同的受益人之间进行公平和公正的分配，尤其是在有利益冲突的情况下。

(3)慈善信托监察人的责任

有义务即有责任，这是最朴素的法理。不过，在慈善信托监察人是否承担责任的问题上，存在较大的争议。反对通过立法对公益信托和慈善信托的信托监察人设定法律责任的观点，其理由似乎还很充分：一是公益信托或慈善信托的信托监察人不承担具体的信托管理职责，其主要职责是监督信托受托人处理信托事务的行为，维护信托受益人的权益，保证信托目的能够完全实现。同时，公益信托或慈善信托的信托监察人对信托财产原则上不享有任何利益，而且不一定能够获得合理报酬。如果立法上对信托监察人课以与信托受托人相同严格的信义责任，则凸显不公平和不合理。二是即使立法上规定了公益信托或慈善信托的信托监察人负有相应法律责任，如何确定慈善信托或者公益信托的信托监察人的追责主体也存在很大难度。在信托法律关系中，如果信托监察人对信托委托人负责，由信托委托人对信托监察人进行追责，那么信托委托人的权利扩张可能会导致该信托会被视为虚假信托而无效。如果信托监察人对信托受托人负责，由信托受托人对信托监察人进行追责，那么就完全颠倒了监督者与被监督者之间关系，也失去了信托监察人应有的地位和作用。对于慈善信托或公益信托来说,尤其重要。三是对于慈善信托或者公益信托来说,一方面,信托委托人在信托监察人的设置和选任方面具有很大的权利;另一方面,信托委托人可以在信托文件中明确约定保留对信托监察人解任和变更的权利,如果信托监察人存在违背义务或其他不当行为,信托委托人可以依据信托文件的规定予以撤换和变更,这是完全符合信托法律规定的,而且从效率机制方面来看也完全没有设定法律责任的必要性。

笔者认为,上述观点值得商榷。主要原因有两个方面:一方面,我国《慈善法》等相关法律并没有强制要求慈善信托设立时应当设置信托监察人,而是将慈善信托监察人的设置权限下放给慈善信托委托人自由选择、自由决定。因此,慈善信托设立时不一定设置慈善信托监察人,慈善信托成立之后的信托监察人不一定是由慈善信托委托人设立的。同时,慈善信托的信托文件中可能没有明确约定是否设置慈善信托监察人及其任职资格和选定方式,亦可能没有明确规定保留慈善信托受托人对信托监察人进行解任和变更的权利,无法通过信托委托人的解任和变更权来监督和制衡信托监察人。另一方面,慈善信托监察人作为信托法律关系中的一方,其享有的监督权利是综合性的,并不是对信托受托人处理信托事务的行为进行简单的同意和反对,包括一系列的知情权、异议权、请求权和变更权,实质上已经涉及信托财产投资和信托事务管理等领域。因此,我们应当将慈善信托监察人和慈善信托受托人放置在大致相同的地位,都视为受信者,承担与慈善信托受托人类似的信义义务。鉴于此,如果慈善信托的监察人违背信义义务或者违反信托目的而有越权或不当行为,那么就应当承担与其职权和职责匹配的、合理的法律责任。

慈善信托法律关系在性质上是民事法律关系的一种,慈善信托监察人在信托法律关系中是民事主体,从事的监督行为也主要归类于民事行为。因此,在一定程度上可以说,慈善信托监察人承担的最主要、最常见的法律责任其实是民事责任。而民事责任主要包括侵权责任和违约责任。根据一般信托法原理,慈善信托监察人法律责任的承担是基于其享有的权利和负有的义务。根据法律规定,慈善信托监察人的具体权利和义务主要是由信托委托人在信托文件中明确约定的,如果慈善信托监察人违反了信托文件中规定的义务,那么就应当承担由此带来的违约责任,这也是慈善信托监察人承担的民事责任的主要表现。一般而言,慈善信托监察人承担的民事责任主要有以下三种:

第一,恢复原状。参考传统民商法原理,慈善信托监察人违背信义义务或者违反信托目的而有越权或者其他不当行为时,如果其行为给信托财产造成损害且该损害是可以恢复的,那么在符合效率机制的前提下,依照慈善信托受益人或者受托人恢复原状的要求,慈善信托监察人应当承担信托财产恢复原状的责任。

第二,赔偿损失。慈善信托监察人违背信义义务或者违反信托目的而有越权或者其他不当行为时,如果其行为给信托财产造成损害且该损害是不可以恢复的,或者是不可以完全恢复的,或者是虽然可以恢复原状但是不符合效率机制的要求,那么依照慈善信托受益人或者受托人的赔偿损失的要求,慈善信托监察人应当承担因其行为造成的信托财产损害的赔偿责任。

第三,解任。慈善信托监察人违背信义义务或者违反信托目的而有越权或者其他不当行为且存有较大过错或者严重过失的,或者存有其他不能继续履行信托监察人职责的情形,应当被解任。如果信托文件中有明确的相关规定的,慈善信托委托人可以依此将其解任;如果信托文件没有明确规定的,相关利害关系人可以向法院提出申请由法院依职权解任慈善信托监察人。

如果在立法上确定慈善信托监察人的相关法律责任,那么我们还应当考虑慈善信托的双重属性。对于慈善信托而言,公益性或慈善性才是其首要属性,在此背景下,慈善信托监察人有可能因为慈善性的需要或者声誉机制的影响而并不要求获得报酬。我们在探讨慈善信托监察人的民事责任时,应当立足于其在履行职责时是否获得报酬这一基础之上。慈善信托监察人是有偿的还是无偿的,直接影响其民事责任的归责方式。根据权利、义务与责任对等的基本原理,从公平的角度而言,如果慈善信托监察人没有获得报酬,那么故意或者重大过失才是其承担法律责任的归责方式;如果慈善信托监察人获得了合理报酬,那么除了故意和重大过失之外,一般过失也应当是其承担法律责任的归责方式。当然,我们在设计慈善信托监察人的法律责任时,在具体责任的范围方面,还应当坚持合理性、必要性的基本原则。此外,笔者认为,慈善信托监察人作为慈善事业的参与者,无论是自然人还是专业机构,都应当珍惜自身的声誉,追求社会承认。慈善事业管理机构可以通过设立相应的行政责任方式,进一步加强对信托监察人的监督和管理。

4. 明确多数信托监察人规则

我国台湾地区“信托法”在信托监察人制度方面规定得比较完善。相比我国大陆《信托法》和《慈善法》的立法空白而言,我国台湾地区“信托法”考虑到一个信托可能有多数信托监察人共同存在的情形。但是略有遗憾的是,我国台湾地区“信托法”也仅仅是规定了多数信托监察人履行职责的议事规则,即“过半数决”原则,而没有进一步具体规定多数信托监察人之间的责任分配和责任承担。在多个信托监察人共同行使监督职责的时候,根据“过半数决”或者多数表决原则,对于持反对意见的信托监察人来说,是否对多数信托监察人共同作出的行为在将来可能造成的损失或不利后果承担连带责任,并没有明确规定,实践操作中也不得而知。

因此，笔者建议，一方面，我国在相关立法和修法进程中，法律制度除了强制性规定一般的慈善信托应当设置信托监察人之外，还对那些影响广泛、覆盖面大、信托财产巨大的慈善信托强制规定在其设立时应当设置两个或者两个以上的信托监察人，增强慈善信托监察人的作用。这既能够更好地监督信托受托人合法、高效地管理和处分信托财产，维护信托受托人权益，也能够进一步完善和增强慈善信托的合法性机制和效率机制。另一方面，法律制度还应当明确多数信托监察人的议事规则、责任分配、免责规则等，让多数信托监察人在履行职责的时候能够明确知晓自身的具体责任并对此进行合理的预期和判断。通过法律法规的明确规定来规范慈善信托的多数信托监察人规则，也是慈善信托监察人制度完善的一个重要细节。

三、慈善信托投资监管与引导

一般而言，非营利组织对外投资会涉及投资领域（范围）、投资风险、投资回报及税收政策等方面的限制。政府为了加强对慈善组织在内的非营利组织对外投资的监督管理和引导，采用何种原则或者规则、方式对投资行为进行合法有效地规制和引导，我们称之为路径选择。从监管层面来看，对外投资规制之路径选择，对于慈善信托等慈善组织来说尤其重要。

（一）国外的立法经验

通过梳理各国立法体例，包括慈善组织在内的非营利组织能否从事对外投资等营利性经济活动，各国立法上采取的原则各有不同。总结后发现有如下三种：

第一种立法原则是绝对禁止主义原则。顾名思义，秉持这一原则的国家和地区在立法上，明确禁止包括慈善组织在内的各类非营利组织从事任何领域和任何形式的商业营利性经济活动，否则，要承担较为严格的法律责任。菲律宾是绝对禁止主义原则的典型代表，其相关立法中明确禁止非营利组织从事任何形式的营利性经济活动，并规定了严格的违法责任，其立法宗旨是唯一的，在于严格确保非营利法人的“目的单纯性”。

第二种立法原则是相对禁止主义原则。相较于绝对禁止主义原则，秉持该原则的国家和地区在立法上，对于包括慈善组织在内的非营利组织从事具体的营利性经济活动在原则上是禁止的，但为非营利法人组织生存和发展目的从事营利性经济活动的除外。采用相对禁止主义原则的主要是新加坡等。它们的相关立法原则上都禁止非营利法人组织参与和从事任何形式的商业营利活动，除非其所从事的营利性经济活动是为了非营利组织的生存目的。而且，部分理论界和实践中的人士都赞同并进一步阐释了允许非营利组织为生存目的的相对禁止主义原则。[1]

第三种立法原则是附条件许可主义原则。采用这一原则的国家和地区目前占大多数，如美国、日本、德国、韩国、泰国、澳大利亚等国家。附条件许可主义原则虽然在立法上不禁止非营利组织从事任何形式的营利性经济活动，但是附有条件——非营利组织必须将其从事营利性经济活动所获得的全部收益用于更广泛的公益性目标。部分国家如韩国还进一步设置了更加严格的条件——非营利组织除了必须将其从事营利性经济活动所获得的全部收益用于更广泛的公益性目标之外，还应当事先向相关政府部门申请从事营利性经济活动的许可并取得许可批准。日本的法律制度对于非营利组织从事营利性经济活动采用的也是附条件许可主义原则，而且法律规范比较完善，主要有《特定非营利活动促进法》和《建立和指导非营利团体管理的标准》等法规。《特定非营利活动促进法》允许特定非营利活动法人从事一定范围的营利性经济活动，但严格限制在"用于特定非营利活动的经费为目的"这一范围内。与此同时，该法还特别明确地规定了特定非营利活动法人从事营利性经济活动的行为不得影响非营利性活动的进行，并保证相关营利性经济活动的会计账目的独立性和完整性——必须与其特定非营利活动的会计账目相区分、相独立。在《建立和指导非营利团体管理的标准》（1996 年颁布）中，日本立法进一步明确了非营利组织从事营利性经济活动的四大原则：一是非营利组织从事营利性经济活动的规模和收益不得超过非营利活动的比例。原则上从事营利性经济活动的收益不得超过该非营利组织全部收入的一半。二是非营利组织所从事营利性经济活动的相关行为不能对该组织的社会声誉带来不利影响，否则，应当予以禁止。三是非营利组织从事营利性经济活动所获得的收益除了用于正常管理部分之外的剩余部分，应当全部用于非营利目的的公益领域。四是非营利组织所从事的营利性经济活动不得妨碍和影响非营利活动的进行。美国的非营利组织相关立法中并没有非营利组织从事营利性经济活动的禁止性规定，只不过是对非营利组织从事的营利性经济活动进行合理分类、分别规范。在美国的法律制度规范中，非营利组织所从事的营利性经济活动，根据其与宗旨之间的关联性，可以分为宗旨相关的商业活动和宗旨不相关的商业活动。对于宗旨相关的营利性经济活动所产生的收益，非营利组织是享受税收优惠政策的而无须纳税。对于宗旨无关的营利性经济活动所产生的收益，非营利组织则不能享受税收优惠政策而必须依法纳税，这在美国税收法

---

[1] "财团法人所逐渐行公益事业目的，系指终局之目的而言，则财团法人固以逐行公益事业为目的，不得以营利为目的，惟兹所谓目的系指终局目的而言，故苟投资于营利事业，但仍将所得利益用于公益事业者，似尚不失为公益法人，与其目的似尚无抵触。"金锦萍：《中国非营利组织法前沿问题》，社会科学文献出版社 2014 年版，第 68 页。

律中被称为“无关宗旨商业所得税”。[1] 不过值得特别注意的是，在美国，非营利组织即使从事无关宗旨的营利性经济活动，只要其依法缴纳了“无关宗旨商业所得税”，就不会影响其作为免税组织的法律地位。德国的立法规范和美国基本一致，也是合理分类、分别规范——将非营利组织的活动根据其非营利目的而区分为“目的相关商业活动”和“目的无关商业活动”。前者的收益享受税收减免政策而无须纳税，后者则不享有税收减免政策而必须纳税，只不过纳税比例相较于企业法人而言部分有减少。

前述三种不同的立法体例，存在一个共同点，即以非营利组织的“非营利”为立法衡量基础和判断依据。就慈善信托等慈善组织的收入使用而言，非营利性决定了在法律上慈善信托不得将其利润（收入）进行分配，即所谓的“分配限制”条款或“禁止分配原则”，慈善信托等慈善组织只能将其各种途径产生的经济收入投入其宗旨限定的范围或公益性事业。

（二）我国的相对禁止主义

如前所述，慈善信托具有双重属性，属于一种特殊慈善组织形式。慈善组织因其慈善的特殊性和广泛的社会影响力，必然被国家纳入社会治理和政府规制的范围之中。我国现行法律法规对慈善组织在内的各类非营利组织的投资活动有较为严格的规范。梳理相关法律制度规范，通过总结和分析，我们可以发现对于非营利组织从事营利性活动这一问题，我国在立法上采取的是相对禁止原则。

就慈善信托在内的慈善组织而言，除了《慈善法》和《慈善信托管理办法》等法律法规，还颁布了《慈善组织保值增值投资活动管理暂行办法》等具体调控和规范慈善组织投资活动的法规。《慈善组织保值增值投资活动管理暂行办法》第 4 条直接明确规定了慈善组织从事投资活动的投资领域和范围。[2] 第 6 条明确规定了慈善组织在进行投资活动时应当履行审慎义务，防范投资风险和遵守“宗旨相关原则”。[3] 第 7 条进

---

[1] 美国《国内税收法典》第 511～514 条的相关规定。

[2] 《慈善组织保值增值投资活动管理暂行办法》第 4 条规定：“本办法所称投资活动，主要包括下列情形：（一）直接购买银行、信托、证券、基金、期货、保险资产管理机构、金融资产投资公司等金融机构发行的资产管理产品；（二）通过发起设立、并购、参股等方式直接进行股权投资；（三）将财产委托给受金融监督管理部门监管的机构进行投资。”

[3] 《慈善组织保值增值投资活动管理暂行办法》第 6 条规定：“慈善组织在投资资产管理产品时，应当审慎选择，购买与本组织风险识别能力和风险承担能力相匹配的产品。慈善组织直接进行股权投资的，被投资方的经营范围应当与慈善组织的宗旨和业务范围相关。慈善组织开展委托投资的，应当选择中国境内有资质从事投资管理业务，且管理审慎、信誉较高的机构。”

一步明确规定了慈善组织的投资禁止事项,即以列举的方式明确慈善组织不得进行的8种投资活动。

类似的或者相关联的其他类型的非营利组织的投资活动的管理规范还有很多,例如,2017年12月29日我国民政部、财政部印发的《脱钩后行业协会商会资产管理暂行办法》第15条[1]就明确规定了"协会商会应当严格控制对外投资",对于必要的投资行为,应当秉持安全稳健、风险可控的投资原则,同时严格保证投资行为与协会商会的宗旨和业务范围相符合。而且,协会商会在任何情况下都不得将投资活动所产生的收益用于内部人员分配。换言之,协会商会投资时必须严格遵守"宗旨相关原则"和"禁止分配原则"。

又如,《社会团体登记管理条例》(2016年修订)第26条的规定,从内容上来看,表面上似乎没有禁止社会团体从事营利性活动,只是对从事营利性活动获得的收入进行限制性规制,其取得的合法收入必须全部用于章程所归的业务活动,禁止在内部进行任何形式的分配。[2] 对于"宗旨相关原则",该条例第26条还进一步明确了社会团体在接受社会捐赠和资助时,必须保证完全符合其章程规定的宗旨和业务范围。《社会团体登记管理条例》第30条规定了相关的法律责任,第30条第2项是关于禁止超出宗旨和业务范围的内容,第6项是关于禁止从事营利性活动的内容,第7项是关于禁止分配原则的内容。从《社会团体登记管理条例》第30条的规定,我们可以看出,该条例是禁止社会团体从事营利性活动的,并且在接受捐赠和资助时也应当严格遵守"宗旨相

[1] 《脱钩后行业协会商会资产管理暂行办法》第15条规定:"协会商会应当严格控制对外投资。对确有需要的对外股权投资行为,应与协会商会宗旨和业务范围相符,按照依法合规、安全稳健、风险可控的原则,进行可行性论证,并严格履行协会商会章程和资产管理办法规定的程序。对外股权投资收益统筹用于章程规定的各项业务活动,不得在管理层、工作人员和会员之间进行分配。"

[2] 《社会团体登记管理条例》(2016年修订)第26条规定:"社会团体的资产来源必须合法,任何单位和个人不得侵占、私分或者挪用社会团体的资产。社会团体的经费,以及开展章程规定的活动按照国家有关规定所取得的合法收入,必须用于章程规定的业务活动,不得在会员中分配。社会团体接受捐赠、资助,必须符合章程规定的宗旨和业务范围,必须根据与捐赠人、资助人约定的期限、方式和合法用途使用。社会团体应当向业务主管单位报告接受、使用捐赠、资助的有关情况,并应当将有关情况以适当方式向社会公布。社会团体专职工作人员的工资和保险福利待遇,参照国家对事业单位的有关规定执行。"

关原则”,否则,可能承担警告、责令改正、撤销登记甚至刑事指控等法律责任。[1]

无论是何种类型的非营利组织,其在从事投资活动时所应当遵守的相应的制度规范都基本上涉及了“风险防控原则”“宗旨相关原则”“禁止分配原则”等基本原则。以上这些原则性的禁止规定,如禁止从事营利性经济活动或者禁止从事与宗旨不相关的营利性经济活动,严格限制其投资范围或禁止接受与宗旨不相符的社会捐赠和资助等,一方面有着积极的作用——能够保证非营利组织的非营利性,使其保持纯粹性和独立性,符合了合法性机制的内在要求;另一方面也有着消极作用——在某种程度上阻碍了非营利组织的发展,违背了效率机制的内在要求。

(三)我国慈善信托对外投资规制的路径选择

综上所述,大多数国家和地区的立法都不会绝对禁止非营利组织从事营利活动,只不过会在一定程度上限制投资范围和投资收益,并且通过税收政策,如“无关宗旨商业所得税”,来调整和规范非营利组织的营利性经济活动,尤其是非营利组织和营利性组织在同一市场或者同一领域内的不公平竞争等问题。美国社会学家莱斯特·M.萨拉蒙曾带领团队,花费十余年时间观察、分析和研究世界范围内 30 多个国家和地区的非营利组织的运作,发现非营利组织从事营利性经济活动的收入在其全部总收入的比例逐渐升高,社会捐助、资助和政府的财政支持则逐渐减少。一方面,这表明非营利组织从事营利性经济活动的积极性越来越高,范围也越来越大,参与市场竞争的趋势也是符合市场经济发展和福利社会发展的要求的;另一方面,也表明世界范围内的各国政府都在不断调整和放松非营利组织的规制,倾向于为非营利组织的发展创造和提供更加宽松、自由的市场和制度环境。

我国目前对非营利组织能否从事营利性活动,相关规章、条例、制度的规定因部门权责的原因存在矛盾和冲突,甚至部分条例规范对非营利组织从事营利性活动是完全禁止的立法规定。随着经济社会的发展,为适应包括慈善组织在内的非营利组织的快

---

[1] 《社会团体登记管理条例》(2016 年修订)第 30 条规定:“社会团体有下列情形之一的,由登记管理机关给予警告,责令改正,可以限期停止活动,并可以责令撤换直接负责的主管人员;情节严重的,予以撤销登记;构成犯罪的,依法追究刑事责任:(一)涂改、出租、出借《社会团体法人登记证书》,或者出租、出借社会团体印章的;(二)超出章程规定的宗旨和业务范围进行活动的;(三)拒不接受或者不按照规定接受监督检查的;(四)不按照规定办理变更登记的;(五)违反规定设立分支机构、代表机构,或者对分支机构、代表机构疏于管理,造成严重后果的;(六)从事营利性的经营活动的;(七)侵占、私分、挪用社会团体资产或者所接受的捐赠、资助的;(八)违反国家有关规定收取费用、筹集资金或者接受、使用捐赠、资助的。前款规定的行为有违法经营额或者违法所得的,予以没收,可以并处违法经营额 1 倍以上 3 倍以下或者违法所得 3 倍以上 5 倍以下的罚款。”

速发展,笔者建议,对于包括慈善信托在内的各类慈善组织对外投资的规制,我国今后相关立法上应当采取“附条件许可主义”。在一定条件下,对慈善组织从事合法的营利性活动不作禁止性限制,完全允许慈善组织从事合法的营利性活动,即给予慈善组织从事对外投资等营利性活动的最大自主权。这个限定的许可条件就是严格的“禁止分配原则”——“不得进行任何形式的分配并将其全部所得应用于更广泛的非营利目标”,即“全部营利所得只能用于相同或者类似宗旨和功能”。笔者之所以作出如此的路径选择,理由如下:

第一,社会现实中,仅仅依赖不特定的捐赠是无法承担和促进包括慈善信托在内的慈善组织可持续发展的,特别是伴随慈善组织需要担负的社会功能越多,其对资金的需求就越大。正因如此,越来越多的其他类型的非营利组织都在为本组织的可持续发展进行不断尝试和突破,寻求新的途径和方式,扩大资源交往范围。而在目前发达的市场经济条件下,一个逐渐凸显、我们不能视而不见的事实是,包括慈善组织在内的各种类型的非营利组织正在奔向竞争性的市场环境中,其生存和可持续发展的资源交往和获得途径以及方式正在向营利性、商业化、竞争化转变。尤其是慈善事业需要发展公开募集型慈善信托,放开相关的不合理限制,吸引更多的社会资金参与慈善活动。

第二,社会主义市场经济背景下,企业社会责任理念深入人心,许多大型企业和知名企业都在践行企业社会责任,从事公益性活动。这些从事公益性行为的营利性企业对传统的非营利组织尤其是慈善组织造成了较大的冲击。尤其是一些公益领域内的负面事件所带来的公众质疑,导致部分传统的慈善组织的社会公信力甚至还不如部分知名企业和大型企业。营利性企业和慈善组织在公益领域产生的“公益竞争”在一定程度上阻碍了慈善组织的资源获得,这必然促使慈善组织考虑和选择营利性的投融资收益来作为传统资金来源的补充,维系其可持续发展。随着“企业社会责任”的“法律化进程”,企业社会责任和公益理念逐渐普及和深入民心,营利性企业越来越重视“合法性机制”的作用,从事公益活动和慈善事业的积极性越来越高,给非营利组织本身的发展和定位带来较大影响和压力。这在一定程度上迫使非营利组织有意识地从事营利性活动,获取充足的资金,以便与营利性组织在慈善、公益等方面“竞争”。

第三,现代市场经济的竞争精神,使非营利组织更加容易接受营利性行为。在现代社会,市场机制下充分竞争和追求利润是促进效率和变革的最重要的因素。只有公平竞争才能优化资源配置,只有追求利润才能促进效率、提高竞争水平。慈善组织从事营利性活动,不但能获取利润以维持运行和可持续发展,更好地实现其宗旨,还可以在更大范围的市场经济环境中促进竞争和效率。

第四,“附条件许可主义”既是目前世界主要发达国家的立法潮流,更是社会经济发展实践所检验的结果。大部分国家尤其是非营利组织发达的国家立法采用的基本都是“附条件许可主义”。

(四)科学确立规范慈善信托对外投资规制的路径和模式

由于我们主张在法律上对慈善信托对外投资选择“附条件许可主义”的规制路径,由此而产生的一个问题就是如何防止慈善信托滥用投资权而完全从事营利性活动,在根本上偏离慈善信托作为非营利组织(更准确地说是慈善组织)必须担负的社会功能。因此,我们仍然需要在法律上对慈善信托的对外投资行为给予必要的引导和规范。

1. 行政管控模式

国际上个别国家如菲律宾是禁止慈善组织在内的非营利组织从事投融资等形式的营利性商业行为,还有部分国家包括我国在内对部分非营利组织的投资行为,采取通过法规或者政策划定投资方式、投资范围、投资比例等进行投资限定规制。这种通过法律法规严格划定非营利组织对外投资的活动领域、投资方式或比例等来监管、调控非营利组织对外投资的模式,我们称之为“行政管控模式”。我国民政部在2018年10月25日颁布了《慈善组织保值增值投资活动管理暂行办法》(民政部令第62号),自2019年1月1日起施行。该暂行办法鼓励慈善组织为实现财产保值增值进行投资,明确了其投资活动应当遵循的前提条件以及合法、安全、有效的投资原则,并明确规定了“禁止分配原则”,将投资所得的相关收益全部用于慈善目的。[1] 第5条明确规定了慈善组织可以用于投资的财产以及不得投资的财产类型,第6条规定了慈善组织进行股权投资时应当严格遵守“宗旨相关原则”。[2] 更加具体的是,该暂行办法第7条以列举的方式明确规定了慈善组织不得从事“直接购买股票”“直接购买商品及金融衍生类产品”“投资人生保险产品”等八类投融资活动。[3] 因此,对于以信托公司作为慈

---

〔1〕《慈善组织保值增值投资活动管理暂行办法》第3条规定:“慈善组织应当以面向社会开展慈善活动为宗旨,充分、高效运用慈善财产,在确保年度慈善活动支出符合法定要求和捐赠财产及时足额拨付的前提下,可以开展投资活动。慈善组织开展投资活动应当遵循合法、安全、有效的原则,投资取得的收益应当全部用于慈善目的。”

〔2〕《慈善组织保值增值投资活动管理暂行办法》第6条规定:“慈善组织在投资资产管理产品时,应当审慎选择,购买与本组织风险识别能力和风险承担能力相匹配的产品。慈善组织直接进行股权投资的,被投资方的经营范围应当与慈善组织的宗旨和业务范围相关。慈善组织开展委托投资的,应当选择中国境内有资质从事投资管理业务,且管理审慎、信誉较高的机构。”

〔3〕《慈善组织保值增值投资活动管理暂行办法》第7条规定:“慈善组织不得进行下列投资活动:(一)直接买卖股票;(二)直接购买商品及金融衍生品类产品;(三)投资人身保险产品;(四)以投资名义向个人、企业提供借款;(五)不符合国家产业政策的投资;(六)可能使本组织承担无限责任的投资;(七)违背本组织宗旨、可能损害信誉的投资;(八)非法集资等国家法律法规禁止的其他活动。”

善信托受托人的慈善信托来说，在双重属性的矛盾张力下，就应当更加注重与其原本的传统的投资行为相区分，建立起适合慈善信托特殊属性的、效率机制与合法性机制同一的投资行为规范制度。

在慈善组织发展的初期，行政管控模式在当时的具体历史条件下具有积极的作用和意义。一方面，它能够明确规范和指导慈善组织从事营利性经济活动的投融资行为，通过明确的制度规范和明晰的制度预期，依法规制相关行为，严格地保证慈善组织的公益性和非营利组织的纯粹性，增强慈善事业的社会公信力；另一方面，也能够加强和完善政府对慈善组织从事营利性经济活动的投融资行为的监督和管理，便于厘清政府部门和慈善组织之间的权利义务关系，促进社会各个阶层积极参与社会治理。

2. 税收激励引导模式

在欧美发达国家，对非营利组织尤其是慈善组织从事营利性的投资行为基本不作法律和行政方面的限制，允许非营利组织从事任何合法的经济活动，仅通过税收手段来调整规制和间接引导非营利组织的投资行为，我们称之为"税收激励引导模式"。税收激励引导模式通过对符合税收优惠（与宗旨相关联的）的营利性经济行为进行税收优惠，对不符合税收优惠（与宗旨不相关联的）的营利性经济行为进行"区别课税"，让慈善组织根据从事的营利性经济活动的不同性质承担不同的课税政策，间接引导和调控慈善组织的经济活动。如美国《国内税收法典》就明确规定了"无关宗旨商业所得税"——非营利组织从事与宗旨无关的经济活动所获得收益，必须依法纳税。

笔者认为税收激励引导模式具有以下作用和功效：

（1）税收激励引导模式能够进一步促进慈善组织的发展。一方面，税收激励引导模式采用税收优惠的方式，引导和促进慈善组织在宗旨范围内开展经济活动，扩大慈善组织的影响力和组织力；另一方面，通过特殊的课税方式，对慈善组织从事与宗旨不相关联的经济活动予以"区别课税"，实施特殊的税收政策，使之尽量保证公益性和"非营利性"的纯粹性，既间接保证了慈善组织发展的正确性和可持续性，又通过监管的方式保证了慈善组织合法性机制的建立和完善。

（2）税收激励引导模式保证了经济法意义上的"公平竞争"。税收具有竞争功能，通过税收能够调整竞争行为。慈善组织作为非营利组织，是社会性的、慈善性的，若一概将其认定为税收优惠主体，在行政管控模式下对经济活动全部实行税收优惠政策，那么对于其他营利性组织来说，严重违背公平竞争的市场经济精神，甚至会产生垄断行为。税收激励引导模式通过对慈善组织的经济活动进行区分，通过税收优惠政策能够保证慈善组织享受与宗旨相关的经济活动的税收优惠，通过"区别课税"能够保证其他组织与在慈善组织进行宗旨范围外的经济活动时能够与之公平竞争。

(3)税收激励引导模式能够增加税收,并加强对慈善信托的监管。税收激励引导模式相对于行政管控模式,能够让慈善组织不再囿于宗旨和业务范围的限制,相对自由地从事任何合法的经济活动,只要按照法律规定依法纳税即可,既能够很大程度地促进慈善组织尤其是慈善信托的发展,又能够增加税收。同时,税务机关通过核税、征税等纳税程序能够及时、完整地掌握慈善组织运行的相关信息,对慈善组织进行侧面了解和监督,并可以通过与慈善组织的监管机构合作,在一定程度上实现对慈善组织的共同监管。

3. 行政管控模式和税收激励引导模式差异性分析

行政管控模式和税收激励引导模式是不同国家地区和不同时期顺应社会经济发展而产生和发展的两种不同模式,孰优孰劣,无法绝对判断。但在目前的社会经济条件下,这两种模式之间的差异显而易见,行政管控模式通过严格限定投资类型、投资范围、投资比例以及投资方式等,虽然保证了非营利组织的"纯粹性",但是存在一些不可避免的严重缺陷。传统的"行政管控模式"存在的缺陷包括:一是根据"有限理性"之理论,在立法过程中存在立法者认识的局限性和立法的滞后性,我们无法通过法律制度的规定来穷尽市场经济中所有的投资方式和范围,也根本不能预料将来会出现什么样的新的投资方式和范围;二是行政管控模式容易导致行政部门不当干预慈善组织的自治权,并容易引发长官意志和权力寻租等现象,滋生腐败;三是部分规定禁止非营利组织从事营利性经济活动的投资领域和投资方式,其中有很多是不合理的、不契合实际的,违背了客观经济规律和市场经济要求;四是严重影响慈善组织等非营利组织及其成员的积极性。概言之,传统的"行政管控模式"虽然在形式上满足合法性机制的要求,但是与效率性机制存在严重冲突,经济效率性较差。

通过上述对税收激励引导模式的作用和功效的分析,以及对税收激励引导模式和行政管控模式的差异性分析,笔者认为,税收激励引导模式能够很好地避免传统行政管控模式的弊端,更符合市场经济发展的要求和慈善组织的实际发展趋势,兼顾效率机制和合法性机制并实现二者的有机统一,更好地促进包括慈善信托在内的慈善组织的生存和可持续发展。

(五)明确和规范慈善信托对外投资基本原则

慈善信托作为慈善组织的一种特殊组织形式,对外投资从事营利性经济活动时,尽管其遵循"禁止分配原则"并享受一定税费优惠,但首先仍要和营利性组织一样遵守基本的商法规则、民法规范和合同法规范等。那些普遍性的、共同适用于市场上所有组织的法律制度规范如消费者权益保护、反垄断或反不正当竞争等规定也同样适用于慈善组织等非营利组织。与此同时,除了遵循那些普遍性的、适用于所有组织的共同规范,慈善信托等慈善组织作为非营利组织在从事营利性经济活动时,还应当遵守一些与其自身性质相符的特殊的规制原则。根据国内外的立法和实践经验,笔者认为有以下几种基本原则。

1. 宗旨相关原则

一般认为宗旨相关原则,即法律不禁止慈善组织等非营利组织从事营利性经济活动,但仍然有其应当主要从事与宗旨相关联的经济活动的内在逻辑要求。任何组织都有一定的宣示宗旨和业务范围,这是其身份的"标签"之一。公司形式的营利性法人组织都是以营利为目的的,为了追求利润最大化,若法律并无禁止性或惩罚性规定,营利性法人甚至可以超越已登记核定的经营范围。但是对于非营利组织而言,尤其是慈善组织,能否超越慈善或者公益宗旨和业务范围从事其他不相关的营利性经济活动呢?不同国家和地区在立法上采取的原则各有不同。美国、德国等国家在立法上并不完全禁止非营利组织从事与宗旨无关的营利性经济活动,而是通过区分营利性经济活动与宗旨的相关联性,采取"区别纳税"的方式进行规范和调控。但是,更多的国家包括我国在内,则一般采取相对禁止的原则,不鼓励慈善组织进行营利性经济活动并且明文禁止部分投资领域和方式。如此立法主要是为了预防和避免慈善组织过多地追求营利性,将会"不务正业",削弱合法性机制,失去社会承认和公信力,妨碍设立宗旨的实现。综观世界各国立法,绝大多数的法律制度规定的慈善组织等非营利组织所能从事的营利性经济活动,主要还是与其宗旨相关的范围。当然,比较特殊的是,大部分规定都没有禁止非营利组织投资与其宗旨无关的"有价证券"这一特殊投资范围,但是也明确了不能直接投资股票、保险等有价证券,而是通过聘请专业机构或者购买第三方产品等间接方式进行。

慈善组织等非营利组织若从事宗旨范围以外的营利性经济活动,除了要遵守特殊的税收政策,有些国家在立法中还规定了"最高额比例限制原则",即一旦所从事的与宗旨无关的营利性经济活动的收益总额超过该组织的全年度收益总额的一定比例,则有可能面临补缴税费甚至被取消税收优惠资格等严厉处罚。我国《慈善组织保值增值投资活动管理暂行办法》第6条规定了慈善组织的"宗旨相关原则",这也是我国现行立法中对慈善组织"宗旨相关原则"的明确确立,但是并未规定相应的执行细则和法律责任。

2. 风险防控规则

一般经济投资理论认为,收益与风险成正比。慈善组织从事对外投资等营利性经济活动,就一定会存在商业风险。与营利性组织相比较,慈善组织等非营利组织在从事对外投资时应尽可能避免和降低风险,将风险防控作为对外投资首要考量因素。这主要是由慈善信托等慈善组织的特殊属性所决定的,慈善性或公益性才是其第一位的属性,追求营利性收入并不是其设立的根本目的,从事营利性经济活动所获得的收益在最终目的上还是实现其宗旨。因此,风险防控原则首先要求实现财产的保值和安全,其次才是实现增值,这对于慈善信托等慈善组织来说,尤为重要。这一原则目前主要体现在相关投资范围的限制性规定上,以此来限制慈善组织投资高风险的投资范围。一般而言,慈善组织实现保值、增值的途径主要是进行风险较低、信用力高的范围投资,即限定在银行储蓄、国债、委托理财等范围之内。同时,风险防控原则还体现在慈善信托受托人的谨慎投资义务要求方面。慈善信托受托人负有善良管理人义务和忠实义务,我国《信托法》中规定了受托人负有忠实义务,美国信托法律制度中也规定了受托人的"谨慎投资人规则",这些规则要求慈善信托受托人在管理信托财产从事投资活动时,应当谨慎、忠实,严守信义义务,注意风险防范。

3. 区别收益纳税原则

美国和德国在立法上对慈善组织等非营利组织从事的营利性经济活动,根据与宗旨的相关联性进行区分,并且在税收政策上采取"区别收益纳税原则"[1]。所谓"区别收益纳税原则",即将投资等营利性经济活动区分为与宗旨相关的和与宗旨无关的,与宗旨相关的收益免税或享受优惠政策,对与宗旨无关的收益征收特别税,如"无关宗旨商业所得税"。

就我国目前而言,虽然法律规定了慈善组织可以享受相应的税收优惠政策,但是具体税收优惠政策的实施与衔接,尚缺乏完整的配套制度。例如,我国《慈善法》第79条虽然明确规定了慈善组织及其取得的收入依法享受税收优惠,但是享受何种形式的税收优惠政策并不明确,也缺乏与税收法律法规相衔接的操作细则。其他诸如我国《基金会管理条例》和《事业单位、社会团体、民办非企业单位关于企业所得税征收管理办法》等虽然也都有税收优惠的相关规定,但存在制度衔接和配套问题。因此,对于慈善信托等慈善组织来说,即使税收优惠的立法本意是为了促进慈善事业的发展,但为了监管慈善信托等慈善组织过度的营利性行为,保证其慈善性和合法性,仍应当对其从事营利性经济活动进行限制和区分,并进一步对相关收益进行区分,实施"区别收益纳税"。这就要求我们在立法上需要进一步完善慈善组织税收优惠政策的制度体系,诸如具体规定、实施细则、配套措施以及与税收法律法规等方面的制度衔接。

---

[1] 参见金锦萍:《中国非营利组织法前沿问题》,社会科学文献出版社2014年版,第77页。

4. 禁止分配原则

慈善性或公益性是慈善组织的最本质特征，“禁止分配原则”则是慈善性或公益性的最基本原则，是慈善组织区别于其他营利性组织的底线和红线。世界各国在立法中都普遍采纳了这一原则。在美国，这一原则体现在《国内税收法典》之中，其中第 501 条特别规定“禁止私人股东或个人从慈善组织的任何净收益中获益”。在德国，其《财团法》规定财团依法解散或者终止时，在其财产归属权利人不明确或者不存在的情况下，一般性财团的财产收归国库所有，地方性财团的财产依法由相关部门转移至本地区的相关公法团体所有，教会团体的财产归属于相应的教会所有。我国相关法律法规也对“禁止分配原则”有规定，如《慈善法》、《社会团体登记管理条例》和《脱钩后行业协会商会资产管理暂行办法》中都有相同的规定。“禁止分配原则”最基本的含义是，慈善信托等慈善组织从事营利性经济活动所获得的收益除了正常合理的日常费用支出之外，只能全部用于宗旨范围内的慈善活动，禁止以任何形式在私人之间进行分配。而且，慈善组织解散或者终止时，其剩余的组织财产也依然禁止以任何形式在私人之间进行分配，需要相应的主管机关根据“力求近似原则”，将剩余财产移交给其他具有相同或类似的宗旨和功能的慈善组织，继续用于慈善活动。

（六）税收激励引导模式的具体安排

税收激励引导模式由于采用更加市场化的形式规范和监管慈善信托等慈善组织的对外投资行为，应当成为我们规制慈善组织对外投资的路径选择和制度安排。对于如何采用这种模式规范慈善组织的对外投资行为，可以从以下三个方面展开。

1. 功能区分课税

借鉴欧美发达国家的立法实践经验，依据不同功能和价值目标对非营利组织进行进一步的分类，将非营利组织分为不同的类型并分别实施不同的税收政策。一般而言，各国普遍以“非营利性”作为基本标准，通过相关法律法规来明确非营利组织的特征和范围，并以此来确定其是否享受税收优惠政策。因此，符合“非营利性”标准的非营利组织基本都能够依法享受税收优惠政策，但是不同类型的非营利组织享受的税收优惠政策并不完全相同。通常情况下，各国立法对非营利组织有进一步的类型区分，以便给予不同税收优惠政策。有些国家和地区的立法将非营利组织进一步划分为公益组织和互益组织，有些国家的立法（如英国）将非营利组织进一步划分为慈善组织与非慈善组织，有些国家的立法（如德国）将非营利组织进一步划分为经济性组织和非经济性组织。公益组织即公益性非营利组织，其设立宗旨和业务活动在于实现和增进社会公共利益，服务对象或者受益群体是社会上不特定的多数人。一般而言，公益组织一般常见的诸如慈善组织、公益团体、福利救济团体等都不能为其组织或内部成员进行自我服务。互益组织即互益性非营利组织，其设立宗旨和业务活动是服务于特定群体的，是一种自我服务型组织；一般是由具有共同特征的社会群体自发组建设立并为该群体利益服务，如摄影协会、绘画协会、互助合作社等。功能区分原则要求在立法上给予公益性非营利组织优于互益性非营利组织的税收优惠政策。各国通常将最优惠的税收政策适用于公益性组织。简言之，慈善事业的发展以及社会治理的不断完善，要求我们在立法上注意对非营利组织进行功能区分，慈善信托等慈善组织应当依法享受比其他非营利组织更加优惠的税收减免政策。

2. 区别收益纳税

在通过立法对非营利组织进行功能区分的基础上，为了对慈善信托等慈善组织从事营利性经济活动进行规范和引导，我们可以进一步借鉴美国和德国立法模式所采取的“区别收益纳税原则”〔1〕。“区别收益纳税原则”，将慈善信托等慈善组织的投资行为区分为与宗旨相关的和与宗旨无关的，与宗旨相关的收益免税或享受税收优惠政策，针对与宗旨无关的收益征收特别税。在美国税法中，这种针对与宗旨无关的收益征收的特别税被称为“无关宗旨商业所得税”。

通过梳理各国对非营利组织尤其是慈善组织的税收优惠政策，普遍免税的收益范围包括捐赠、政府补贴或会费等收入。大多数国家和地区的立法都是对涉及公益部分的收益范围给予税收减免等优惠政策。关于非营利组织，世界银行也发布了相关的指导性文件——《非政府组织运行法律手册》，其中非政府组织也涵盖了非营利组织，或者说二者只是概念称呼不同，但是具有基本相同的内涵和外延。该指导性文件列出的包含慈善组织等在内的各类非政府组织的所得税减免范围也是包括捐赠、政府补贴或会费等收入。但是，在实践中，非营利组织获得收入的最重要来源已经逐渐从捐赠、政府补贴等非营利性活动领域向营利性经济活动领域倾斜。市场机制的作用和经济规律并不因为我们的忽视而改变。鉴于此，非营利组织比较发达的国家，如美国、德国，通过立法在组织功能区分的基础之上，依据营利性经济活动与组织宗旨的关联性，进一步对非营利组织的营利性经济活动进行了合理划分——与宗旨相关和与宗旨无关两类，并据此适用不同的税收优惠政策。二者的划分是以所从事的经济活动是否与组织宗旨相关联为标准。宗旨相关是指慈善组织等非营利组织从事的与其组织宗旨、发展目标等密切相关联的经济活动并获得营利性收益，以期实现组织宗旨。宗旨无关是指慈善组织等非营利组织从事的与其组织宗旨、发展目标不相关的经济活动并获得营

〔1〕 参见金锦萍：《中国非营利组织法前沿问题》，社会科学文献出版社 2014 年版，第 77 页。

利性收益。这些经济活动与组织宗旨并无关联性,是一种完全的市场化营利行为。对于慈善组织等非营利组织的税收规制,美国税法制度是比较完善、具体和合理的,值得我们借鉴学习。美国在税法制度中明确规定了与宗旨相关或无关的两个区分标准——“收入用途”标准和“收入来源”标准。所谓“收入用途”标准,是指慈善组织等非营利组织从事的营利性经济活动所获得的收益是否最终全部用于其设立宗旨或者社会公益相关的领域。以此为标准,如果符合前述要求,则该部分营利性经济活动所获得的收益依法享受税收优惠政策,否则,应当依法纳税。所谓“收入来源”标准,是指慈善组织等非营利组织从事的营利性经济活动是否与组织宗旨相关作为是否享受税收优惠政策的判断标准和依据。目前,“收入来源”标准被世界大多数国家和地区所采纳。

3. 比例限定原则

在将投资行为区分为宗旨相关和宗旨无关两类进行“区别收益纳税”的基础上,还应当将慈善信托等慈善组织的经营收入的比例限定在一定合理的范围内,合理范围内的经营收入可以享受税收减免等优惠政策,超出部分应当补缴税费;严重的情况下,甚至取消税收优惠资格。这一原则我们可以概括总结为“比例限定原则”。

如“区别收益纳税”部分所述,部分国家和地区在立法上对非营利组织从事营利性经济活动所获得的收益在内的全部收入都给予税收减免;部分国家和地区在立法上对非营利组织从事与组织宗旨相关的营利性经济活动所获得的收益才给予税收减免,与组织宗旨不相关的营利性经济活动所获得的收益不给予减免或者只给予较低的税收优惠政策。美国税法在确立了“收入用途”标准和“收入来源”标准之外,还进一步规定,享受税收减免政策的非营利组织,其每年所从事的与宗旨无关的营利性经济活动,应当严格限制在年活动或年总收入的一半范围以内,否则将失去税收优惠资格,并且营利性经济活动所获得的收益还得纳税。美国税法的这些税收规定,对于我国慈善信托等慈善组织的税收优惠和规制具有参考和借鉴意义。

四、信息公开机制的强化

信息公开制度,又称信息披露制度,一般定义为通过法律法规来规制特定的市场主体,要求其以特定的方式向投资人、交易对象、社会公众、主管机关等利益相关者公开经营管理相关的信息的制度规范。英国《1884 年公司法》为了保护中小股东利益而最早规定了信息公开制度,美国《1933 年证券法》和《1934 年证券交易法》也对信息公开制度进行了明确规定,并在英国《1884 年公司法》基础上进一步完善和强化,使信息公开制度成为资本市场的基石。金融市场创新不断、瞬息万变,信息公开制度是金融监管的必然要求,在防范系统性金融风险中日益彰显出其重要作用。作为金融市场三大主力军之一的信托业,势必应该纳入信息公开制度的规制范围之中。世界范围内在立法上首次规定信托业的信息公开制度的是美国的《1940 年投资公司法》,该法规定了信托公司属于投资公司类型之一,必须依照该法规定进行信息公开。美国《1940 年投资公司法》第 8 条规定了投资公司必须详细公开其经营政策、营业和财务状况等信息。该法第 30 条和第 31 条还规定了投资公司信息公开的基本要件和内容,以及相应的"合理的统一标准"。随后,信息公开制度相继被日本、韩国信托法律制度借鉴。我国《信托投资公司信息披露管理暂行办法》于 2005 年 1 月颁布实施,其中就信托公司信息公开原则[1]、内容、管理和法律责任作出了较为详细的规定。

信息公开制度在我国《慈善法》中以专章形式展现,《慈善法》从主体、内容、时间、渠道等多个方面对慈善组织信息公开作了较为完善的规定。慈善组织的信息公开,是指慈善组织将成立申请、决策制定、财务信息、治理信息等以及与组织相关的信息(如关联交易的信息)以章程、定期报告、临时报告、专门报告等形式向捐赠者、受益者、登记管理机关和社会公众等利益相关者公开披露的行为。[2] 信息公开是慈善信托等慈善组织提升社会公信力的重要路径,直接制约慈善信托等慈善组织的治理水平。

(一)信息公开的激励

慈善组织信息公开是近年来国内外理论研究的热点领域之一,争议也较大。学者们分别从合法性理论、资源依赖理论、委托代理理论、新制度经济理论、合约失灵理论、利益相关者理论、声誉机制理论、信号传递理论等不同的视角和场景出发,为我们呈现出多元化的理论图景。信息公开一般可以分为强制性公开和自愿性公开。顾名思义,我们将基于法律法规、监管部门规章所强制要求的必须公开的相关信息称之为强制性公开信息;将由慈善组织主动公开的,一般与组织运营管理、无形资产、业务活动、荣誉地位等相关的、非标准性、可选择性的信息称之为自愿性公开信息。对于慈善信托等慈善组织来说,组织选择自愿主动进行一部分信息的公开披露,是激励机制在发挥重要作用。相关激励可能源于但不限于以下四个方面:(1)组织自我宣传,以期获得更高的社会地位与更多的资源交往机会。(2)满足社会共享观念。(3)区别于其他组织,增强组织竞争力和可持续发展能力。根据经济学的"信号理论",在公平、有效、充分的市场条件下,如果组织的治理机制是良好的,将自身的各种信息主动地、连续地传递给市

---

[1] 《信托投资公司信息披露管理暂行办法》第 5 条规定:"信托投资公司应当遵循真实性、准确性、完整性和可比性原则,规范、及时地披露信息。"

[2] 清华大学 NGO 研究所:《公益组织信息公开制度研究》,2010 年 9 月。

场和其他参与者，就能够持续塑造和提升良好的组织形象和声誉，进而在市场上使自己与有竞争关系的组织以及其他组织区别开来，突出差异性。（4）组织管理者的动机。组织的经营者和管理者在组织治理过程中承担极为重要的角色，大型或者知名组织会为管理者带来极高的职业声望。职业声望也称职业荣誉，是声誉的一种。为获得职业声誉，组织的管理者有充分的意愿主动选择公开那些正面的信息来彰显其品质和能力。对于慈善信托而言，信息公开的激励主要源于两个方面：一是在社会承认逻辑下，满足合法性机制要求，向外界彰显其合法性、公益性和公信力，以便获得更高的社会声誉、获得更多的捐赠等社会资源。二是源于监管机制的要求。慈善信托具有双重属性，还具有很强的外部性和社会性，承载了完善社会治理、增进社会福利等诸多期待，对整个慈善事业的发展产生重要影响。因此，无论是英美法系还是大陆法系，各个国家和地区在立法上都对慈善信托等慈善组织的信息公开作出了明确的规定，而且相较于其他组织而言，强制性更加明显。

信息传递需要信息公开来提供完整的信息基础，这是整个信息流通、交换和处理过程中不可或缺的环节。但是，承担信息公开义务的组织出于各种因素和利益考量，会有对应当公开的相关信息进行隐瞒、改变或者故意造假等不当行为，组织的这些行为缘于其和监管机构之间存在“信息失灵”的现象。所谓信息失灵，是指存在于各方之间的信息不充分、不准确和不对称等现象。对于监管机构而言，组织才是具有绝对信息优势的一方。“信息也有经济效率的要求，如果一个主体能够以相对较低的成本发现和识别信息，那么由该主体提供和公开相关信息就是更优的选择。”[1]鉴于组织和监管机构之间存在信息不对称等情形，组织为了塑造良好的社会形象和声誉，公开的信息可能是经过特别选择、从自身利益出发的信息。组织只披露有利的信息，而隐藏不利的信息，信息公开也就失去了中立性。因此，信息公开机制会因为“信息失灵”等因素而不能发挥应有的作用和功能。行政监管机构对组织的信息公开需要进行适当的行政干预，除了自愿性信息公开以外，还可以通过法律法规明确要求组织在信息公开时应当严格按照一定的程序、方式、内容等一系列规则进行，这就是强制性信息公开。建立强制性信息公开机制，在一定程度上可以纠正和弥补慈善信托等慈善组织的自愿性信息公开机制的失灵，更好地维护社会公共利益。强制性信息公开制度能够让监管机构获取完整、准确、有效的信息，能够最大限度地消除信息不对称现象。正是基于此，在慈善信托等慈善组织的治理和监管方面，世界各国都在立法上明确规定了强制性信息公开义务。

---

〔1〕 Armen A. Alchian & Harold Demsetz, *Information Costs and Economic Organization*, The American Economic Review, Vol. 62, p. 792(1972).

强制性信息公开机制的完善程度与相应的市场监管程度，会对组织的自愿性信息公开行为产生很大影响，而且这种影响是两方面的，既可能是正面促进的，也可能是负面妨碍的。从正面影响来看，强制性信息公开在一定程度上能够促进自愿性信息公开。强制性信息公开的信息数量增加，会导致自愿性信息公开的增加；强制性信息公开的质量提高，必然伴随自愿性信息公开的质量提高。这是因为组织必须协调强制性信息公开和自愿性信息公开之间的平衡，不可顾此失彼，引起监管机构和社会公众质疑，如此才可符合匹配性和合理性，获得社会承认。在一个强制性信息公开机制完善的制度环境下，如果行政机关的监管也是严格有效的，那么对于组织自身来说，其自愿性信息公开也将更加主动、真实、完整。从负面影响来看，强制性信息公开在一定程度上可能会抑制自愿性信息公开，导致自愿性信息公开的减少。一方面，强制性信息公开与自愿性信息公开是相辅相成的两个方面，强制性信息公开在一定程度上会对自愿性信息公开产生替代效应，如此一来，组织和管理者进行自愿性信息公开的激励也会降低。另一方面，如果组织的强制性信息公开是详细、繁杂、严格、有一定成本的，那么在强制性信息公开的基础上，再进一步要求组织主动提供更多的自愿性信息公开，必然会增加组织信息公开的各种成本。这些成本包括但不限于信息选择成本、发布成本、诉讼风险、丧失竞争优势等。如果从博弈论和成本收益分析来衡量，"强制性信息公开是合理的，也是必要的。但是这并不意味着强制性信息公开的信息越多越好，而是必须控制在合理的限度内，因为强制性信息公开受到社会公共成本的支配，强制性信息公开制度最终会影响经济效率"〔1〕。

（二）慈善信托信息公开机制的缺陷

我国《慈善法》第 48 条和第 71 条，规定了慈善信托的信息公开义务和信息公开的基本要求，〔2〕第 70 条、第 72 ~ 76 条对信息公开的具体内容、时间、要求等作出明确规定。《慈善信托管理办法》第 56 条进一步规定，慈善信托受托人应当在指定的信息平

---

〔1〕 范婷婷、赵旭：《强制性信息披露规则产生动因的法经济学分析——兼论强制性信息披露的限度》，载《河南司法警官职业学院学报》2006 年第 3 期。

〔2〕 《慈善法》第 48 条规定："慈善信托的受托人管理和处分信托财产，应当按照信托目的，恪尽职守，履行诚信、谨慎管理的义务。慈善信托的受托人应当根据信托文件和委托人的要求，及时向委托人报告信托事务处理情况、信托财产管理使用情况。慈善信托的受托人应当每年至少一次将信托事务处理情况及财务状况向其备案的民政部门报告，并向社会公开。"第 71 条规定："慈善组织、慈善信托的受托人应当依法履行信息公开义务。信息公开应当真实、完整、及时。"

台上进行信息公开并对信息的真实性负责，同时明确了信息公开的具体内容。[1] 综合来看，我国慈善信托的信息公开相关的法律规定较为明确和具体，信息公开的主体限定为民政部门和慈善信托的受托人。《慈善法》第70条规定了政府机构应当信息公开的8个种类和1个兜底性规定，这些信息都涉及民政部门和其他监管部门监管中的关键问题。由此可见，民政部门作为慈善事业和慈善组织的主管部门，对信息公开一方面承担较多的监管职能，另一方面也承担较多的公开义务。虽然我国《慈善法》《慈善信托管理办法》等法律法规对慈善信托的信息公开有较为完善的制度规范，但是亦存在以下不足需要改进和完善。

1. 信息公开渠道不统一

信息公开的主要目的是让监管机构、社会公众等利益相关者知晓相关信息，并接受其监督。一般来说，信息公开披露的渠道包括组织自己的网站、第三方平台、报纸、数字媒体、其他媒介等。我国《慈善法》第69条规定，作为慈善信托主管机关的民政部门，应当履行慈善信息的统计和公开义务，并在指定的统一的信息平台及时公开。[2]《慈善信托管理办法》第56条也规定，慈善信托的受托人应当在民政部门提供的、统一的信息平台上进行信息公开。[3] 同时，相类似的规定还有《基金会管理条例》。为了保障基金捐赠人的知情权和监督权，《基金会管理条例》第38条明确规定了基金会的年度工作报告应当在登记机关指定的媒体上进行公开。比较而言，信息公开制度的规范似乎比较完善。但是，通过分析总结之后，可以发现，关于信息公开的制度规范中都有"统一的"、"指定的"或者"提供的"的字样，也就是说，信息公开的途径和方式在一定程度上被限制在特定范围之内。"公众对信息的关注和接收是选择性的，信息被关注和接收的程度与其流动渠道密切相关。"[4] 我们目前所处的现代社会是一个互联网信息化、数字化的信息社会，生活和工作中的信息呈现爆炸化、碎片化发展，人们面临信息过载的负荷压力。因此，普通大众对于信息接收和信息甄别具有很强的路径依

[1] 《慈善信托管理办法》第56条规定："受托人应当在民政部门提供的信息平台上，发布以下慈善信息，并对信息的真实性负责。(一)慈善信托设立情况说明；(二)信托事务处理情况报告、财产状况报告；(三)慈善信托变更、终止事由；(四)备案的民政部门要求公开的其他信息。"

[2] 《慈善法》第69条规定："县级以上人民政府建立健全慈善信息统计和发布制度。县级以上人民政府民政部门应当在统一的信息平台，及时向社会公开慈善信息，并免费提供慈善信息发布服务。慈善组织和慈善信托的受托人应当在前款规定的平台发布慈善信息，并对信息的真实性负责。"

[3] 《慈善信托管理办法》第56条规定，"受托人应当在民政部门提供的信息平台上，发布以下慈善信息，并对信息的真实性负责"。

[4] 吴元元：《信息基础、声誉机制与执法优化——食品安全治理的新视野》，载《中国社会科学》2012年第6期。

赖——一般只选择自己最喜欢、最习惯的方式和渠道。基于这个原因,我们发现对于信息公开而言,如果只关注将信息对外公开而不重视其公开的渠道和方式是否充分、合理,那么这种制度设计是极不科学的。如果信息只是公开了,完成了必要的程序,但是其公开的渠道和方式却与利益相关者们或社会公众接收和甄别信息的依赖路径存在较大差异,那么就会导致利益相关者们和社会公众不能完全、准确、及时接收相关信息,信息公开机制也就存在失灵的可能性。在我国慈善事业领域,相关法律法规明确规定了慈善信托等慈善组织负有信息公开义务,要求将相关信息内容及时在主管机关指定的媒体或信息平台上公布。虽然从表面上看,慈善信托等慈善组织都满足了信息公开的形式要求,监管机构也完成了监管职责,但是大部分的普通社会公众仍然不清楚这些信息,甚至存在"闻所未闻"的情形。甚至组织的利益相关者们也存在这种情形,尽管他们对此类公开信息具有接收和甄别的主动性和积极性,但仍不能准确全面地接收相关信息。导致这种信息公开机制失灵现象发生的主要原因在于,信息公开主要发布在指定的专业性网站或信息平台上——一般是慈善组织自己的内部网站、行政主管机构主导或者指定的专业平台和专业刊物等。如此一来,信息公开的渠道和范围严重受限。在我们所处的现代信息社会,社会分工细化、职业活动集约化、信息爆炸化,普通社会公众的注意力在信息过载的情况下,还受到其自身生活环境和职业环境的严重限制,人们通常都有接收和甄别信息的个人偏好以及路径依赖,基本不会关注自身生活环境和职业环境之外的其他领域的专业性知识,更不会花费过多成本去接收和甄别。因此,对于慈善信托等慈善组织而言,即便按照监管机构的要求依法在指定的专业网站和信息平台上完成了信息公开,社会公众中的绝大部分普通群体也不会去主动关注,更不会有意识地研究和分析。慈善信托等慈善组织的信息公开机制在此情况下也就面临失灵的局面。因此,慈善信托等慈善组织在履行信息公开义务时,应该尽力实现信息公开的全面化、普识化,避免过于狭窄和专业。为了更好地塑造自身声誉和社会形象,慈善信托等慈善组织在注重信息公开的质量基础之上,更应当注意信息公开的渠道和方式的合理性、广泛性——除了依照规定在指定的专业的信息平台公开以外,还应当尊重和契合社会公众的认知规律,选择影响力更广的、社会公众接受度更高的媒体和形式,多方面增加信息公开和传播的渠道,增强信息公开的广泛性和有效性,进而增强组织自身的公信力和社会承认力。

2. 信息公开内容不完整、不充分

完美的信息公开是一种完全动态的、理想的信息公开机制,这种完美机制要求组织应当对其运营的全方面、全过程的行为和信息进行实时的信息公开。但是这种完美的信息公开机制是不现实的,只存在于制度设计假想之中。这是因为:一方面,组织在信息公开时必然需要支出一定的成本，更多的信息公开则需要更多的成本支出；另一方面，过多的全面的信息公开需要提供繁杂的信息，会造成信息过载和信息污染，影响利益相关者的信息接收、甄别以及相应的决策。因此，在信息公开时如何选择和规定其公开的信息内容，相对而言就显得极为重要。对于慈善信托等慈善组织而言，监管机构和社会公众最为关心的、也是最为重要的信息是慈善资金的管理和使用情况。鉴于此，慈善信托等慈善组织的信息公开的内容可以分为财务信息和非财务信息。财务信息一般是指慈善信托的信托资产相关的会计资料、审计资料等专业性的财会资料。非财务信息主要是指慈善信托的组织结构、备案与考核、信托委托人、信托受托人、信托受益人、管理制度、业务信息、工作报告、重大事件等各类组织信息。我国现行法律法规和会计准则还进一步明确要求，慈善信托等慈善组织应当公开提供"资产负债表""业务活动表""现金流量表"等专业财会报表。这一要求在一定程度上增加了慈善信托等慈善组织信息公开的透明度和说服力，但是仍存在不足之处。因为，这些颇具专业性的财会报表，对不具备财会知识的绝大多数的普通社会公众来说，只是一些复杂数据的罗列，他们不会去主动关注这些专业财会报表，也没有能力去研究和理解相应内容。即使有一部分利益相关者具备财会相关的专业知识和技能，也有充分的关注和研究的动机，在实践中他们也没有条件和能力去核查这些具体财会信息的真实性、准确性，并以此作为判断依据。我国《慈善法》第 48 条、第 71 条至第 76 条，以及《慈善信托管理办法》第 56 条等相关规定，看似内容较多，其实也只是对慈善信托等慈善组织的基本运行信息和财务信息作出概括性的规定。完善的、健全的信息公开制度应当包含有关信息的完整性和充分性、信息的准确性和及时性等诸多公开信息内容方面的规范和程序。遗憾的是，我国相关法律法规并未就慈善信托等慈善组织信息公开的具体内容作出全面的、合理的、具有操作性的规定。

3. 信息公开的内容层次和成本问题

不仅是慈善信托，对于任何负有信息公开义务的组织的信息公开而言，可以分为强制性公开和选择性公开（也称自愿性公开）两个方面，有些学者称之为"下限原则"与"上限原则"。[1] 北京师范大学公益研究院与深圳国际公益学院公益研究中心联合出版的《透明宝典（2016）：中国慈善组织信息公开指南》指出，在法律法规规定的"上限"和"下限"之间，是慈善透明大有可为的自主空间。在这个空间中如果表现得当，常常能给慈善组织带来公众信任和捐款绩效；如果透明无方，很可能令慈善组织陷入"越透明越质疑"的悖论。

---

〔1〕 党生翠：《慈善组织信息公开的新特征：政策研究的视角》，载《中国新政管理》2015 年第 2 期。

信息公开需要成本,这个成本对慈善组织而言是必需的,对监管机构而言也是必要的。对于慈善组织尤其是慈善信托的监管,应当从入口管理过渡到过程管理,在设立阶段放松管制、运行阶段加强监管,以促进慈善信托的快速发展。与此同时,我国慈善信托在内的慈善组织的数量近年来急剧增长,与登记机关在内的监管机构有限的监管力量形成了矛盾,监管力量和监管要求不匹配、不对等的状况将长期存在。这就势必要求在构建慈善信托在内的慈善组织的信息公开机制方面,更加注重衡量监管的行政力量与监管成本问题。在此基础上,还要进一步考量慈善组织信息公开成本和监管机构的监管成本的平衡问题,这个平衡问题应当立足于合法性机制和效率性机制二者兼顾的基础之上。目前,慈善信托在内的慈善组织的信息公开的内容层次和成本问题并未得到充分的重视和研究,因此亟待加强。

4. 健全信息核查机制

在效率机制和合法性机制的双重压力下,慈善信托作为一种慈善组织,有足够的积极性和可能性来进行不当的信息公开行为,如提供虚假信息和隐瞒不利信息。这种现象又和我国目前绝大多数的慈善信托的受托人是信托公司而不是慈善组织的现实情形相叠加——信托公司毕竟不是慈善组织,并不会如同慈善组织那样充分重视和践行慈善领域的合法性机制。因此,对于慈善信托等慈善组织的信息公开而言,一个非常重要的方面就是如何有效核实公开的信息的真实性和完整性。目前对慈善信托等慈善组织的信息核查,我国的公益监管机构通常情况下采用两种方式:一种方式是主动式信息核查,指由公益监管机构自己组织人员或者委托第三方专业机构主动、直接进行信息核查。另一种方式是被动式信息核查,指公益监管机构通过明确的规则和操作指引而建立一套信息核查报告程序和规则,相关个人或组织(不仅仅包括慈善组织)按照程序和规则完整、及时、准确地提供其掌握的信息,以间接的方式完成信息核查。这两种方式都能让监管机构改善原本不对称、不完整的信息获取情况。只不过,在核查流程、核查成本、行动激励等方面,这两种信息核查方式存在较大差异。第一种主动式核查信息方式需要监管机构有充足的执法人员、执法经费,较高的执法水平和执法效率,适用维度和期限相当有限。相较之下,第二种方式更有优势:一是因为有第三方的报告,信息获取面广,信息发现的概率增大,执法概率增大,执法效率增强。二是信息收集和提供的相应成本由第三方承担,监管机构执法成本降低。当然,这种方式也存在一些缺陷,如第三方与慈善信托等慈善组织合谋的情形,第三方与慈善组织之间存在利益关系或者可期待的利益关系,其有很大可能性选择合谋,从而无法保证所提供的信息的真实性、完整性和及时性。这种情况下,我们就需要构建一种合理的、有效的激励机制来保证和促进第三方向公益监管机构提供真实、完整、及时的信息。我们可以称这种激励机制为第三方信息报告激励机制。

一般而言，可以从以下三种路径来建立和完善第三方信息报告激励机制：一是建立信息报告不当的惩罚机制。信息报告不当，主要是指相关个人和组织在提供信息时有隐瞒重要信息、不及时提供信息、不完整提供信息、提供虚假信息、提供错误信息等故意行为。根据一般的执法理论，执法威慑力主要受两个变量的影响：查处发现概率和惩罚严厉程度。这两个变量相辅相成、相互促进。如果不当行为被查处概率不高，那么要提高执法威慑力，则只有通过规定严厉的责任来增加惩罚程度。基于此相关理论，我们可以通过“严刑峻法”的方式，增加对信息报告不当的惩罚程度，来保障执法威慑力，进而保证和提高信息报告的及时性、真实性和完整性。二是公益监管机关保持与信息报告者的偏好一致。这种一致的偏好可以是监管者对被监管者的奖励，也可以是对检举者的奖励。如监管机构对提供真实、完整、及时信息的信息报告者给予合理奖励来提高信息报告者的声誉，或者监管机构对主动检举其他方有信息报告不当行为的信息报告者给予合理奖励来鼓励其继续监督其他方。三是增强信息的可验证性。公益监管机构应该加强自身的信息核查能力，建立和完善信息验证机制，并与信息报告不当的惩罚机制相结合。在此背景下，如果信息报告者知道自己提供信息的真实性、完整性是可以被监管机构发现和验证的，那么他们自然会选择披露真实的、完整的信息。

需要特别注意的是，在慈善信托等慈善组织的信息核查上，主要相关信息基本都是与财务相关的财会信息。这类信息具有复杂性、专业性、大量性等特征，部分公益监管机关有可能在执法人员、执法水平等方面无法与之匹配。因此，公益监管机构在信息审查上应当建立和完善第三方协助机制，采取监管机构和财会机构、审计机构等专业性的中介机构相结合的方式，并建立一套预防机制来防范中介机构和慈善组织合谋。如借鉴英美法系国家关于慈善组织的立法经验，建立和完善慈善信托等慈善组织的会计与审计制度，明确相应的法律责任，规定第三方专业机构及其会计、审计人员在未履行勤勉义务时应当承担严格的法律责任。美国浸信教徒基金会破产案就是一个很好的例子。[1]

---

〔1〕 在美国浸信教徒基金会破产案中，之前承担基金会审计工作的财会公司是著名的安达信公司。安达信公司未严格履行勤勉义务，忽视内部人士对可能的财务欺诈提出的警告，作出财务状况正常的审计报告。该公司无视危险信号的存在，事后未要求基金会提供要求的组织相关资料，没有做出应有的质疑并撤回原有的报告结论，导致该基金会进行的募捐诈骗未被揭穿。因此，基金会的破产托管机构要求安达信公司支付3亿美元的损失赔偿和更高额的惩罚性赔偿。

5. 信息公开的例外原则不具操作性

我国《慈善法》第 76 条规定了包括慈善信托在内的慈善组织信息公开的例外原则。[1] 但是，对"国家秘密"、"商业秘密"和"个人隐私"缺乏明确的说明和解释，这些例外原则的信息具体有哪些、内容如何界定、监管部门有解释权还是分别依据不同的法律法规来解释以及如何解释、不公开的权限是慈善组织自由自主决定还是有义务向监管部门申请，诸多问题在法律上都未能明确，相应配套的操作规则和指引也未发布。

在一些国家和地区，相应的规范较为完善，如新西兰《慈善法》第 25 条明确规定了监管部门具有不公开信息的解释权——委员会有权允许信息和档案被隐秘或者从注册处转移走，有权限制公众获得此类信息和档案；基于公共利益，委员会在认为合理的情形下有权阻止或者限制社会公众获得任何有关慈善组织的信息或档案，公众获得信息或档案的权利必须被禁止或者限制。又如，亚美尼亚《慈善法》第 18 条规定，就明确了"商业秘密"的排除范围。该条规定，与慈善组织的构成、财产、收支、职工人数、报酬率以及志愿者人数等相关的信息不应当被认为是商业秘密。换言之，除此之外的信息才可以被认定为商业秘密，这就从侧面明确界定了"商业秘密"的范围。

美国的立法中也有对慈善组织信息公开例外原则的相关规定：(1) 联邦税务局认为信息涉及政治的商业机密、专利、过程、工作模式、组织体系，如果公开可能会对组织造成损害时可以不予公开；(2) 联邦税务局认为信息公开可能会危及国家安全时可以不予公开；(3) 确定慈善组织利益相关方的报酬的相关信息可以不公开；(4) 除了私人基金会、政治组织以外的慈善组织，捐赠者的姓名和电话等信息可以不公开。[2] 美国慈善组织信息公开例外原则的立法规定，不但明确了可以不公开的信息内容和范围，而且还明确了有权解释机关为联邦税务局，规范明确、可操作性强。

(三) 慈善信托信息公开制度的完善

在组织治理机制尤其是监管机制方面，信息公开制度能够平衡信息优势地位和不对称性，是其他一切约束机制实施的前提和基础，"是信托公司防范风险、提高内控水平和质量的有效制约机制"[3]。在慈善领域，信息公开制度是社会公共参与和社会公众监督的基础，是监管机制中的一个重要方面，能够有效降低监管机构的监管成本，减少监管过程中的道德风险，增强监管效率。同时，也能够提升慈善信托等慈善组织的

[1] 《慈善法》第 76 条规定："涉及国家秘密、商业秘密、个人隐私的信息以及捐赠人、慈善信托的委托人不同意公开的姓名、名称、住所、通讯方式等信息，不得公开。"

[2] 李健：《我国慈善组织信息公开研究》，中国社会出版社 2017 年版，第 94 页。

[3] 李勇：《信托业监管法律问题研究》，中国财政经济出版社 2008 年版，第 197 页。

社会声誉,增加其社会资源获得的机会,完善其合法性机制。因此,由于公益性和社会公众性,完善的信息公开制度对于慈善信托而言,更具有重要的意义。笔者认为,可以从以下几个方面来继续完善我国慈善信托的信息公开制度。

1. 确立适合慈善信托的信息公开原则

一般认为,法律原则在法律制度规范体系中处于中间位置,介于法律理念与法律规则之间。法律理念决定法律原则,并通过一系列法律原则作为媒介来具体化为相关法律规则。

我国目前的慈善信托信息公开相关法律规定,未能形成反映慈善信托特性的公开原则。《慈善法》第71条规定了包括慈善信托在内的慈善组织的信息公开制度的三大原则,即"真实性、完整性、及时性"。《信托投资公司信息披露管理暂行办法》第5条也明确规定了信托公司信息公开制度的四大原则,即"真实性、准确性、完整性和可比性"。[1] 这四大原则其实是沿袭我国《商业银行信息披露管理办法》第5条的规定。对比《慈善法》和《信托投资公司信息披露管理暂行办法》中规定的信息公开基本原则,除了二者共有的相同原则之外,《慈善法》要求"及时性"原则,但未要求"准确性"原则和"可比性"原则。慈善信托作为要同时受到《慈善法》和《信托法》共同规制和调整的一种特殊慈善组织形式,其信息公开制度的基本原则既要有传统的信托业信息公开的基本原则,还要有体现和迎合慈善信托本身特殊属性的基本原则。慈善信托不同于传统信托的一个重要方面是利益相关者的巨大差异——传统信托中,无论是委托人还是受托人,基本上属于法律规定适格的、专业的、认知水平和文化素养都较高的部分群体,而慈善信托无论是受益人还是委托人,或者是有监督和关注意愿的普通大众,都属于知识体系、认知水平千差万别、参差不齐的而且分散性很强的不特定的社会公众。因此,笔者认为,我们应当重视慈善信托信息公开中存在的利益相关者对相关信息的获取、甄别和决策的困境,在立法上增加信息公开制度的"普识性原则"。所谓"普识性原则",笔者将其定义为,慈善信托等慈善组织在进行信息公开时,除了应当遵循"真实性、完整性、及时性"原则要求之外,还应当完善信息的内容注释,加强信息的解释性,保证公开信息的易识别性和易理解性。只有通过法律制度明确规定"普识性原则"这种适合慈善信托自身特殊属性的信息公开制度的基本原则要求,才能避免"我公开、你不懂"的信息公开失灵的尴尬情形发生,不断增强社会公众对慈善事业的理解、参与和支持,促进慈善信托的社会承认和发展。

---

〔1〕《信托投资公司信息披露管理暂行办法》第5条规定:"信托投资公司应当遵循真实性、准确性、完整性和可比性原则,规范、及时地披露信息。"

2. 信息公开的充分性

慈善信托的信托财产源于慈善信托委托人的捐赠，有可能是特定的委托人，也可能是不特定的社会公众捐赠者。虽然慈善信托的捐赠人在信托设立以后不再享有捐赠财产的所有权，但是依法仍然享有监督权等一系列权利。如果慈善信托受托人违背信义义务或者违反信托目的而不当管理信托财产，不仅违反信托委托人的捐赠目的，严重损害自身的公信力，而且还会影响我国慈善事业的发展和社会公共利益实现。基于市场竞争和商业秘密的需要，上市公司等营利性组织在信息公开时可能对某些关键的、敏感的商业信息有所保留而不愿意或者不充分公开。不同于上市公司等营利性组织的信息公开原则，慈善信托是在慈善领域从事相关公益性活动，以实现宗旨相关的慈善目的、增进社会公共利益为行为目标，并不是以利润最大化为主要目标，市场竞争性并不充分，不应该像上市公司等营利性组织那样过分关注信息的经济性和秘密性以维持其市场竞争地位。因此，慈善信托等慈善组织的信息公开相对而言应该更加充分。我们应通过法律制度的完善，设置不同的信息公开标准和激励机制，鼓励慈善信托等慈善组织进行更加充分的信息公开，并与其专业性和规模性相匹配。

3. 信息公开的统一性

信息公开，除了要求信息的完整性、真实性、及时性、可比性以及普识性之外，信息的统一性也是极其重要的一点，是我们衡量信息公开有效性的一个重要标准。一般而言，信息公开的内容包含组织的各个方面的信息，公开也应当充分。但是“充分”这一概念过于宽泛、笼统，实践中对于慈善组织而言不具有可操作性，不同领域、不同规模的慈善组织甚至相类似的慈善组织之间都可能产生较大差异的信息公开之效果。差异化的信息公开效果，会导致慈善组织之间失去相互比较、相互评判的基础，也会影响社会公众和监管机构的信息收取、信息甄别以及信息决策的准确性，从而难以建立起有效的声誉机制。因此，对于慈善信托等慈善组织的信息公开的统一性而言，一方面，在制度上要规定一系列明确的、统一的、合理的标准，并以这些标准为框架架构一个完整的、合理的、可相互比较的指标体系；另一方面，不同的慈善组织的衡量指标肯定会有所不同，相互之间存在一定的差异性。我们在架构前述指标体系时，应当合理设置不同的标准，符合差异化要求，实现统一性和有效性的兼顾和相互促进。

4. 信息责任的平衡

在信息化社会，信息作为一种产品，要经过初始信息提供、信息核定、信息公开等一系列流程，方可产生与呈现。慈善信托等慈善组织作为掌握信息的信息优势一方，由其提供初始信息是符合效率机制的。但是，基于自身利益的考虑，慈善信托等慈善组织提供的信息不一定真实、准确或者完整，需要公益监管机构对相关信息进行进一步的核查。如前所述，信息核查会大量增加公益监管机关的执法成本，严重受限于监管机构的执法人员、执法水平、执法效率等因素。为了增加执法威慑力，可以通过增强对信息公开不当行为的惩罚力度的方式完善监管机构的信息核查机制，通过法律后果的威慑力来降低前期审核的压力。一方面，慈善组织的监管机构可以通过罚款、责令改正等方式惩罚信息公开的不当行为；另一方面，还可以对有信息公开不当行为的慈善组织进行权威的、广泛的公开，通过名誉罚增强威慑力。对慈善信托来说，罚款这类惩罚对信托受托人不具有很强的威慑力——信托财产本身也不属于受托人自有财产。罚款的边际效用也因组织规模大小而存在不同——小规模的组织可能还会存有顾虑，但是大规模的组织可能不屑一顾。只有公益监管机构对有信息公开不当行为的慈善组织进行权威性的、广泛性的公开，才可以产生社会公众意义上的名誉罚，能够严重影响慈善组织的社会公信力，影响其社会资源的获得，也能实现在差异化基础之上的公平性。

因此，信息公开的责任承担应当合理分配。信息公开的主体是多方的，途径也是多元化的。慈善组织、监管机构、中介机构、媒体、协会等多方主体都可以参与信息公开，而且能够形成信息公开的竞争激励机制。如此一来，在一定程度上可以保证相关信息的完整性、真实性、可比性和可验证性，并因此划分相对应的责任，建立起相互制约、相互促进的竞争激励机制和责任体系。

5. 公开信息的简明与普识性

信息公开需要保证信息的完整性、真实性和及时性，以及充分性。但是，并不是信息公开越多就越好。

慈善信托等慈善组织的信息公开，应当考虑社会公众在知识体系、认知水平等方面的差异性和分散性，重视信息公开中存在的利益相关者对相关信息的获取、甄别和决策的困境，通过法律制度明确规定公开信息的简明化和普识化，在立法上增加信息公开制度的“普识性原则”。慈善信托等慈善组织在信息公开时，应当保证公开信息的简明和普识性，完善信息的内容注释，加强信息的解释性，保证公开信息的易识别性和易理解性，实现公开的信息与社会公众的理想对接，降低社会公众的信息获取和信息甄别成本，建立声誉机制并实现其作用和效果。

第九章

行业自律机制:声誉激励与自律优化

一、行业自治与自律机制

慈善信托作为一种具有双重属性的特殊慈善组织形式,一般都会参加公益慈善领域相关的行业协会并接受相应的指导和管理。无论是慈善组织作为慈善信托受托人还是信托公司作为慈善信托受托人,一般也都会参加相关行业协会并接受指导和管理,信托公司在这方面尤其突出。行业协会,即使是公益领域或慈善领域内的行业协会,其一般的理论基础也是完善行业自治、加强行业自律,通过行业自治与自律机制来指导、规范和发展本行业及其内部组织成员。

(一)行业自治的理论基础

社会中介组织的兴起和发展是20世纪市民社会发展过程中的一道独特风景。其中,行业协会作为社会中介组织一股重要的力量日益受到关注。行业协会的定义有多种表述,一般认为,"行业协会是由单一行业的竞争者所构成的非营利组织,其目的在于在促进提高该行业中的产品销售和雇佣方面提供多变性援助服务"[1]。因此,行业协会通常意义上具有非营利性、中介性、自益性、成员单一性与竞争性的特征。行业协会作为市民社会的基础性力量,是市场失灵和国家宏观调控失败之下的第三条道路选择,是特殊市场需要的供给者。缘何如此?这是因为:第一,行业协会具有行业整体的信息优势,能够很大程度上避免信息不对称,减少政府因信息不对称而导致的干预失灵。第二,行业协会能够参与社会管理,承继部分政府权力,有助于社会共治。第三,行业协会能够促进政策和制度实施,减少法律运行成本。如前所述,行业协会的作用和功能体现其合理性。行业协会还具备"合法性",即"法定性"与"正当性",包括三个

---

[1] 鲁篱:《行业协会经济自治权研究》,法律出版社2003年版,第4页。

方面：行业协会在宪法上的合法性、行业协会在行政法律法规上的合法性以及在国际公约上的合法性。[1]

行业协会具有组织、整合、聚集、协调等特殊的作用和功能，具有充分的合理性和合法性基础，作为一种社会团体，接受党的领导，服从政府管理，参与社会治理，其立足之根本是行业自治，并通过行业自治和自律，力求建立一种社会参与、权力共享的共同体。因此，行业协会最本质的核心要求和最重要的表征是自治。"行业协会的自治应当是指行业协会根据协会成员之授权制定规则并将这些规则在其成员授权范围内强制实施的权利。"[2]行业协会自治的原因在于：(1)行业协会自治是社会发展进化的必然产物。在卢曼看来，所谓社会进化就是互动系统、组织系统和全社会系统日益分化的过程。行业协会作为一种功能系统，本身具备国家和市场都无法替代的功能，按照卢曼的观点，这一功能系统本身要求应当是自治的。(2)行业协会自治是有效实现其作用和功能的基础和前提条件。对于行业协会来说，其具备的管理功能、制约功能、自律功能等功能都必须以自治为前提，没有自治，其功能也就失去了基础，无法有效发挥和实现。行业协会自治是实现政策灵活性的基础性条件，能够实现社会制度低成本运作，有利于行业协会提供满足特殊市场需求的产品。(3)行业协会自治是现代经济管理变革的逻辑要求。治理理论的发展，赋予了社会组织更多的公共管理职能。随着人们对"政府失灵"和"市场失灵"理论的不断解读和认识，行业协会作为一种有效的社会组织，能够有效衔接和填补政府与市场之间的空白，承担起越来越多的公共管理职能。实践中，越来越多的国家强调自治的重要性，这赋予了行业协会等社会组织更多的治理职能，以避免政府和市场的双重失灵。(4)行业协会自治是行业协会发展的历史延伸。行业协会在起源上就是一种自愿性组织，自治对行业协会来说有天然的亲和力，在行业协会发展的不同历史阶段和地区有不同的表现差异。另外，自治也是现代行业协会的发展目标和行为取向。

(二)行业自律机制

行业协会自治是其立足之根本，是其实现功能、发挥作用的基础。行业协会自治并非来自政府公权授予，也非来自市场竞争，而是仰赖于其本身的自律机制。行业协会自律机制的核心是其自治权，没有自治权，就无从谈起行业协会的自律机制及其完善。行业协会自治权既不同于传统的政府公权，也不同于各类市场主体的私权，而是政治社会与市场经济发展衍生出的一种新型权力，无法用纯粹的公权或私权来区分。

---

〔1〕 鲁篱：《行业协会经济自治权研究》，法律出版社2003年版，第47页。

〔2〕 同上书，第106页。

笔者认为,行业协会自主权在本质上是一种公权和私权的混合体,介于公权和私权之间的模糊地带。一般认为,行业协会自治权包含以下几种权利:

1. 规章制定权

行业协会为了保障自身合法正当规范地运行和实现宗旨,势必在成立之时就制定规章制度并产生强约束力。规章制定是行业协会合法、高效运行的保障。行业协会制定的规章制度一般可以分为四类:(1)基本规则,指章程及与章程配套的基础性文件;(2)行为规则,即职业道德规范和行业准则等相关规定;(3)惩罚规则,指行业协会对违反章程和行为规则的成员进行惩罚处分的相关规范;(4)争端解决规则,此规则有些包含在章程内,有些是单独制定,主要规范成员之间以及成员与协会之间产生争端时的解决程序和权利义务分配等。慈善类的行业协会对慈善事业的发展变化和行业信息的掌握,相比监管机构而言,更加务实化、精准化,更贴近慈善市场和受惠群体,其受信息不对称因素影响更小。慈善类行业协会制定的规章制度,相较于法律法规,更加细化,更具可执行性,而且都是经过监管部门审核通过的,具有一定的合法性。慈善信托如果严格遵守其相应行业协会制定的规章制度,有利于不断改进和完善自身的治理机制,有利于不断适应制度环境并增强社会公信力,也有利于慈善监管机构对其全面监管、有效监管。

2. 监管权

监管权,是行业协会成立和发展过程中的一个极其重要的权力,主要是指行业协会对其内部成员和组织进行监督和管理的一系列权力的泛称。监管权是行业协会确立组织权威、维持组织发展的重要权力之一,同时也是行业协会自治权的一个重要体现,在一定程度上可以认为是狭义的自治权。主要包括:(1)许可批准权,即对成员是否享有在某些行业或产品范围内从事经营活动的资格进行审查批准的权利。这一部分许可批准权源于政府的授权或者让渡,目的是消除信息不对称、减少许可成本、提高政府服务效率。(2)认证权,即行业协会对成员的产品质量、规格、产地等方面进行认证和鉴别的权利。行业协会的认证权一般情况下能够促进消费者福利和社会公共利益,只有在极少数的特殊情况下才会产生反竞争的效果。在我国,认证权表面上看似源于政府文件的授权,如2000年国家轻工局发布的《行业协会管理的暂行办法》规定,行业协会配合有关部门进行行检、行评、产品认证及质量监管工作。本质上,认证权的正当性源自行业协会的信息优势地位,行业协会能够全面、准确、及时掌握行业和成员的相关信息,消除政府在认证方面的信息不准确、信息不完备、信息不及时等信息不对称情形。(3)日常管理权,即行业协会对协会和成员具有日常的经营管理权限。在不损害成员经营管理自由权的基础上,行业协会有权根据法律法规或者章程授权对成员的经营管理进行计划调节、指导斡旋、奖励宣传等相关工作。(4)标准制定权和实施权，行业协会依靠自身的信息优势地位，独立或者在政府部门指导下进行本行业标准的制定和实施。“在美国，标准主要是由私人性质的行业团体制定的。”[1]行业协会的标准制定权和实施权一方面能够统一行业标准，促进行业效率，保障产品质量，增进消费者福利；另一方面也具有市场壁垒限制竞争的负面作用。慈善类行业协会能够协助监管部门对慈善信托进行辅助监管：一方面，能够深入和熟悉行业发展，充分地、全面地搜集慈善行业信息和慈善组织信息，为监管机构提供充分的、有效的信息支撑。另一方面，行业协会能够对个别成员组织进行单独监管，先于监管机构发现个别成员组织存在的问题，督促其及时改正；同时视情况及时对接监管机构，进行汇报和反馈，加强行业学习和经验总结，维护行业协会的声誉及整个行业的声誉。

3. 惩罚权

惩罚权，是一种非法律惩罚权力，是其自治权的重要组成部分，具有专业性和针对性；主要包括罚金、名誉惩罚、集体抵制、开除、市场禁入等形式，现实中还包括批评教育、赔礼道歉、通报曝光、赔偿损失等形式。行业协会的惩罚权能够很好地规范和促进本行业及其成员组织的发展，也能够协助政府机关加强对行业的监管，形成良好的社会治理效果。基于信息不对称的原理，相较于监管机构而言，慈善类行业协会对慈善信托等慈善组织的信息掌握得更加全面、具体、充分和准确。如果慈善信托等慈善组织从事了违法或者违规的行为，行业协会能够较早发现，并能够对其采取通报批评、公开谴责、集体抵制以及开除等惩罚方式，而且还可以通过给行政主管机关发送建议函等方式要求监管机构对慈善信托等慈善组织依法进行处罚。

4. 争端解决权

争端解决权，是指行业协会根据法律授权或者章程规定，有权对协会内部、成员之间、协会与成员之间以及其他与本行业相关的具体事务进行调解和裁定。行业协会的争端解决权，在本质上是自主权的一种表现，属于民间争端解决方式的一种，是民间纠纷解决机制的构成部分，不同于司法解决权。行业协会的争端解决权能够保障行业协会的运行效率和合法性，给当事人提供灵活、多样化的选择，降低当事人成本，减少政府干预。在一定程度上，该争端解决权也相对减少了司法资源浪费，补充并完善了社会治理机制。这对慈善信托等慈善组织也适用，尽管慈善信托之间并不存在严重的市场竞争关系。

---

[1] 朱景文：《比较法社会学的框架和方法——法制化、本土化和全球化》，中国人民大学出版社 2001 年版，第 340 页。

5. 诉讼权

诉讼权也称诉讼参与权，是指行业协会有权以自己的名义向人民法院提起诉讼、参与诉讼的相关权利。随着行业协会商会“脱钩改革”的推进，行业协会基本都按照相关法律法规进行了合法登记注册，取得了非营利法人资格。根据《民法典》第57、59、87条的相关规定，行业协会依法取得民政部门颁发的非营利法人执照，具有民事权利能力和民事行为能力。目前，学界对行业协会享有独立的诉讼权基本无争议，但是对其诉讼权的范围界定存在一定的争议，即协会内部成员利益受损害而不便诉讼或者行业利益受损害时，行业协会是否有诉讼权以及相关的界定尚无定论。

行业协会自治权的实现有赖于其自律机制的有效构建，在传统自律机制的建构基础上，加强行业协会的社会形象建设，增强其合法性和社会承认效果，进而确保其责任性和公益性，必然需要良好的声誉机制发挥作用，这一点对于慈善信托等慈善组织作为其成员的慈善类行业协会来说，更显重要。反过来，慈善类行业协会的社会公信力增强，通过声誉机制作用，也能够直接影响作为成员的慈善信托组织的公信力和社会承认效果。

二、行业自律中声誉机制的功能与重要性分析

声誉是人们主动或者被动接受、识别信息后经过加工而形成的可以影响人的行为选择的评价。这种评价可以是正面的，也可以是中性的，还可以是负面的。由于声誉是由人们所接受的信息塑造的，因此，其本质上属于人类认知的一部分。良好的声誉能够提高市场效率早已成为经济学家们的共识。“声誉信息在各个利益相关者之间的交换、传播，形成声誉信息流、声誉信息系统以及声誉信息网络，成为信息的显示机制，有效限制了信息扭曲、增加了交易的透明度以及降低了交易成本。”[1]

社会组织的社会性评判有其自身的体系，在这个体系中，组织自身的行为表现所展示的信号显示能够直接影响社会公众的声誉感知，“信息中介”[2]在一定程度上也能够间接影响社会公众的信息获得。与此同时，由于社会公众身份的差异性，全部相关信息在转化成声誉感知时还要经过认知、情感等方面的过滤和建构。一般情况下，

---

〔1〕 皮天雷：《国外声誉理论：文献综述、研究展望及对中国的启示》，载《首都经济贸易大学学报》2009年第3期。

〔2〕 信息中介包括媒体、金融分析师、监管者以及消费者协会等能够传播信息、框定议题、辅助利益相关者理解公司行动、影响社会公众感知的第三方。它们提供的或者呈现的线索是形塑社会评价的重要影响因素。See David L. , Deephouse Pursey P. M. A. R. Heugens, *Linking Social Issues to Organizational Impact: The Role of Infomediaries and the Infomediary Process*, 86 Journal of Business Ethics 541(2009).

由于信息不对称，社会公众对组织声誉的感知，大多源于有限公开的信号显示以及在此基础上建构的意义。而且，这些有限公开的信号是有选择性的、不全面的，正面信息居多，通常展示组织的社会地位、组织结构、组织文化、品牌影响力、产品和服务的质量、组织的效率性、慈善和社会责任等方面。

诚如前文所述，制度环境一般是通过对资源分配或激励方式的影响来制约社会组织和个人的行为。社会制度并不能直接塑造人们的思维方式和行为，其对组织或个人施加影响的方式主要是通过激励机制来完成的。法律制度的实施，一方面依赖于其国家后盾的强制执行力；另一方面也取决于获得有效的信息和充分的激励。激励通常可以分为显性激励和隐性激励，监管机构对慈善信托等慈善组织的监管主要是显性激励，这是因为行政监管一般是通过法律制度进行的，“显性”表现在其激励目的、方式、预期都是法律制度所明确的。但是，立法技术和立法理念具有滞后性，法律制度也具有不可穷尽性，同时，因为信息失灵现象的存在，法律的实施也不是完备的。在这种情况下，社会组织有可能故意提供虚假信息或者片面信息，法律制度的显性激励往往会被社会组织有意识地规避；信息不对称产生的“信息失灵”现象成为声誉机制形成和作用的基础。声誉机制是隐性激励，一方面，可以影响社会组织未来的预期，进而形成“合法性”的强约束力；另一方面，还可以规避或制约那些影响法律激励的因素，增强法律制度的威慑作用。

声誉机制和法律制度是降低交易成本、促进合作的两种不同方式。从理性假设出发，在一次性静态博弈中，交易双方会形成“囚徒困境”，特别是在现代社会经济中，信息现代化也会导致信息复杂化和碎片化，不同行为人、社会组织之间不但存在普遍的、严重的信息不对称和不完全现象，而且还存在“机会主义行为”和“合同不完全性”，这些都会导致交易成本提高甚至无法建立合作。在委托人和慈善信托的关系中，我们可以构建一个简单的“委托人—慈善信托”博弈模型。委托人在进行慈善捐赠之前有充足的动力和愿望去了解和分析慈善信托及其受托人的全部信息，而慈善信托及其受托人不需要了解委托人的全部信息，这主要是因为慈善捐赠是委托人的单方行为。如果慈善捐赠合作只有一次：委托人不了解慈善信托的全部信息，慈善信托有可能是优良的慈善组织，也可能是低劣的慈善组织。委托人可能选择慈善捐赠，也可能不选择慈善捐赠。假设委托人是完全理性的，那么因为其对慈善信托的信息掌握得不充分，不完全了解该慈善信托，是否捐赠就取决于委托人自己的判断：慈善信托是优良组织，还是低劣组织？假设委托人是非理性的，那么在这一阶段，他会冒险进行捐赠。同样，如果只有一次捐赠合作，慈善信托选择为自己最大利益而可能违背委托人捐赠的初衷而形成背叛，那么在第二阶段，其他委托人会评价并根据慈善信托在第一阶段的行为表现来决定第二阶段是否捐赠。考虑第二阶段的捐赠预期,慈善信托必然会衡量在第一阶段背叛的收益和第二阶段收到捐赠的收益,进而决定在第一阶段是背叛还是遵守约定。基于实际生活中的一般事实,不同委托人的慈善捐赠行为大都是分阶段的、连续性的,慈善信托在某一阶段的背叛行为会形成恶劣的信号显示,给其组织带来不好的声誉,进而会影响之后的捐赠获得和资源交往机会。因此,慈善信托往往都会选择遵守约定。声誉的好坏会直接影响社会组织的未来收益和机会,对组织具有强大的激励作用和约束力,影响其当下的行为选择,这就是声誉机制的主要作用。

在现代信息社会,声誉机制的威慑作用更加明显。声誉的建立是一个塑造受众认知的过程,一般包括“行为—传播—接纳—固化”四个阶段。从理论上分析,如果人们都是通过直接合作了解一个社会组织,那么该组织的声誉与其行为一般是相匹配的。但是在信息不对称的环境中,大多数情况下,一项合作是外部传播的信息影响而促成的,而不是直接合作所获得信息的影响促成的。在互联网信息化时代,个人、社会组织之间的信息交流对决策产生重要影响:一方面,信息爆炸、复杂多样,数量和内容远超日常所用;另一方面,因为人的“有限理性”,我们收集、识别和处理信息的能力有限,直接导致我们认知信息的浅表化和碎片化。在此情况下,我们认知的注意力成为一种稀缺资源,深入思考和理性判断因为要耗费更多的精力和成本而同样变得稀有。因此,外部传播的那些权威的、值得信赖的信息本身就会被赋予更大的影响决策权重,对个人或组织的影响更大。甚至有些情况下,大多数人并没有探究真相的理性,其言行仅仅是某种从众心理的表现或者迁怒的表达。例如,“郭美美事件”发生后,社会公众群情激奋、集体表达愤慨,这可能只是把对政府的不信任投射到了红十字会之上。由此可以看出,信息传播的方式、范围、速度的变化能够直接、深刻地影响个人和社会组织的决策。在此背景下,声誉机制也就可以直接、有力地对慈善组织的行为进行约束。

声誉机制是一种隐性激励,与法律机制的显性激励有所不同。基于获得未来利益和维持长期合作关系的考量,行为主体都会选择放弃眼前利益而不去损害自身声誉。“对于社会组织交易双方来说,组织的声誉优良代表着其产品和服务的质量优良,交易相对方有理由相信声誉优良的组织所提供的产品和服务是优良的、持续可靠的,任何降低质量的行为都会直接严重地损害其组织声誉。”[1]与此同时,“社会组织的声誉优良意味着交易相对方无需支付因防备‘机会主义’行为而产生的防御成本,从而能够节

---

〔1〕 Amna Kirmani & Akshay R. Rao, *No Pain, No Gain: A Critical Review of the Literature on Signaling Unobservable Product Quality*, Journal of Marketing, Vol. 64:66, p. 66 - 79(2000).

省资源占用和交易成本"[1]。在声誉机制的作用下,社会组织的声誉经由市场连续地、重复地塑造、选择、评价和扩散,直接成为人们交易决策的判断标准。在一定程度上,声誉可以说是社会组织竞争力最重要的决定因素。对于社会组织的监管机构来说,汇总、比较、分析不同渠道、不同层面的声誉信息,可以辅助、指导和完善监管机制的形成和实效发挥,这主要是因为,"声誉机制能够及时启动严厉的市场驱逐式惩罚,深刻影响企业的核心利益,有效阻吓企业放弃潜在的违法行为,是一种效率型的、辅助公共执法的社会治理形式"[2]。与此同时,声誉机制和法律机制之间还是一种相互补充、相互替代的关系。从组织社会学的角度来看,声誉机制能够有效发挥作用的领域,法律机制就能够相应地减少影响。换言之,完备的声誉机制可以提高监管效率,部分代替法律机制,减少法律监管成本。一方面,声誉机制能够使法律监管机构获得充分的信息,进而提高法律监管的效率和可执行性;另一方面,法律机制是声誉机制的保障,能够促进声誉机制充分、有效地发挥作用。对于慈善行业协会及其组织成员而言,声誉机制是其实现行业自治和行业管理的重要基础。声誉机制能够从集体声誉和个体声誉两个方面,通过声誉溢出效应和声誉连带效应对慈善行业协会及其组织成员形成强大的激励约束力。

三、行业自律通过声誉机制实现对慈善信托的有效治理

在现代市场经济条件下,"法律和声誉是市场经济中的两种重要制度"[3]。对于行业协会和其成员组织来说,行业协会能够通过自治权的行使,建立起包含行业协会本身以及内部成员组织在内的共同的声誉机制。而且,行业协会作为处于政府和市场之间的第三方,是具有信息优势地位的中间权力阶层,能够对成员组织的声誉产生特别重要的影响,影响可能是正面的,也可能是负面的。如果某个行业协会有理由、有依据地宣称其内部成员组织存在一定的负面问题,那么政府机关和社会公众基本都会选择相信这一信息,该内部成员组织的声誉就会受到严重损害,并且很难恢复。这一点对于慈善信托等慈善组织而言可能会表现得更加明显、突出。慈善信托等慈善组织的宗旨和业务活动都是公益性的,相对于追求利润最大化的营利性组织而言,公益性的非营利组织本质上更注重良好的声誉。对于慈善信托等慈善组织而言,声誉能够影响

---

〔1〕 Aric Rindfleisch & Jan B. Heide, *Transaction Cost Analysis: Past, Present, and Future Applications*, 61 Journal of Marketing, Vol. 61:30, p. 30 – 54(1997).

〔2〕 吴元元:《信息基础、声誉机制与执法优化——食品安全治理的新视野》,载《中国社会科学》2012 年第 6 期。

〔3〕 张维迎:《信息、信任与法律》,生活 · 读书 · 新知三联书店 2006 年版,第 103 页。

其社会公信力，社会公信力能够影响社会承认，动摇其合法性基础，最终会影响其社会资源的获得。在一定程度上，可以说，社会承认逻辑是所有类型的慈善组织的生存和可持续发展的基础，而声誉机制是其建立社会公信力并获得社会承认的核心。声誉机制与法律机制之间是相辅相成、互相促进、互相制约的关系。声誉机制作用明显的领域，法律机制自然减少；声誉机制无法作用的领域，法律机制势必增强。慈善信托作为一种同时具备慈善性和营利性双重属性的慈善组织形式，如何借助行业协会的自律机制，通过相应的声誉机制的设置和功能实现来降低监管成本、完善治理机制具有重要的研究意义。

（一）个体声誉与组织声誉

"社会控制分为三种形式，分别是基于个人伦理的第一方控制，基于合约的第二方控制和第三方控制。其中第三方控制又根据规则形成主体的不同分为由社会力量形成的规范、由社会组织形成的组织规则和由政府形成的法律。"[1]在目前中国慈善组织监管中存在公共执法不足和不能的现实环境下，声誉机制成为社会治理中的一种分权治理的方式，对各个治理主体而言都是一种重要的、明确的、强力的激励约束方式。声誉机制对慈善信托发生作用的核心在于，声誉机制有助于慈善信托在内的公益组织完善"合法性机制"，追求社会承认，增强社会公信力。另外，声誉机制有助于增强慈善信托等慈善组织的从业人员的职业声誉和职业声望，弥补对慈善组织从业人员物质激励的不足。

一般意义上，社会组织可以分为两种形式：一种是单个组织，另一种是多个组织按照一定的规则和程序组成的行业协会。在声誉机制理论中，声誉也可以进一步划分为个体声誉和组织声誉，组织声誉也可以称为集体声誉。个体声誉中的个体既可以指个人，也可以指行业中的单个成员组织；个体声誉既包括个人声誉，也包括单个组织声誉。同理，组织声誉既可以指行业协会内部单个成员组织的声誉，也可以指行业协会作为一个整体组织的声誉，也就是集体声誉。个体声誉和组织（集体）声誉之间也是相互影响的共生关系。这种关系表现在两个方面：一方面，个体声誉的叠加总和构成了组织（集体）声誉，政府监管机构和社会公众等一般会依据该行业组织内部成员的个体声誉的水平和评价，作为信息判断标准，形成其对组织（集体）声誉的认识和评价，是一种由点到面、由单个到整体的信息甄别效应。另一方面，组织声誉是个体声誉的基础并受其影响，如果行业协会的内部成员组织自身的声誉机制不完善，有严重影响自身

---

〔1〕［美］罗伯特·C. 埃里克森：《无需法律的秩序——邻人如何解决纠纷》，苏力译，中国政法大学出版社 2003 年版，第 153 ~ 160 页。

声誉的行为或者有滥用组织声誉的行为，就会对行业协会组织的声誉机制造成严重损害。在慈善领域，声誉机制的作用更加凸显，声誉是慈善组织的生存之本，影响其社会公信力和社会承认。如果慈善领域的行业协会组织的集体声誉受到严重影响，那么作为其内部成员的慈善信托等慈善组织的声誉也会遭受损害。因此，慈善组织的行业自治和自律是非常重要的。

一般认为，行业协会成立后，声誉机制也随之建立并发挥作用，就会将内部组织成员的个体声誉和行业协会的集体声誉自动捆绑在一起，以形成的行业协会的集体声誉作为“信用抵押物”，向社会公众彰显其声誉和公信力。行业协会通过集体自治和自律机制，协助政府机构监管、引导、规范本行业的发展。同时，行业协会通过一种“温和的连坐制”[1]，形成维护行业集体声誉的制度安排。集体声誉和个体声誉之间这种“连坐制”关系，表明慈善行业协会及其组织成员之间以及组织成员相互之间都存在一定的连带责任关系，即声誉的连带效应。在这种制度框架中，一方面，个体组织直接受到自身固有的声誉机制的作用和约束；另一方面，受到所在行业集体声誉机制的作用和约束，即双重声誉机制约束。

（二）声誉溢出效应

在慈善领域，对于慈善信托等慈善组织而言，鉴于“慈善”这种特殊的公益性社会产品，声誉机制还具有溢出效应。这种溢出效应是指声誉机制不但可以影响作出该行为的组织的社会声誉，还可以影响同行业领域内或同一市场内的其他相似组织的社会声誉。换言之，声誉溢出效应是一种“传染效应”（contagious/infectious spillover effect），某个组织的声誉会“传染性”地影响同一行业领域或同一市场中其他类似组织的社会声誉。

这是因为，根据“制度环境”和“技术环境”的相关理论，社会组织在一定意义上可以说是技术环境和制度环境双重作用下的产物。技术环境和制度环境是社会组织在生存和发展过程中必然面对的两种不同的环境。对于组织而言，两种环境的要求是不同的，各有侧重：技术环境要求各类组织保持竞争性、追求效率性，组织在分配资源、组织生产的时候应当遵循效率最大化原则；制度环境要求各类组织首先是制度化的组织，应当满足制度化要求，也就是通常意义上的“合法性”要求。不同的集体或者系统中存在各种相同或不同的社会制度，组织及其成员生存在制度环境之中，组织及其成员不断主动或者被动地接受和采纳外界公认或赞许的方式或“社会事实”的过程，就是

---

〔1〕 张维迎、邓峰：《信息、激励与连带责任——对中国古代连坐、保甲制度的法和经济学解释》，载《中国社会科学》2003 年第 3 期。

组织的制度化过程。由于合法性机制具有强大的约束力和引导力,社会组织为了适应合法性要求,就必须采用制度环境中建构起来的具有合法性的结构、形式和行为。因此,社会组织的制度化过程,其实就是组织不断采纳并适应制度环境强加于组织之上的结构、形式和行为的"被合法性"的过程。社会组织的制度化过程产生了两个方面影响:一方面是社会组织之间的"趋同现象",即各个组织为适应制度环境要求、获得制度环境认同,一般都会采用相同或者类似的结构、形式和行为。在社会组织所处的大环境背景是相同的情况下,它们的结构、形式和行为也逐渐趋近相同。另一方面是社会组织之间的"互仿现象",即各个组织在相同或者相近的制度环境下互相模仿学习。社会组织的互仿行为能够增强组织的适应性和生存力,这是因为组织适应了制度环境要求,获得了合法性,即使这些社会组织有可能不具备高效率性,也可能生存下去。"合法性机制本身提高了组织的生存能力。"[1]

简言之,制度环境及合法性机制使社会组织表现出趋同性。社会公众或其他利益相关者会由个体联想到整体,会根据一个组织的行为联想到其他组织的行为,会根据一个组织的声誉状况来推导评价其他组织的声誉状况。声誉溢出效应的传染性在于社会公众等利益相关者会联想并推断同一行业领域内或同一市场中的相似组织会作出相同或类似的行为,尤其是那些影响声誉的不当行为。举一个简单的例子,如红十字会"郭美美事件"引发社会关注之后,社会公众自然联想到其他慈善组织是不是也存在这种情形,只是尚未被揭露而已。"郭美美事件"的负面影响不但严重影响了各级红十字会的声誉,还传染性地影响了其他慈善组织的声誉,让社会公众降低了对几乎所有慈善组织的信任和公信力评价,对我国慈善事业的发展造成了相当大的损害——这就是声誉机制溢出效应的作用。

(三)声誉激励与自律机制的有效治理

对于慈善信托而言,无论是慈善行业协会还是单个组织成员,无论是组织本身还是其他慈善组织,声誉机制的作用基本相同——个体声誉与集体声誉是相互依存、相互影响、不可分割的,存在声誉连带效应和声誉溢出效应。"行业协会是法团主义的组织载体,它们把高度弥散化的市场主体聚合成交织紧密的共同体,形成涂尔干意义上的'有机连带'。"[2]因此,慈善行业协会对慈善信托等慈善组织的发展具有指导和监督的自治约束力,我国《慈善法》第96条也规定慈善行业组织应当建立健全行业规范,

---

〔1〕 周雪光:《组织社会学十讲》,社会科学文献出版社2003年版,第77页。

〔2〕 吴元元:《连坐、法团主义与法律治道变革——以行业协会为中心的观察》,载《法律科学(西北政法大学学报)》2020年第3期。

加强行业自律。

慈善行业协会能够利用声誉机制的激励作用来引导和促进本行业协会及相关成员组织自律机制的优化，形成对行业协会及其成员组织的有效治理。一般而言，慈善行业协会通过行使行业通报、名誉惩罚、集体抵制、除名等一系列自治权，能够对本行业的成员组织进行声誉激励，在政府机关法律监管的协同作用下，共同对成员组织的自律机制产生优化压力和动力。基于个体声誉与集体声誉的连带效应，以及声誉的溢出效应，慈善行业协会应当发挥自治功能，聚焦于行业的声誉机制建设，以此把慈善信托等慈善组织之间经由“连坐”而生成的监督激励切实转化为监督能力和监督实力。慈善行业协会自律机制通过声誉机制的作用，形成对慈善信托等成员组织的有效治理，关键点在于声誉机制激励作用的充分有效发挥。慈善行业协会作为第三方的中介机构，在慈善信托的信息公开和评估方面起到无可替代的作用。因此，除了慈善行业协会行使相应的自治权之外，建立第三方独立的慈善信托信息公开和评估机制，通过行业协会等第三方平台进行信息公开和信息评价，作为慈善信托法定信息公开机制的补充，有助于规范慈善信托的运行和信托当事人的各类行为，有助于加强慈善信托信息公开的有效性，强化声誉机制的激励作用，不断促进慈善信托优化自律机制，提升慈善信托的社会公信力。

笔者认为，慈善行业协会的自律机制能够维护和完善包括慈善信托在内的慈善组织的声誉机制，维护和提高慈善行业协会及其成员组织的社会公信力；能够和慈善信托的内部治理机制、行政规制治理机制协同发挥作用，提升治理绩效，实现慈善信托治理机制的优化与完善。

结语

党的十九届四中全会强调“坚持和完善共建共治共享的社会治理制度”,明确了我国社会治理能力现代化和治理体系现代化的基本要求。对于社会治理而言,治理机制是国家介入社会的治理技术的折射。我国改革开放以来,社会经济取得了举世瞩目的巨大进步和成就,但是民生保障水平还存在不充分和不均衡的问题,老弱病残、农民工、贫困儿童教育等社会弱势群体问题时常出现。对于我国创新社会治理而言,尤其是针对基层社会治理而言,各类慈善组织,包括慈善信托在内,都是重要的治理参与主体,都是新的不可忽视的参与力量。其中,慈善信托兼具慈善性和营利性,能够利用信托的专业力量来发展慈善事业,对于完善我国社会治理体系、改善社会治理机制和方式,具有重要的补充作用和象征意义。因此,笔者认为,在一定意义上,慈善信托的法律治理机制问题,关系国家介入社会自治的切口。慈善信托治理机制的科学构设,对于转型社会中的国家治理技术转型具有重要的制度意涵,是我国创新社会治理的一个微小但重要的补充方面,同时也是国家治理体系现代化不可或缺的一个构成。

慈善信托治理机制问题的法律研究首先要立足于慈善信托的法律性质和定位。根据我国《信托法》和《慈善法》的相关规定,我国对于慈善信托的法律性质及界定目前在立法上是保持回避态度的,是不明确的、模棱两可的。由于我国立法上未能将慈善信托明确为一种慈善组织并赋予相应的法律主体地位,目前我国对于慈善信托的法律规制和行政监管仍是侧重于对慈善信托的受托人的规制和监管,而非将慈善信托视为一种慈善组织形式进行整体监管和全面监管。本书从慈善信托的起源及其制度变迁的角度切入,结合我国慈善信托的相关法律制度规范,论证我国慈善信托实质上也是一种慈善组织形式,而非单纯的一种信托产品。慈善信托是兼具信托营利属性和慈善组织公益属性的慈善组织,也即具备双重属性。慈善信托的双重属性既是对立的、矛盾的,也是平衡的、统一的,双重属性为慈善信托的法律治理机制带来多重挑战。慈善信托的法律治理机制包括内部治理机制、外部治理机制和行业自律机制三个方面,并通过合法性和效率性两个维度有机统一。基于合法性机制和效率性机制的分析,在慈善信托法律治理机制的研究与构造过程中,应强调慈善信托的双重属性与合法性机制和效率性机制的对应与回应,着重分析和阐释不同于一般私益信托的权利义务的特殊配置和差异化的监管机制,并辅以行业自律机制。慈善信托法律治理机制的研究涉及慈善的社会法领域和信托的商法领域,属于一个较为偏僻且小众的研究领域,但是具备广阔的研究拓展空间。慈善信托法律治理机制需要从不同的学科视阈进行交叉研究。从法学的角度切入,不仅需要对慈善法规范进行基础分析,还需要结合信托法规范进行统一分析,而且更需要结合财税法和行政法等部门法对其法律监管机制和税收优惠引导机制等方面进行区别分析。除此之外,组织社会学、经济学等多个学科的理论,也能够为深入研究慈善信托的法律治理机制提供不同的分析维度和框架。

本书在研究慈善信托的法律性质、特殊属性以及在此基础之上进行法律治理机制的建构和完善的过程中,由于笔者法学素养不够、对部分理论的运用和分析不够深刻,加上缺乏足够充分的实证案例和数据,部分研究仍然存在不足之处。例如,对慈善信托是一种特殊的慈善组织形式的法律性质定位,即对慈善信托的组织性的认定与阐释仍然不够全面。又如,对于慈善信托的法律治理机制的内部治理机制、外部治理机制和行业自律机制三者之间的关系和互动,也未能进一步深入研究。对于这些不足之处,笔者在今后的学术研究道路上将继续努力,孜孜不倦、坚持不懈,对慈善组织、信托等领域加强学习和研究,不断提高自身的理论素养和研究水平,在相关领域不断取得进步。

参考文献

一、中文著作

[1]蔡秉坤:《商事信托受益人权利保护的法律研究》,中国社会科学出版社 2015 年版。

[2]陈大钢编著:《中国信托法与信托制度创新》,立信会计出版社 2004 年版。

[3]陈向聪:《信托法律制度研究》,中国检察出版社 2007 年版。

[4]程博:《非营利组织信息披露及其治理机制研究》,经济科学出版社 2018 年版。

[5]程燎原、王人博:《权利及其救济》,山东人民出版社 1998 年版。

[6]董慧凝:《信托财产法律问题研究》,法律出版社 2011 年版。

[7]方嘉麟:《信托法之理论与实务》,台北,月旦出版社股份有限公司 1996 年版。

[8]方嘉麟:《信托法之理论与实务》,中国政法大学出版社 2004 年版。

[9]符加林:《声誉效应、联盟关系与机会主义行为治理》,经济科学出版社 2014 年版。

[10]高凌云:《被误读的信托——信托法原论》,复旦大学出版社 2010 年版。

[11]何宝玉:《信托法原理研究》(第 2 版),中国法制出版社 2015 年版。

[12]何宝玉:《信托法原理与判例》,中国法制出版社 2013 年版。

[13]何勤华主编:《美国法律发达史》,上海人民出版社 1998 年版。

[14]胡旭鹏:《信托财产独立性与交易安全平衡论——以信托外部法律关系为视角》,法律出版社 2015 年版。

[15]霍玉芬:《信托法要论》,中国政法大学出版社 2003 年版。

[16]季奎明:《组织法视角下的商事信托法律问题研究》,法律出版社 2014 年版。

[17]金锦萍:《中国非营利组织法前沿问题》,社会科学文献出版社 2014 年版。

[18]雷宇:《声誉机制的信任基础研究》,经济科学出版社 2018 年版。

[19]李健:《我国慈善组织信息公开研究》,中国社会出版社 2017 年版。

[20]李勇:《信托业监管法律问题研究》,中国财政经济出版社 2008 年版。

[21]刘春湘:《非营利组织治理结构研究》,中南大学出版社 2007 年版。

[22]卢云主编:《法学基础理论》,中国政法大学出版社 1993 年版。

[23]鲁篱:《行业协会经济自治权研究》,法律出版社 2003 年版。

[24]吕鑫:《当代中国慈善法制研究:困境与反思》,中国社会科学出版社 2018 年版。

[25]潘秀菊:《公益信托的运用与发展》,台北,财团法人台湾金融研训院 2016 年版。

[26]彭插三:《信托受托人法律地位比较研究——商业信托的发展及其在大陆法系的应用》,北京大学出版社 2008 年版。

[27]蒲坚等:《论信托》,中信出版社 2014 年版。

[28]清华大学 NGO 研究所:《公益组织信息公开制度研究》,2010 年 9 月。

[29]全国人大《信托法》起草工作组主编:《〈中华人民共和国信托法〉释义》,中国金融出版社 2001 年版。

[30]施天涛、余文然:《信托法》,人民法院出版社 1999 年版。

[31]石国亮:《慈善组织公信力研究》,人民日报出版社 2015 年版。

[32]史尚宽:《民法总论》,中国政法大学出版社 2011 年版。

[33]宋刚:《信托财产独立性及其担保功能》,北京师范大学出版社 2012 年版。

[34]唐义虎:《信托财产权利研究》,中国政法大学出版社 2005 年版。

[35]童星:《中国社会治理》,中国人民大学出版社 2018 年版。

[36]王方:《中国慈善组织的法律规制困境与治理转型——法律的限度与声誉的张力》,西南财经大学出版社 2018 年版。

[37]王新权:《中国信托业走向探索》,辽宁人民出版社 2001 年版。

[38]王泽鉴:《民法总则》(修订版),中国政法大学出版社 2007 年版。

[39]王志诚:《信托法》(增订第 7 版),台北,五南图书出版股份有限公司 2018 年版。

[40]王众:《中国信托法原理与实例精要》,中国政法大学出版社 2017 年版。

[41]中国台湾地区"金融研究院":《信托法规与税制》,台北,元东包装印刷有限公司 2018 年版。

[42]席月民:《中国信托业法研究》,中国社会科学出版社 2016 年版。

[43]夏雨:《比较法视野下的慈善信托》,中国社会科学出版社 2017 年版。

[44]解锟:《英国慈善信托制度研究》,法律出版社 2011 年版。

[45]谢哲胜:《信托法》,台北,元照出版有限公司2009年版。

[46]徐刚:《信托登记制度研究》,法律出版社2018年版。

[47]徐孟洲:《信托法》,法律出版社2006年版。

[48]徐孟洲主编:《信托法学》,中国金融出版社2004年版。

[49]徐卫:《信托受益人利益保障机制研究》,上海交通大学出版社2011年版。

[50]许兆庆:《国际信托法——海牙信托公约》,台北,翰芦图书出版有限公司2009年版。

[51]薛宁兰、邓丽主编:《中国慈善法研究与立法建议稿》,中国社会科学出版社2014年版。

[52]姚朝兵:《美国信托法中的谨慎投资人规则研究》,法律出版社2016年版。

[53]叶赛莺:《信托法专论》,台北,新学林出版股份有限公司2013年版。

[54]应松年:《行政法学新论》,中国方正出版社2004年版。

[55]于海涌:《英美信托财产双重所有权在中国的本土化》,中国政法大学出版社2011年版。

[56]余卫明:《信托受托人研究》,法律出版社2007年版。

[57]张淳:《信托法原论》,南京大学出版社1994年版。

[58]张淳:《中国信托法特色论》,法律出版社2013年版。

[59]张军建:《信托法纵横谈——写在我国信托法修改之前》,中国财政经济出版社2016年版。

[60]张敏:《信托受托人的谨慎投资义务研究》,中国法制出版社2011年版。

[61]张维迎:《信息、信任与法律》,生活·读书·新知三联书店2006年版。

[62]赵秉志:《香港法律制度》,中国人民公安大学出版社1997年版。

[63]赵磊:《公益信托法律制度研究》,法律出版社2008年版。

[64]赵廉慧:《信托法解释论》,中国法制出版社2015年版。

[65]郑功成:《〈中华人民共和国慈善法〉解读与应用》,人民出版社2016年版。

[66]郑功成等:《当代中国慈善事业》,人民出版社2010年版。

[67]中国信托业协会编:《慈善信托研究》,中国金融出版社2016年版。

[68]钟向春:《我国营业信托受托人谨慎义务研究》,中国政法大学出版社2015年版。

[69]周明:《中国信托市场运行机制——基于合约视角的分析》,中国经济出版社2007年版。

[70]周树立:《中国信托业的选择》,中国金融出版社1999年版。

[71]周旺生:《立法学》(第2版),法律出版社2000年版。

[72]周小明:《财产权的革新——信托法论》,贵州人民出版社 1995 年版。

[73]周小明:《信托制度:法理与实务》,中国法制出版社 2012 年版。

[74]周小明:《信托制度比较法研究》,法律出版社 1996 年版。

[75]周雪光:《组织社会学十讲》,社会科学文献出版社 2003 年版。

[76]朱景文:《比较法社会学的框架与方法——法制化、本土化和全球化》,中国人民大学出版社 2001 年版。

[77]卓泽渊:《法的价值论》,法律出版社 1999 年版。

二、中文译著

[1][美]奥利弗·E. 威廉姆森:《治理机制》,石烁译,机械工业出版社 2016 年版。

[2][美]斯科特·夏皮罗:《合法性》,郑玉双、刘叶深译,中国法制出版社 2016 年版。

[3][美]安德瑞·马默:《法哲学》,孙海波、王进译,北京大学出版社 2014 年版。

[4][美]道格拉斯·C. 诺思:《制度、制度变迁与经济绩效》,杭行译,格致出版社、上海三联书店、上海人民出版 2014 年版。

[5][美]贝希·布查尔特·艾德勒等:《通行规则:美国慈善法指南》(第 2 版),金锦萍等译,中国社会出版社 2007 年版。

[6][美]约翰·亨利·梅利曼:《大陆法系》,顾培东、禄正平译,法律出版社 2004 年版。

[7][美]罗伯特·C. 埃里克森:《无需法律的秩序——邻人如何解决纠纷》,苏力译,中国政法大学出版社 2003 年版。

[8][美]R. 科斯、[美]A. 阿尔钦等:《财产权利与制度变迁》,上海三联书店 1991 年版。

[9][英]西蒙·加德纳:《信托法导论》,付然译,法律出版社 2018 年版。

[10][英]格雷厄姆·弗戈:《衡平法与信托的原理》,葛伟军、李攀等译,法律出版社 2017 年版。

[11][英]F. W. 梅特兰:《国家、信托与法人》,樊安译,北京大学出版社 2008 年版。

[12][英]D. J. 海顿:《信托法》(第 4 版),周翼、王昊译,法律出版社 2004 年版。

[13][英]戴维·M. 沃克:《牛津法律大辞典》,李双元等译,法律出版社 2003 年版。

[14]《英国信托法:成文法汇编》,葛伟军译,法律出版社 2012 年版。

[15][英]约翰·洛克:《政府论》,叶启芳、瞿菊农译,商务印书馆 1982 年版。

[16][日]樋口范雄:《信托与信托法》,朱大明译,法律出版社 2017 年版。

[17][日]新井诚:《信托法》(第 3 版),有斐阁 2008 年版。

[18][日]中野正俊、张军建:《信托法》,中国方正出版社 2004 年版。

[19][日]赖源河、王志诚:《现代信托法论》(增订 3 版),中国政法大学出版社 2002 年版。

[20][日]川崎诚一:《信托》,刘丽京、许泽友译,中国金融出版社 1989 年版。

[21][日]四宫和夫:《信托法》(新版),有斐阁 1989 年版。

[22][日]砂田卓士、新井正男:《英美法讲义》,青林书院新社 1976 年版。

三、中文论文

[1]陈雪萍:《信托财产双重所有权之观念与继受》,载《中南民族大学学报(人文社会科学版)》2016 年第 4 期。

[2]成靖、李金:《法治文明的二元权力观解读》,载《西南政法大学学报》2008 年第 4 期。

[3]崔卓兰、吕艳辉:《行政许可的学理分析》,载《吉林大学社会科学学报》2004 年第 1 期。

[4]党生翠:《慈善组织信息公开的新特征:政策研究的视角》,载《中国行政管理》2015 年第 2 期。

[5]邓国胜:《慈善组织培育与发展的政策思考》,载《社会科学研究》2006 年第 5 期。

[6]范婷婷、赵旭:《强制性信息披露规则产生动因的法经济学分析——兼论强制性信息披露的限度》,载《河南司法警官职业学院学报》2006 年第 3 期。

[7][英]F. H. 劳森等:《罗马法对西方文明的贡献》,黄炎译,载《比较法研究》1998 年第 2 期。

[8][德]海因·克茨、邓建中:《信托——典型的英美法系制度》,载《比较法研究》2009 年第 4 期。

[9]何增科:《社会创新的十大理论问题》,载《马克思主义研究》2010 年第 5 期。

[10]姜涛:《法律概念、法律规范与法学学说——法律实施面向的关系建构》,载《人大法律评论》2016 年第 1 期。

[11]金锦萍:《公益信托法律制度研究》,中国社会科学院法学研究所 2006 年博士后工作报告。

[12]李文华:《完善我国慈善信托制度若干问题的思考》,载《法学杂志》2017 年第

7 期。

[13]林岚:《我国公益信托发展面临的困境及解决思路》,载《福建法学》2004 年第 4 期。

[14]刘迎霜:《我国公益信托法律移植及其本土化——一种正本清源与直面当下的思考》,载《中外法学》2015 年第 1 期。

[15]皮天雷:《国外声誉理论:文献综述、研究展望及对中国的启示》,载《首都经济贸易大学学报》2009 年第 3 期。

[16]施天涛、周勤:《商事信托:制度特性、功能实现与立法调整》,载《清华法学》2008 年第 2 期。

[17]孙静:《德国信托法探析》,载《比较法研究》2004 年第 1 期。

[18]唐铁汉:《建立与完善中国特色社会管理体制》,载《中国行政管理》2010 年第 10 期。

[19]王名:《中国 NGO 的发展现状及其政策分析》,载《公共管理评论》2007 年第 1 期。

[20]王名、贾西津:《中国 NGO 的发展分析》,载《管理世界》2002 年第 8 期。

[21]魏艳:《慈善信托政府监管权配置研究》,载《国家行政学院学报》2018 年第 6 期。

[22]吴元元:《连坐、法团主义与法律治道变革——以行业协会为中心的观察》,载《法律科学(西北政法大学学报)》2020 年第 3 期。

[23]吴元元:《信息基础、声誉机制与执法优化——食品安全治理的新视野》,载《中国社会科学》2012 年第 6 期。

[24]杨思斌:《慈善信托是用许可制还是备案制》,载《中国机构改革与管理》2016 年第 5 期。

[25]于海涌:《论信托财产的所有权归属》,载《中山大学学报(社会科学版)》2010 年第 2 期。

[26]于海涌:《论英美信托财产双重所有权在中国的本土化》,载《现代法学》2010 年第 3 期。

[27]俞可平:《加强社会管理推进社会自治》,载《中国司法》2011 年第 10 期。

[28]张淳:《试论受托人违反信托的赔偿责任——来自信托法适用角度的审视》,载《华东政法学院学报》2005 年第 5 期。

[29]张天民:《国内信托基本准则缺失、受托人谨慎义务规则变迁》,载《21 世纪经济报道》2004 年 12 月 7 日。

[30]张维迎、邓峰:《信息、激励与连带责任——对中国古代连坐、保甲制度的法和经济学解释》,载《中国社会科学》2003 年第 3 期。

[31]赵廉慧:《慈善信托税收政策的基本理论问题》,载《税务研究》2016 年第 8 期。

[32]周贤日:《慈善信托:英美法例与中国探索》,载《华南师范大学学报(社会科学版)》2017 年第 3 期。

[33]朱最新、曹延亮:《行政备案的法理界说》,载《法学杂志》2010 年第 4 期。

四、外文著作

[1]Alastair Hudson, *Equity and Trusts*, 5th ed, Routledge-Cavendish, 2007.

[2]Alastair Hudson, *Equity and Trusts*, Routledge-Cavendish, 2007.

[3]James J. Fishman, *The Faithless Fiduciary and the Quest for Charitable Accountability*, Carolina Academic Press, 2007.

[4]Kerry O' Halloran, *Charity Law and Social Inclusion: An International Study*, Routledge, 2007.

[5]Kerry O' Halloran, *Charity Law and Social Inclusion: An International Study*, Routledge, 2007.

[6]J. E. Penner, *The Law of Trusts*, 4th ed., Oxford University Press, 2005.

[7]Jesse DuKeminier & Stanley M. Johanson, *Wills Trust and Estates*, Citic Publishing House, 2003.

[8]Theodore F. T. Plucknett, *A Concise History of the Common Law*, 5th ed., Citic Publishing House, 2003.

[9]L. Lynn, C. Hcinrich & C. Hill, *Improving Governance: A New Logic for Eempirical Research*, Washington D. C., Georgetown University Press, 2001.

[10]Fombrun C. J., *Reputation: Realizing Value from the Corporate Image*, Harvard Business School Press, 1996.

[11]Oakley, *Trends in Contemporary Trust Law*, Oxford University Press, 1996.

[12]N. Alvey, *Form Charity to Ox Fam: A History of Charity Legislation*, Butterworths, 1995.

[13]The Commission on Global Governance, *Our Global Neighborhood: The Report of the Commission on Global Governance*, Oxford University Press, 1995.

[14]David Johnston, *The Roman Law of Trusts*, Clarendon Press, 1988.

[15]David Johnston,*The Roman Law of Trusts*,Clarendon Press,1988.

[16]Philip H. Pettit,*Equity and the Law of Trust*, 5th ed. ,Butterworths,1984.

[17]G. G. Bogert,*Hand Book of the Law of Trust*,5th ed. ,West Pub. Co. ,1973.

[18]P. V. Baker & P. St. langan,*Snell' s Principles of Equity*,Cambridge University Press,1969.

[19]Salmond,*Jurisprudence*,Sweet & Maxwell,Limited 1930.

[20]W. W Buckland,*Equity in Roman Law*,Univerity of London Press,1911.

[21]Edward Poste,*Gai Institutions or Institutes of Roman Law by Gaius*, Clarendon Press,1904.

[22]Arthur Underhill,*A Practical and Concise Manual of Law Relating to Private Trusts and Trustees*,Butterworths,1894.

[23] John Wiilard, *A Treatise on Equity Jurisprudence*, Banks & Brothers, Law Publishers,1875.

五、外文论文

[1]Herry E. Smith,*Property as the Law of Things*,125 Harvard Law Review 1691 (2012).

[2]Paul Argenti A. & Bob Druckenmiller,*Reputation and the Corporate Brand*,6 Corporate Reputation Review 368(2004).

[3]Gerry Stoker,*Governance as Theory*:*Five Propositions*,Social Science Journal, Vol. 50,No. 155,1998,p. 17 –28.

[4]Aric Rindfleisch & Jan B. Heide,*Transaction Cost Analysis*: *Past*, *Present*, *and Future Applications*, Journal of Marketing,Vol. 61:30,p. 30 –54(1997).

[5]R. A. W. Rhodes,*The New Governance*:*Governing without Government*,Political Studies,1996(6),p. 652 –653.

[6]Keeton G. W. & Sheridan L. A. ,*The Modern Law of Charities*,Northern Ireland Legal Quarterly,Vol. 25,No. 3(June 1992).

[7]Armen A. Alchian & Harold Demsetz,*Information Costs and Economic Organization*, The American Economic Review,Vol. 62,p. 792(1972).

[8]Bolgar,*Why No Trusts in the Civil Law*, 2 American Journal of Comparative Law 204(1953).

后记

本书的写作和出版经历了艰辛、曲折的过程,亦获得了很多的帮助和支持。

首先,我要向恩师鲁篱教授致以深深的谢意！鲁篱教授治学严谨,一丝不苟,要求严格,认真负责,课题和论文写作中的每一个环节都给予我悉心指导。恩师心无旁骛、投入忘我的治学态度以及严于律己、尽职尽责的做人风格,为我树立了学习榜样。鲁篱教授作为我的博士研究生导师,亦师亦友,给予了我一次改变命运的机会,给我提供了一个实现梦想的平台,为我开启了一扇全新的人生大门。

其次,感谢西南财经大学法学院的高晋康教授、吴元元教授、辜明安教授、戴治勇教授、王伦刚教授、阳露昭教授、陆佳教授等老师的悉心指导和帮助,及时为我授业解惑、点拨开悟。感谢万江博士、熊伟博士、梁远航博士、赵海程博士、欧俊博士等同门的深厚情感,在求学过程中给予我帮助和指导。鲁门情真,让我有勇气慷慨而行。

再次,感谢我的硕士研究生导师侯水平研究员,从 2005 年至今,从学习到生活,从考博到工作,他给予了我全心全意的帮助和提携,对我恩重如山。

最后,感谢我亲爱的家人们,你们默默的付出与支持,让我能够有动力、有条件走到象牙塔的顶端。你们的奉献与关怀,是我艰难求学路上的精神支柱。

感谢西华大学,给我一个工作和进步的平台。

余嘉勉

2021 年 1 月于西华大学

图书在版编目(CIP)数据

慈善信托治理机制法律研究 / 余嘉勉著. -- 北京 :
法律出版社, 2021
ISBN 978 - 7 - 5197 - 5367 - 2

Ⅰ. ①慈… Ⅱ. ①余… Ⅲ. ①慈善事业－信托法－研
究－中国 Ⅳ. ①D922.282.4

中国版本图书馆 CIP 数据核字(2021)第 031603 号

慈善信托治理机制法律研究
CISHAN XINTUO ZHILI JIZHI FALÜ YANJIU

余嘉勉 著

策划编辑 陈 妮 程王刚
责任编辑 程王刚
装帧设计 李 瞻

出版发行 法律出版社
编辑统筹 法治与经济出版分社
责任校对 杨锦华
责任印制 吕亚莉
经　　销 新华书店

开本 710 毫米×1000 毫米 1/16
印张 14.25 **字数** 287 千
版本 2021 年 7 月第 1 版
印次 2021 年 7 月第 1 次印刷
印刷 固安华明印业有限公司

地址:北京市丰台区莲花池西里 7 号(100073)
网址:www.lawpress.com.cn
投稿邮箱:info@lawpress.com.cn
举报盗版邮箱:jbwq@lawpress.com.cn

销售电话:010 - 83938349
客服电话:010 - 83938350
咨询电话:010 - 63939796

书号:ISBN 978 - 7 - 5197 - 5367 - 2
定价:78.00 元
凡购买本社图书,如有印装错误,我社负责退换。电话:010 - 83938349